O MAL-ESTAR DA PÓS-MODERNIDADE

Obras de Zygmunt Bauman:

- 44 cartas do mundo líquido moderno
- Amor líquido
- Aprendendo a pensar com a sociologia
- A arte da vida
- Babel
- Bauman sobre Bauman
- Capitalismo parasitário
- Cegueira moral
- Comunidade
- Confiança e medo na cidade
- A cultura no mundo líquido moderno
- Danos colaterais
- O elogio da literatura
- Em busca da política
- Ensaios sobre o conceito de cultura
- Esboços de uma teoria da cultura
- Estado de crise
- Estranho familiar
- Estranhos à nossa porta
- A ética é possível num mundo de consumidores?
- Europa
- Globalização: as consequências humanas

- Identidade
- A individualidade numa época de incertezas
- Isto não é um diário
- Legisladores e intérpretes
- Mal líquido
- O mal-estar da pós-modernidade
- Medo líquido
- Minha vida
- Modernidade e ambivalência
- Modernidade e Holocausto
- Modernidade líquida
- Nascidos em tempos líquidos
- Para que serve a sociologia?
- O retorno do pêndulo
- Retrotopia
- A riqueza de poucos beneficia todos nós?
- Sobre educação e juventude
- A sociedade individualizada
- Tempos líquidos
- Vida a crédito
- Vida em fragmentos
- Vida líquida
- Vida para consumo
- Vidas desperdiçadas
- Vigilância líquida

Zygmunt Bauman

O MAL-ESTAR DA PÓS-MODERNIDADE

Tradução:
Mauro Gama
Cláudia Martinelli Gama

Revisão técnica:
Luís Carlos Fridman

1ª reimpressão

Copyright © 1997 by Zygmunt Bauman

Tradução autorizada da primeira edição inglesa publicada em 1997
por Polity Press, de Cambridge, Inglaterra

*Grafia atualizada segundo o Acordo Ortográfico da Língua Portuguesa de 1990,
que entrou em vigor no Brasil em 2009.*

Título original
Postmodernity and its Discontents

Capa e imagem
Bruno Oliveira

Revisão
Ana Maria Barbosa
Luciane H. Gomide

Dados Internacionais de Catalogação na Publicação (CIP)
(Câmara Brasileira do Livro, SP, Brasil)

Bauman, Zygmunt, 1925-2017
   O mal-estar da pós-modernidade / Zygmunt Bauman ; tradução
Mauro Gama , Cláudia Martinelli Gama. — 1ª ed. — Rio de Janeiro :
Zahar, 2022.

   Título original: Postmodernity and its Discontents.
   ISBN 978-65-5979-043-2

   1. Civilização moderna – Século 20 2. Pós-modernidade I. Título.

22-100102   CDD: 306.0904

Índice para catálogo sistemático:
1. Pós-modernidade : Aspectos sociais : Sociologia   306.0904

Aline Graziele Benitez — Bibliotecária — CRB-1/3129

Todos os direitos desta edição reservados à
EDITORA SCHWARCZ S.A.
Praça Floriano, 19, sala 3001 — Cinelândia
20031-050 — Rio de Janeiro — RJ
Telefone: (21) 3993-7510
www.companhiadasletras.com.br
www.blogdacompanhia.com.br
facebook.com/editorazahar
instagram.com/editorazahar
twitter.com/editorazahar

· Sumário ·

Introdução: O mal-estar — moderno e pós-moderno   7

1. O sonho da pureza   13

2. A criação e anulação dos estranhos   30

3. Os estranhos da era do consumo: do Estado
de bem-estar à prisão   56

4. A moralidade começa em casa: ou o íngreme
caminho para a justiça   72

5. Arrivistas e párias: os heróis e as vítimas da modernidade   107

6. Turistas e vagabundos: os heróis e as vítimas
da pós-modernidade   125

7. A arte pós-moderna, ou a impossibilidade da vanguarda   142

8. O significado da arte e a arte do significado   154

9. Sobre a verdade, a ficção e a incerteza   167

10. A cultura como consumidor cooperativo   188

11. Sobre a redistribuição pós-moderna do sexo:
a *História da sexualidade*, de Foucault, revisitada   208

12. Imortalidade, na versão pós-moderna 224

13. Religião pós-moderna? 242

14. Sobre o comunitarismo e a liberdade humana,
ou como enquadrar o círculo 273

Posfácio: A última palavra — e ela pertence à liberdade 291

Notas 305

Índice remissivo 315

· Introdução ·

O mal-estar — moderno e pós-moderno

Em 1930, foi publicado em Viena um livro chamado, inicialmente, *Das Unglück in der Kultur* (A infelicidade na cultura) e depois rebatizado como *Das Unbehagen in der Kultur* (O mal-estar na cultura). O autor era Sigmund Freud. Quase simultaneamente foi publicada a tradução inglesa — para a qual Freud sugeriu o título *Man's Discomfort in Civilization* (O mal-estar do homem na civilização). Como nos informa o editor inglês de Freud, James Strachey, a tradutora inglesa do livro, Joan Riviere, por algum tempo trabalhou, em vez disso, com o conceito de *malaise*, mas finalmente escolheu o título *Civilization and its Discontents* (que ficou consagrado em português como *O mal-estar na civilização*). É sob esse título que o provocador desafio de Freud ao folclore da modernidade penetrou em nossa consciência coletiva e, afinal, modelou o nosso pensamento a propósito das consequências — intencionais e não intencionais — da aventura moderna. (Sabemos, agora, que era a história da *modernidade* que o livro contava, ainda que seu autor preferisse falar de *Kultur* ou civilização. Só a sociedade moderna pensou em si mesma como uma atividade da "cultura" ou da "civilização" e agiu sobre esse autoconhecimento com os resultados que Freud passou a estudar; a expressão "civilização moderna" é, por essa razão, um pleonasmo.)

Você ganha alguma coisa, mas, habitualmente, perde em troca alguma coisa: partiu daí a mensagem de Freud. Assim como "cultura" ou "civilização", modernidade é mais ou menos beleza ("essa coisa inútil que esperamos ser valorizada pela civilização"), limpeza ("a sujeira de qualquer espécie parece-nos incompatível com a civilização") e ordem ("Ordem é uma espécie de compulsão à repetição que, quando um regulamento foi definitivamente estabelecido, decide quando, onde e como uma coisa deve ser feita, de modo que em toda circunstância semelhante não haja hesitação ou indecisão"). A beleza (isto é, tudo o que dá o sublime prazer da harmonia e perfeição da forma), a pureza e a ordem são ganhos que não devem ser desprezados e que, certamente, se abandonados, irão provocar indignação, resistência e lamentação. Mas tampouco devem ser obtidos sem o pagamento de um alto preço. Nada predispõe "naturalmente" os seres humanos a procurar ou preservar a beleza, conservar-se limpos e observar a rotina chamada ordem. (Se eles parecem, aqui e ali, apresentar tal "instinto", deve ser uma inclinação criada e adquirida, *ensinada*, o sinal mais certo de uma civilização em atividade.) Os seres humanos precisam ser obrigados a respeitar e apreciar a harmonia, a limpeza e a ordem. Sua liberdade de agir sobre seus próprios impulsos deve ser preparada. A coerção é dolorosa: a defesa contra o sofrimento gera seus próprios sofrimentos.

"A civilização se constrói sobre uma renúncia ao instinto." Especialmente — assim Freud nos diz — a civilização (leia-se: a modernidade) "impõe grandes sacrifícios" à sexualidade e agressividade do homem. "O anseio de liberdade, portanto, é dirigido contra formas e exigências particulares da civilização ou contra a civilização como um todo." E não pode ser de outra maneira. Os prazeres da vida civilizada, e Freud insiste nisso, vêm num pacote fechado com os sofrimentos, a satisfação com o mal-estar, a submissão com a rebelião. A civilização — a ordem imposta a uma humanidade naturalmente desordenada — é um compromisso, uma troca continuamente reclamada e para sempre instigada a se renegociar. O princípio de prazer está aí reduzido à medida do princípio de realidade, e as normas compreendem essa realidade que é a medida do realista. "O homem civilizado trocou um quinhão das suas possibilidades de felicidade por um quinhão de segurança." Por mais justificadas e realistas que possam ser as nossas tentativas de superar defeitos específicos das soluções de hoje, "talvez possamos também familiarizar-nos com a ideia de que há dificuldades inerentes à natureza da civilização que não se submeterão a qualquer tentativa de reforma".

Dessa ordem que era o orgulho da modernidade e a pedra angular de todas as suas outras realizações (quer se apresentando sob a mesma rubrica de ordem, quer se escondendo sob os codinomes de beleza e limpeza), Freud falou em termos de "compulsão", "regulação", "supressão" ou "renúncia forçada". Esses mal-estares que eram a marca registrada da modernidade resultaram do "excesso de ordem" e sua inseparável companheira — a escassez de liberdade. A segurança ante a tripla ameaça escondida no frágil corpo, o indômito mundo e os agressivos vizinhos chamados para o sacrifício da liberdade: primeiramente, e antes de tudo, a liberdade do indivíduo para a procura do prazer. Dentro da estrutura de uma civilização concentrada na segurança, mais liberdade significa menos mal-estar. Dentro da estrutura de uma civilização que escolheu limitar a liberdade em nome da segurança, mais ordem significa mais mal-estar.

Nossa hora, contudo, é a da desregulamentação. O princípio de realidade, hoje, tem de se defender no tribunal de justiça onde o princípio de prazer é o juiz que o está presidindo. "A ideia de que há dificuldades inerentes à natureza da civilização que não se submeterão a qualquer tentativa de reforma" parece ter perdido sua prístina obviedade. A compulsão e a renúncia forçada, em vez de exasperante necessidade, converteram-se numa injustificada investida desfechada contra a liberdade individual.

Passados sessenta e cinco anos que *O mal-estar na civilização* foi escrito e publicado, a liberdade individual reina soberana: é o valor pelo qual todos os outros valores vieram a ser avaliados e a referência pela qual a sabedoria acerca de todas as normas e resoluções supraindividuais devem ser medidas. Isso não significa, porém, que os ideais de beleza, pureza e ordem que conduziram os homens e mulheres em sua viagem de descoberta moderna tenham sido abandonados, ou tenham perdido um tanto do brilho original. Agora, todavia, eles devem ser perseguidos — e realizados — através da espontaneidade, do desejo e do esforço individuais. Em sua versão presente e pós-moderna, a modernidade parece ter encontrado a pedra filosofal que Freud repudiou como uma fantasia ingênua e perniciosa: ela pretende fundir os metais preciosos da ordem limpa e da limpeza ordeira diretamente a partir do ouro do humano, do demasiadamente humano reclamo de prazer, de sempre mais prazer e sempre mais aprazível prazer — um reclamo outrora desacreditado como base e condenado como autodestrutivo. Como se incólume — talvez mesmo fortalecida por dois séculos de concentrados esforços para conservá-la na luva de ferro das normas e regulamentos ditados pela razão —, a "mão invisível" recobrou a verdade e está uma vez mais prestigiada. A liberdade individual, outrora uma responsabilidade e um (talvez o) problema para todos os edificadores da ordem, tornou-se o maior dos predicados e recursos na perpétua autocriação do universo humano.

Você ganha alguma coisa e, em troca, perde alguma outra coisa: a antiga norma mantém-se hoje tão verdadeira quanto o era então. Só que os ganhos e as perdas mudaram de lugar: *os homens e as mulheres pós-modernos trocaram um quinhão de suas possibilidades de segurança por um quinhão de felicidade.* Os mal-estares da modernidade provinham de uma espécie de segurança que tolerava uma liberdade pequena demais na busca da felicidade individual. Os mal-estares da pós-modernidade provêm de uma espécie de liberdade de procura do prazer que tolera uma segurança individual pequena demais.

Qualquer valor só é um valor (como Georg Simmel, há muito, observou) graças à perda de outros valores, que se tem de sofrer a fim de obtê-lo. Entretanto, você precisa de mais do que mais falta. Os esplendores da liberdade estão em seu ponto mais brilhante quando a liberdade é sacrificada no altar da segurança. Quando é a vez de a segurança ser sacrificada no templo da liberdade individual, ela furta muito do brilho da antiga vítima. Se obscuros e monótonos dias assombraram os que procuravam a segurança, noites insones são a desgraça dos livres. Em ambos os casos, a felicidade soçobra. Ouçamos Freud, novamente: "Estamos supondo, assim, que só podemos extrair intenso deleite de um contraste, e muito pouco de um estado de coisas". Por quê? Porque "o que chamamos felicidade [...] vem da (preferivelmente repentina) satisfação de necessidades represadas até um alto grau e, por sua natureza, só é possível como fenômeno episódico". Sem dúvida: liberdade sem segurança não assegura mais firmemente uma provisão de felicidade do que segurança sem liberdade. Uma disposição diferente das questões humanas não é necessariamente um passo adiante no caminho da maior felicidade: só parece ser tal no momento em que se está fazendo. A reavaliação de todos os valores é um *momento* feliz, estimulante, mas os valores reavaliados não garantem necessariamente um *estado* de satisfação.

Não há nenhum ganho sem perda, e a esperança de uma purificação admirável dos ganhos a partir das perdas é tão fútil quanto o sonho proverbial de um almoço de graça — mas os ganhos e perdas próprios a qualquer disposição da coabitação humana precisam ser cuidadosamente levados em conta, de modo que o ótimo equilíbrio entre os dois possa ser procurado, mesmo se (ou, antes, porque) a sobriedade e sabedoria duramente conquistadas nos impedem, aos homens e mulheres pós-modernos, de nos entregar a uma fantasia sobre um balanço financeiro que tenha apenas a coluna de créditos.

Pretende-se que este livro seja uma coleção de contribuições pequenas, e parciais, a essa tarefa.

Este livro tem uma significação especial para mim, já que, neste último quartel do século, foi a primeira vez que escrevi alguns capítulos originalmente em polonês, minha língua de origem, assim como os apresentei e discuti com professores e estudantes poloneses. Meus laços com minha *alma mater*, a Universidade de Varsóvia, foram restaurados. Assim como o intercâmbio esclarecedor e entusiasmante com os amigos e colegas, sociólogos e filósofos poloneses, todos perspicazes e argutos em seus comentários, numerosos demais para serem mencionados nominalmente, aos quais sou grato por elucidarem e aperfeiçoarem muitas das ideias contidas neste livro.

Agradeço especialmente a Anthony Giddens: sem seu contínuo interesse pelo meu trabalho, sua gentil mas implacável, amistosa mas determinada pressão, este livro nunca teria sido composto.

E, como no caso de cada um dos meus trabalhos dos últimos dez anos, quero agradecer a meu editor, David Roberts. Não acredito que nenhum autor pretenda melhor entendimento com seu editor: ambos lutamos pelo mesmo resultado — que, nas palavras do próprio Roberts, é produzir um texto "capaz de fazer os leitores se debruçarem sobre coisas que tenderiam a não considerar", sendo o papel do editor "eliminar embaraços desnecessários à compreensão dos leitores, sem privar o autor de sua voz individual". E ninguém que eu conheça converte mais competentemente essas palavras em realidade do que David Roberts.

· 1 ·

O sonho da pureza

Os grandes crimes, frequentemente, partem de grandes ideias. Poucas grandes ideias se mostram completamente inocentes quando seus inspirados seguidores tentam transformar a palavra em realidade — mas algumas quase nunca podem ser abraçadas sem que os dentes se descubram e os punhais se agucem. Entre esses tipos de ideia, ocupa posição privilegiada a da visão da pureza.

"A Solução Final Alemã", observou a escritora americana Cynthia Ozick, "era uma solução estética; era uma tarefa de preparar um texto, era o dedo do artista eliminando uma mancha; ela simplesmente aniquilava o que era considerado não harmonioso".[1] O psicólogo alemão Klaus Dörner chama seus leitores a *die Nazis auch als Bürger zu sehen, die genauso wie die Bürger vor und nach, ihre Antwort auf die Soziale Frage gesucht haben*[2] — a "questão social" cuja resposta eles procuravam sendo a questão da "poluição", da obstinada presença de pessoas que "não se ajustavam", que estavam "fora do lugar", que "estragavam o quadro" — e, quanto ao mais, ofendiam o senso esteticamente agradável e moralmente tranquilizador da harmonia. Nos primeiros anos da idade moderna, como Michel Foucault nos lembrou, os loucos eram arrebanhados pelas autoridades citadinas, amontoados dentro de *Narrenschiffen* ("naus dos loucos") e jogados ao mar; os loucos representavam "uma obscura desordem, um caos movediço [...] que se opõe à estabilidade adulta e luminosa da mente"; e o mar representava a água, que "leva deste mundo, mas faz mais: purifica".[3]

A pureza é um ideal, uma visão da condição que ainda precisa ser criada, ou da que precisa ser diligentemente protegida contra as disparidades genuínas ou imaginadas. Sem essa visão, tampouco o conceito de pureza faz sentido, nem a distinção entre pureza e impureza pode ser sensivelmente delineada. Uma floresta, uma cadeia de montanhas, uma campina, um oceano (a "natureza" em geral, distinta da cultura, o produto humano) não são nem puros, nem impuros — isto é, até serem manchados pelas sobras de um piquenique de domingo ou impregnados pelo refugo da indústria química. A intervenção humana decididamente não suja a natureza, e a torna imunda: ela insere na natureza a própria distinção entre pureza e imundície, cria a própria possibilidade de uma determinada parte do mundo natural ser "limpa" ou "suja".

A pureza é uma visão das coisas colocadas em lugares *diferentes* dos que elas ocupariam, se não fossem levadas a se mudar para outro, impulsionadas, arrastadas ou incitadas; e é uma visão da *ordem* — isto é, de uma situação em que cada coisa se acha em seu justo lugar e em nenhum outro. Não há nenhum meio de pensar sobre a pureza sem ter uma imagem da "ordem", sem atribuir às coisas seus lugares "justos" e "convenientes" — que ocorre serem aqueles lugares que elas não preencheriam "naturalmente", por sua livre vontade. O oposto da "pureza" — o sujo, o imundo, os "agentes poluidores" — são coisas "fora do lugar". Não são as características intrínsecas das coisas que as transformam em "sujas", mas tão somente sua localização e, mais precisamente, sua localização na ordem de coisas idealizada pelos que procuram a pureza. As coisas que são "sujas" num contexto podem tornar-se puras exatamente por serem colocadas num outro lugar — e vice-versa. Sapatos magnificamente lustrados e brilhantes tornam-se sujos quando colocados na mesa de refeições. Restituídos ao monte dos sapatos, eles recuperam a prístina pureza. Uma omelete, uma obra de arte culinária que dá água na boca quando no prato do jantar, torna-se uma mancha nojenta quando derramada sobre o travesseiro.

Há, porém, coisas para as quais o "lugar certo" não foi reservado em qualquer fragmento da ordem preparada pelo homem. Elas ficam "fora do lugar" em toda parte, isto é, em todos os lugares para os quais o modelo da pureza tem sido destinado. O mundo dos que procuram a pureza é simplesmente pequeno demais para acomodá-las. Ele não será suficiente para mudá-las para outro lugar: será preciso livrar-se delas de uma vez por todas — queimá-las, envenená-las, despedaçá-las, passá-las a fio de espada. Mais frequentemente, estas são coisas móveis, coisas que não se cravarão no lugar que lhes é designado, que trocam de lugar por sua livre vontade. A dificuldade com essas coisas é que elas cruzarão as fronteiras, convidadas ou não a isso. Elas controlam a sua própria localização, zombam, assim, dos esforços dos que procuram a pureza "para colocarem as coisas em seu lugar", e, afinal, revelam a incurável fraqueza e instabilidade de todas as acomodações. Baratas, moscas, aranhas ou camundongos, que em nenhum momento podem resolver partilhar um lar com os seus moradores legais (e humanos) sem pedir permissão aos donos, são por esse motivo, sempre e potencialmente, hóspedes não convidados, que não podem, desse modo, ser incorporados a qualquer imaginável esquema de pureza.

A situação torna-se ainda mais ameaçadora e exige ainda mais vigilância no caso das coisas que não se movem decididamente por sua livre vontade, mas o fazem, além do mais, sem chamar atenção sobre si mesmas: elas desafiam não exatamente o modelo de pureza, mas o próprio esforço de protegê-lo, uma vez que, sem estar a par da invasão, não se sabe que chegou a hora de agir e pode-se facilmente ser tranquilizado pela ilusão de segurança. Ácaros de tapete, bactérias e vírus pertencem a essa categoria de coisas de que nada se acha a salvo, inclusive a

16   O mal-estar da pós-modernidade

busca mesma da salvação. Os redatores de matéria publicitária para sabões em pó e produtos detergentes percebem a diferença muito bem — prometendo ao futuro freguês que aquilo poderá suprimir e destruir "a sujeira que você vê e os germes que não vê".

Do que até agora foi dito, podemos deduzir que o interesse pela pureza, e o associado interesse pela "higiene" (isto é, manter a sujeira longe), tem uma relação mais do que acidental com a fragilidade da ordem; com uma situação em que sentimos não poder confiar na ordem cuidando dela própria, não poder esperar que a ordem sobreviva à nossa complacência, à nossa inteira inação a esse respeito, conforme seu próprio impulso. "Ordem" significa um meio regular e estável para os nossos atos; um mundo em que as probabilidades dos acontecimentos não estejam distribuídas ao acaso, mas arrumadas numa hierarquia estrita — de modo que certos acontecimentos sejam altamente prováveis, outros menos prováveis, alguns virtualmente impossíveis. Só um meio como esse nós realmente entendemos. Só nessas circunstâncias (segundo a definição de Wittgenstein da compreensão) podemos realmente "saber como prosseguir". Só aí podemos selecionar apropriadamente os nossos atos — isto é, com uma razoável esperança de que os resultados que temos em mente serão de fato atingidos. Só aí podemos confiar nos hábitos e expectativas que adquirimos no decorrer da nossa existência no mundo. Nós, humanos, somos dotados de memória e de uma capacidade de aprender; por esse motivo, conferimos benefícios a uma "boa organização" do mundo. Habilidades aprendidas para a ação constituem poderosos bens num mundo estável e previsível; tornar-se-iam completamente suicidas, todavia, se os acontecimentos viessem de súbito a se desviar das sequências causais, desafiando assim toda previsão e tomando-nos de surpresa.

Talvez ninguém explicasse melhor do que se ocupa todo esse rebuliço em torno da pureza e de combate à sujeira do que a grande antropóloga britânica Mary Douglas, em seu surpreendente livro *Purity and Danger* (publicado pela primeira vez em 1966). A sujeira, sugeriu Douglas, é essencialmente desordem. Não há nenhuma coisa que seja sujeira absoluta. Ela existe ao olhar do observador. [...] A sujeira transgride a ordem. Eliminá-la não é um movimento negativo, mas um esforço positivo para organizar o ambiente. [...]

Ao perseguir a sujeira, forrar, decorar, arrumar, não estamos dominados pela angústia de fugir à doença, mas estamos, decididamente, reorganizando o nosso ambiente, adaptando-o a uma ideia. Não há nada de temível ou irracional em evitarmos a sujeira: é um movimento criativo, uma tentativa de relacionar a forma com a função, de dar unidade à experiência. [...]

Para concluir, se o desasseio é coisa inapropriada, devemos atacá-lo através da ordem. O desasseio ou a sujeira é o que não deve ser incluído se um padrão precisa ser mantido.[4]

Conforme a análise de Mary Douglas, o interesse pela pureza e a obsessão com a luta contra a sujeira emergem como características universais dos seres humanos: os modelos de pureza, os padrões a serem conservados mudam de uma época para a outra, de uma cultura para a outra — mas cada época e cada cultura têm um certo modelo de pureza e um certo padrão ideal a serem mantidos intactos e incólumes às disparidades. Da mesma forma, todas as preocupações com a pureza e a limpeza que emergem dessa análise são essencialmente semelhantes. Varrer o assoalho e estigmatizar os traidores ou expulsar os estranhos parecem provir do mesmo motivo de preservação da ordem, de tornar ou conservar o ambiente compreensível e propício à ação sensata. Isso bem pode ser assim, mas a explicação em termos de tão largo espectro, universais e extratemporais, não adianta muito para a avaliação de várias formas da busca de pureza do ponto de vista de sua significação política e social e da gravidade de suas consequências para o convívio humano.

Se concentramos a nossa atenção no último, observaremos imediatamente que, dentre as numerosas corporificações da "sujeira" capaz de minar padrões, um caso — sociologicamente falando — é de importância muito especial e, na verdade, única:

a saber, aquele em que são *outros seres humanos* que são concebidos como um obstáculo para a apropriada "organização do ambiente"; em que, em outras palavras, é uma outra pessoa ou, mais especificamente, uma certa categoria de outra pessoa, que se torna "sujeira" e é tratada como tal.

O criador da sociologia fenomenológica, Alfred Schütz,[5] fez-nos conscientes das características da vida humana que parecem óbvias no momento em que são ressaltadas: de que, se nós, humanos, podemos "achar nossas posições dentro do nosso ambiente natural e sociocultural e chegamos a um acordo sobre isso" é graças ao fato de que esse ambiente foi "pré-selecionado e pré-interpretado [...] por uma série de constructos de senso comum da realidade da vida diária". Cada um de nós, em nossas atividades diárias, e sem muito pensar a esse respeito, utiliza um número tremendo de produtos dessa pré-seleção e pré-interpretação, que se unem para o que Schütz chama de "fundo de conhecimentos à mão". Sem tal conhecimento, viver no mundo seria inconcebível. Nenhum de nós pode construir o mundo das significações e sentidos a partir do nada: cada um ingressa num mundo "pré-fabricado", em que certas coisas são importantes e outras não o são; em que as conveniências estabelecidas trazem certas coisas para a luz e deixam outras na sombra. Acima de tudo, ingressamos num mundo em que uma terrível quantidade de aspectos são óbvios a ponto de já não serem conscientemente notados e não precisarem de nenhum esforço ativo, nem mesmo o de decifrá-los, para estarem invisivelmente, mas tangivelmente, presentes em tudo o que fazemos — dotando desse modo os nossos atos, e as coisas sobre as quais agimos, de uma solidez de "realidade".

Entre os ingredientes tácitos, mas indispensáveis, do "fundo de conhecimentos à mão", essa sabedoria de senso comum que todos nós recebemos, para usar as palavras schützianas, como uma prenda do "mundo intersubjetivo da cultura", dessa "arca do tesouro dos tipos feitos e pré-constituídos", o lugar de honra pertence à suposição de "perspectivas recíprocas". Aquilo em que acreditamos sem pensar (e, acima de tudo, enquanto não pensamos a respeito) é que as nossas experiências são *típicas* — ou seja, que quem quer que olhe para o objeto "lá fora" vê "o mesmo" que nós, e que quem quer que aja obedece "aos mesmos" motivos que conhecemos com a introspecção. Também acreditamos na "permutabilidade de pontos de vista"; isto é, em que, se nos colocarmos no lugar de uma outra pessoa, veremos e sentiremos exatamente "o mesmo" que ela vê e sente em sua posição presente — e em que essa façanha ou empatia pode ser retribuída.

Essa suposição parece bastante direta e inócua, talvez mesmo profundamente moral em suas consequências, já que ela postula a semelhança essencial dos seres humanos e atribui aos outros, como sujeitos, características exatamente peculiares à nossa própria subjetividade. E todavia, para se manter firme, essa suposição de "perspectivas recíprocas" deve se basear num pressuposto ainda mais profundo: o de que não sou eu exatamente quem assume a reciprocidade da perspectiva e se comporta em conformidade com isso, mas de que essa própria suposição de reciprocidade é retribuída. Se se levanta a suspeita de que este último não é verdadeiro, então a construção de sólida rocha da segurança diária cai em pedaços. "Só posso compreender os atos de outra pessoa", diz Schütz, "se puder imaginar que eu mesmo praticaria atos análogos caso estivesse na mesma situação, regulada pelos mesmos motivos de por que, ou orientada pelos mesmos motivos de para quê — todas essas palavras compreendidas no mesmo sentido restrito da 'típica' analogia, da 'típica' uniformidade [...]."[6] O inseparável corolário dessa habilidade de me imaginar o outro na minha própria posição; a expectativa de que, se colocado na minha posição, o outro pensaria e comportar-se-ia exatamente como eu... em outras palavras, a ideia da unidade essencial entre mim e o outro, que a suposição da reciprocidade de pontos de vista promove ostensivamente, precede mais do que se segue a essa suposição. Para a suposição da nossa reciprocidade de pontos de vista permanecer, primeiro devo aceitar de modo não problemático a nossa mútua semelhança, a disposição do outro para pensar e se comportar ao longo de diretrizes idênticas às minhas.

As receitas ligadas a situações de rotina que eu provavelmente enfrentarei no curso da vida diária se juntam no que Max Scheler chamou de *relativnatürliche Weltanschauung*. Armado com essas receitas, sinto-me seguro. Para a maior parte das coisas que faço, e para todas as que faço rotineiramente, elas oferecem um guia suficiente e de confiança. Elas têm todo "o aspecto de uma suficiente coerência, clareza e solidez para dar a qualquer pessoa uma oportunidade razoável de compreender e ser compreendida". Só ostentam, porém, essa qualidade saudável e maravilhosa porque são "evidentes", prosaicamente aceitas, sem muita reflexão — e essa despreocupada situação só pode existir desde que ninguém ao redor comece a colocá-las em dúvida, pergunte sobre seus fundamentos e razões, ressalte as discrepâncias, exponha a sua arbitrariedade. É por isso que a chegada de um estranho tem o impacto de um terremoto… O estranho despedaça a rocha sobre a qual repousa a segurança da vida diária. Ele vem de longe; não partilha as suposições locais — e, desse modo, "torna-se essencialmente o homem que deve colocar em questão quase tudo o que parece ser inquestionável para os membros do grupo abordado".[7] Ele "tem de" cometer esse ato perigoso e deplorável porque não tem nenhum status dentro do grupo abordado que fizesse o padrão desse grupo parecer-lhe "natural", e porque, mesmo se tentasse dar o melhor de si, e fosse bem-sucedido, para se comportar exteriormente da maneira exigida pelo padrão, o grupo não lhe concederia o crédito da retribuição do seu ponto de vista.

Se a "sujeira" é um elemento que desafia o propósito dos esforços de organização, e a sujeira automática, autolocomotora e autocondutora é um elemento que desafia a própria possibilidade de esforços eficientes, então o estranho é a verdadeira síntese desta última. Não é de surpreender que as pessoas do lugar, em toda a parte e em todos os tempos, em seus frenéticos esforços de separar, confinar, exilar ou destruir os estranhos,

O sonho da pureza

comparassem os objetos de suas diligências aos animais nocivos e às bactérias. Não é de surpreender, tampouco, que comparassem o significado de sua ação a rotinas higiênicas; combateram os "estranhos", convencidos de que protegiam a saúde contra os portadores de doença.

É isso o que "as pessoas do lugar" (que, efetivamente, só podiam pensar em si próprias como tal, e arvorar-se nisso, na medida em que se opusessem a "estranhos" — isto é, a algumas outras pessoas que não fossem "pessoas do lugar") fizeram, deixem-me repetir, em toda a parte e em todos os tempos. Mas, em certas situações, a preocupação com os estranhos assumiu um papel particularmente importante entre as muitas atividades abrangidas no cuidado diário da pureza, da renovação de um mundo habitável e organizado. Isso aconteceu assim que o trabalho de purificação e "colocação em ordem" se tornara uma atividade consciente e intencional, quando fora concebido como uma *tarefa*, quando o objetivo de limpar, em vez de se manter intacta a maneira como as coisas existiam, tornou-se *mudar a maneira* como as coisas ontem costumavam ser, *criar* uma nova ordem que desafiasse a presente; quando, em outras palavras, o cuidado com a ordem significou a introdução de uma nova ordem, ainda por cima, *artificial* — constituindo, por assim dizer, um *novo começo*. Essa grave mudança no status da ordem coincidiu com o advento da *era moderna*. De fato, pode-se definir a modernidade como a época, ou o estilo de vida, em que a colocação em ordem depende do desmantelamento da ordem "tradicional", herdada e recebida; em que "ser" significa um novo começo permanente.

Cada ordem tem suas próprias desordens; cada modelo de pureza tem sua própria sujeira que precisa ser varrida. Mas, numa ordem durável e resistente, que se reserve o futuro e envolva ainda, entre outros pré-requisitos, a proibição da mudança, até a ocupação de limpeza e a de varredura são partes da ordem. Pertencem à rotina diária e, como a rotina de tudo, tendem a repetir-se monotonamente, duma forma completamente transformada em hábito e que torna a reflexão redundante. O que alcança o nível da consciência e desperta a atenção não é tanto a rotina de eliminar a sujeira quanto prevenir uma não habitual e fortuita *interrupção* da rotina. O cuidado com a pureza concentra-se não tanto no combate à "sujeira primária" quanto na luta contra a "metassujeira" — contra afrouxar ou negligenciar totalmente o esforço de manter as coisas como são... A situação se altera drasticamente, todavia, quando organização significa o desmantelamento da ordem existente e sua substituição por um novo modelo de pureza. Agora, manter a pureza não pode reduzir-se à manutenção da rotina diária; pior ainda, a própria rotina tem a terrível tendência a se converter em "sujeira", que precisa ser esmagada em nome da nova pureza. No todo, o estado de "começo permanente" gera sempre novos alvos, "aperfeiçoados", de pureza, e a cada novo alvo ficam de fora novas categorias de "sujeira" — uma sujeira desconhecida e sem precedentes. Aparece uma nova condição, em que até as coisas comuns e tediosamente familiares podem converter-se em sujeira, em pouco tempo ou sem se dar por isso. Com modelos de pureza que mudam demasiadamente depressa para que as habilidades da purificação se deem conta disso, já nada parece seguro: a incerteza e a desconfiança governam a época.

Podemos dar um passo adiante e dizer que a "colocação em ordem", agora, se torna indistinguível da proclamação de sempre novas "anormalidades", traçando sempre novas linhas divisórias, identificando e separando sempre novos "estranhos". "Vizinhos do lado" inteiramente familiares e sem nenhum problema podem da noite para o dia converter-se em estranhos aterrorizantes, desde que uma nova ordem se idealiza; inventa-se um novo jogo no qual é improvável os vizinhos de ontem competirem placidamente, pela simples razão de que a nova ordem está prestes a transformá-los em estranhos e o novo jogo está prestes a eliminá-los — "purificando o local". Fazer alguma coisa em torno do estranho passa a ser o verdadeiro centro das preocupações com a organização. Os estranhos já não são rotina, e, desse modo, os meios rotineiros de conservar as coisas puras não são suficientes. Num mundo constantemente em movimento, a angústia que se condensou no medo dos estranhos impregna a totalidade da vida diária — preenche todo fragmento e toda ranhura da condição humana.

No mundo moderno, notoriamente instável e constante apenas em sua hostilidade a qualquer coisa constante, a tentação de interromper o movimento, de conduzir a perpétua mudança a uma pausa, de instalar uma ordem segura contra todos os desafios futuros, torna-se esmagadora e irresistível. Quase todas as fantasias modernas de um "mundo bom" foram em tudo profundamente antimodernas, visto que visualizaram o fim da história compreendida como um processo de mudança. Walter Benjamin disse, da modernidade, que ela nasceu sob o signo do suicídio; Sigmund Freud sugeriu que ela foi dirigida por Tânatos — o instinto da morte. As utopias modernas diferiam em muitas de suas pormenorizadas prescrições, mas todas elas concordavam em que o "mundo perfeito" seria um que permanecesse para sempre idêntico a si mesmo, um mundo em que a sabedoria hoje aprendida permaneceria sábia amanhã e depois de amanhã, e em que as habilidades adquiridas pela vida conservariam sua utilidade para sempre. O mundo retratado nas utopias era também, pelo que se esperava, um mundo transparente — em que nada de obscuro ou impenetrável se colocava no caminho do olhar; um mundo em que nada estragasse a harmonia; nada "fora do lugar"; um mundo sem "sujeira"; um mundo sem estranhos.

Não é surpreendente que em toda a idade moderna haja uma estrita correlação entre a proporção, a radicalidade da "ordem nova e final" imaginada, sonhada e experimentada na prática, e a paixão com que "o problema dos estranhos" foi abordado, assim como a severidade do tratamento dispensado aos estranhos. O que era "totalitário" nos programas políticos totalitários, eles próprios fenômenos totalmente modernos, era, mais do que algo além da abrangência da ordem que eles prometiam, a determinação de não deixar nada ao acaso, a simplicidade das prescrições de limpeza, e a meticulosidade com que eles atacaram a tarefa de remover qualquer coisa que colidisse com o postulado da pureza. As ideologias totalitárias foram notáveis pela propensão a condensar o difuso, localizar o indefinível, transformar o incontrolável num alvo a seu alcance e, por assim dizer, à distância de uma bala. A angústia disseminada e ubíqua exalada pelas ameaças igualmente disseminadas e ubíquas à amplitude e ao senso da ordem foi, assim, estreitada e comprimida de maneira que pudesse ser "manipulada" e profusamente repartida num único e direto procedimento. O nazismo e o comunismo primaram por impelir a tendência totalitária a seu extremo radical — o primeiro, condensando a complexidade do problema da "pureza", em sua forma moderna, no da pureza da raça; o segundo, no da pureza de classe. No entanto, os anseios e pendores totalitários também tornaram sua presença visível, conquanto de uma forma levemente menos radical, na tendência do estado nacional moderno como tal a escorar e reforçar a uniformidade da cidadania do estado com a universalidade e abrangência da filiação nacional.

Por motivos que analisei alhures,[8] e que são complexos e numerosos demais para serem registrados aqui, a tendência a coletivizar e centralizar as atividades de "purificação" destinadas à preservação da pureza, enquanto de modo algum extintas ou exauridas, em nosso tempo tendem a ser cada vez mais substituídas pelas estratégias de desregulamentação e privatização. Por um lado, observamos em muitos lugares uma crescente indiferença do estado para com sua antiga tarefa de promover um modelo de ordem tanto singular como abrangente, e a equanimidade sem precedentes com que a presença conjunta de vários desses modelos é contemplada pelos poderes vigentes. Por outro lado, pode-se distinguir o declínio do "impulso para adiante" tão crucial para o espírito moderno, o afrouxamento da moderna guerra de atrito empreendida contra a tradição, a falta de entusiasmo (ou mesmo de ressentimento) pelos esquemas que tudo incluem da ordem decretada e que promete colocar ou fixar tudo em seu lugar — e, na verdade, o aparecimento do interesse *sui generis* conferido à diversificação persistente, à subdeterminação, à "desordem" do mundo. Um número sempre crescente de homens e mulheres pós-modernos, ao mesmo tempo que de modo algum imunes ao medo de se perderem, e sempre ou tão frequentemente empolgados pelas repetidas ondas de "nostalgia", acham a infixidez de sua situação suficientemente atrativa para prevalecer sobre a aflição da incerteza. Deleitam-se na busca de novas e ainda não apreciadas experiências, são de bom grado seduzidos pelas propostas de aventura, e, de um modo geral, a qualquer fixação de compromisso, preferem ter opções abertas. Nessa mudança de disposição, são ajudados e favorecidos por um mercado inteiramente organizado em torno da procura do consumidor e vigorosamente interessado em manter essa procura permanentemente insatisfeita, prevenindo, assim, a ossificação de quaisquer hábitos adquiridos, e excitando o apetite dos consumidores para sensações cada vez mais intensas e sempre novas experiências.

A consequência dessa transformação, mais relevante para o nosso tema, foi bem captada por Georges Balandier: *"Aujourd'hui, tout se brouille, les frontières se déplacent, les catégories deviennent confuses. Les différences perdent leur encadrement; elles se démultiplient, elles se trouvent presque à l'état libre, disponibles pour la composition de nouvelles configurations, mouvantes, combinables et manipulables"*.[9]

As diferenças se amontoam umas sobre as outras, distinções anteriormente não consideradas relevantes para o esquema global das coisas e portanto invisíveis agora se impõem à tela do *Lebenswelt*. Diferenças outrora consagradas como não negociáveis são lançadas inesperadamente no *melting pot* ou se tornam objetos de disputa. Quadros de competição se sobrepõem ou colidem, excluindo toda oportunidade de um mapa de levantamento topográfico "oficial" e universalmente aglutinante. No entanto, uma vez que cada esquema de pureza gera sua própria sujeira e cada ordem gera seus próprios estranhos, preparando o estranho à sua própria semelhança e medida — o estranho, agora, é tão resistente à fixação como ao próprio espaço social:

"L'Autre se révèle multiple, localisable partout, changeant selon les circonstances".[10]

Será que isso pressagia o fim do sacrifício e martírio do estranho, a serviço da pureza? Não necessariamente, ao contrário de muitas apologias da nova tolerância pós-moderna, ou mesmo de seu suposto amor à diferença. No mundo pós-moderno de estilos e padrões de vida livremente concorrentes, há ainda um severo teste de pureza que se requer seja transposto por todo aquele que solicite ser ali admitido: tem de mostrar-se capaz de ser seduzido pela infinita possibilidade e constante renovação promovida pelo mercado consumidor, de se regozijar com a sorte de vestir e despir identidades, de passar a vida na caça interminável de cada vez mais intensas sensações e cada vez mais inebriante experiência. Nem todos podem passar nessa prova. Aqueles que não podem são a "sujeira" da pureza pós-moderna.

Uma vez que o critério da pureza é a aptidão de participar do jogo consumista, os deixados fora como um "problema", como a "sujeira" que precisa ser removida, são *consumidores falhos* — pessoas incapazes de responder aos atrativos do mercado consumidor porque lhes faltam os recursos requeridos, pessoas incapazes de ser "indivíduos livres" conforme o senso de "liberdade" definido em função do poder de escolha do consumidor. São eles os novos "impuros", que não se ajustam ao novo esquema de pureza. Encarados a partir da nova perspectiva do mercado consumidor, eles são redundantes — verdadeiramente "objetos fora do lugar".

O serviço de separar e eliminar esse refugo do consumismo é, como tudo o mais no mundo pós-moderno, desregulamentado e privatizado. Os centros comerciais e os supermercados, templos do novo credo consumista, e os estádios, em que se disputa o jogo do consumismo, impedem a entrada dos consumidores falhos a suas próprias custas, cercando-se de câmeras de vigilância, alarmes eletrônicos e guardas fortemente armados; assim fazem as comunidades onde os consumidores afortunados e felizes vivem e desfrutam de suas novas liberdades; assim fazem os consumidores individuais, encarando suas casas e seus carros como muralhas de fortalezas permanentemente sitiadas.

Essas preocupações desregulamentadas, privatizadas e difusas com a preservação da pureza da vida consumista também aparecem juntas em duas exigências políticas contraditórias, mas mutuamente corroboradoras, dirigidas para o Estado. Uma é a exigência, por parte dos livres consumidores, de aumentar mais as liberdades do consumidor: privatizar-se o uso dos recursos, reduzindo toda intervenção coletiva nos negócios privados, desmantelando as coações politicamente impostas, cortando tributos e despesas públicas. Outra exigência é a de negociar mais energicamente com as consequências da primeira exigência: ao vir à tona, no discurso público, com o nome de "lei e ordem", essa segunda exigência é sobre a prevenção do protesto igualmente desregulamentado e privatizado das vítimas da desregulamentação e privatização. Aqueles que a expansão da liberdade do consumidor privou das habilidades e poderes do consumidor precisam ser detidos e mantidos em xeque. Como são um sorvedouro dos fundos públicos e por isso, indiretamente, do "dinheiro dos contribuintes", eles precisam ser detidos e mantidos em xeque ao menor custo possível. Se a remoção do refugo se mostra menos dispendiosa do que a reciclagem do refugo, deve ser-lhe dada a prioridade. Se é mais barato excluir e encarcerar os consumidores falhos para evitar-lhes o mal, isso é preferível ao restabelecimento de seu status de consumidores através de uma previdente política de emprego conjugada com provisões ramificadas de previdência. E mesmo os meios de exclusão e encarceramento precisam ser "racionalizados", de preferência submetidos à severa disciplina da competição de mercado: que vença a oferta mais barata...

Neste esclarecedor estudo dos meios pelos quais a "defesa da lei e da ordem" é hoje levada adiante nos países ricos, Nils Christie delineia o seguinte quadro de pesadelo a que a tendência presente, se não detida, provavelmente deve conduzir:

Não há quaisquer limites naturais. A indústria lá está. A capacidade lá está. Dois terços da população terão um padrão de vida enormemente acima de qualquer um encontrado — para tão amplas proporções de uma nação — em qualquer outra parte do mundo. Os meios de comunicação de massa prosperam com relatos sobre os crimes cometidos pelo terço restante da população. Governantes são eleitos com as promessas de manter o perigoso terço atrás das grades. Por que isso deve vir a se interromper? Não há qualquer limite natural para as mentes racionais. [...]

O pior pesadelo nunca se concretizará. A população perigosa não será exterminada, a não ser aqueles assassinados pela punição do capital. Mas são grandes os riscos de que aqueles considerados componentes fundamentais da população perigosa possam ser confinados, armazenados, amontoados e obrigados a viver seus anos mais produtivos como consumidores de controle. Isso pode ser feito democraticamente, e sob o controle estrito das instituições legais.

"E os teóricos da criminologia e do direito", observa Christie melancolicamente, "estão ali dando uma mão de ajuda. Já ninguém acredita em tratamento, mas a incapacitação tem sido uma das mais apreciadas [...]."[11] A preocupação dos nossos dias com a pureza do deleite pós-moderno expressa-se na tendência cada vez mais acentuada a incriminar seus problemas socialmente produzidos.

Que a ordem inteira tende a incriminar a resistência a ela própria e a pôr fora da lei seus supostos ou genuínos inimigos é evidente até o plano da trivialidade. O que é menos óbvio, conquanto pareça emergir do nosso breve exame das formas que a busca da pureza vem ganhando nos tempos modernos e pós-modernos, é que os objetos da excitação particularmente intensa e zelosa de pôr fora da lei são as consequências radicais dos próprios princípios constitutivos da ordem. A modernidade viveu num estado de permanente guerra à tradição, legitimada pelo anseio de coletivizar o destino humano num plano mais alto e novo, que substituísse a velha ordem remanescente, já esfalfada, por uma nova e melhor.

Ela devia, portanto, purificar-se daqueles que ameaçavam voltar sua intrínseca irreverência contra os seus próprios princípios. Uma das mais inquietantes "impurezas" na versão moderna da pureza eram os *revolucionários,* que o espírito moderno tinha tudo para gerar: os revolucionários eram, afinal, nada mais do que entusiastas da modernidade, os mais fiéis entre os crentes da moderna revelação, ansiosos por extrair da mensagem as lições mais radicais e estender o esforço de colocar em ordem além da fronteira do que o mecanismo de colocar em ordem podia sustentar. A pós-modernidade, por outro lado, vive num estado de permanente pressão para se despojar de toda interferência coletiva no destino individual, para desregulamentar e privatizar. Tende, pois, a fortalecer-se contra aqueles que — seguindo suas intrínsecas tendências ao descompromisso, à indiferença e livre competição — ameaçam exibir o potencial suicida da estratégia, ao estender sua implementação ao último grau da lógica. A mais odiosa impureza da versão pós-moderna da pureza não são os revolucionários, mas aqueles que ou desrespeitam a lei, ou fazem a lei com suas próprias mãos — assaltantes, gatunos, ladrões de carro e furtadores de loja, assim como seus alter egos —, os grupos de punição sumária e os terroristas. Novamente, eles não são mais do que entusiastas da pós-modernidade, aprendizes vorazes e devotos crentes da revelação pós-moderna, ávidos por levar as receitas de vida sugeridas por aquela lição até sua conclusão radical.

A busca da pureza moderna expressou-se diariamente com a ação punitiva contra as classes perigosas; a busca da pureza pós-moderna expressa-se diariamente com a ação punitiva contra os moradores das ruas pobres e das áreas urbanas proibidas, os vagabundos e indolentes. Em ambos os casos, a "impureza" no centro da ação punitiva é a extremidade da forma incentivada como pura; a extensão até os limites do que devia ter sido, mas não podia ser, conservou-se em região fronteiriça; o produto-refugo, não mais do que uma mutação desqualificada do produto, passou como se fosse ao encontro dos modelos.

· 2 ·

A criação e anulação dos estranhos

Todas as sociedades produzem estranhos. Mas cada espécie de sociedade produz sua própria espécie de estranhos e os produz de sua própria maneira, inimitável. Se os estranhos são as pessoas que não se encaixam no mapa cognitivo, moral ou estético do mundo — num desses mapas, em dois ou em todos os três; se eles, portanto, por sua simples presença, deixam turvo o que deve ser transparente, confuso o que deve ser uma coerente receita para a ação, e impedem a satisfação de ser totalmente satisfatória; se eles poluem a alegria com a angústia, ao mesmo tempo que fazem atraente o fruto proibido; se, em outras palavras, eles obscurecem e tornam tênues as linhas de fronteira que devem ser claramente vistas; se, tendo feito tudo isso, geram a incerteza, que por sua vez dá origem ao mal-estar de se sentir perdido — então cada sociedade produz esses estranhos. Ao mesmo tempo que traça suas fronteiras e desenha seus mapas cognitivos, estéticos e morais, ela não pode senão gerar pessoas que encobrem limites julgados fundamentais para a sua vida ordeira e significativa, sendo assim acusadas de causar a experiência do mal-estar como a mais dolorosa e menos tolerável.

O mais opressivo dos pesadelos que assombraram o nosso século, notório por seus horrores e terrores, por seus feitos san-

A criação e anulação dos estranhos

grentos e tristes premonições, foi mais bem captado na memorável imagem de George Orwell da bota de cano alto pisando uma face humana. Nenhuma face estava segura — como cada uma estava sujeita a ser culpada do crime de violar ou transgredir. E, uma vez que a humanidade tolera mal todo tempo de reclusão, os seres humanos que transgridem os limites se convertem em estranhos — cada um teve motivos para temer a bota de cano alto feita para pisar no pó a face do estranho, para espremer o estranho do humano e manter aqueles ainda não pisados, mas prestes a vir a sê-lo, longe do dano ilegal de cruzar fronteiras. Botas de cano alto fazem parte de uniformes. Elias Canetti escreveu sobre os "uniformes assassinos". Em algum momento do nosso século se tornou comum a compreensão de que os homens uniformizados devem ser mais temidos. Os uniformes eram o símbolo dos servidores do Estado, essa fonte de todo o poder e acima de tudo do poder coercitivo ajudado e favorecido pelo poder que absolve da desumanidade. Envergando uniformes, os homens se tornam esse poder em ação; envergando botas de cano alto, eles pisam, e pisam em ordem, em nome do Estado. O Estado que vestiu homens de uniforme, de modo que eles pudessem ser reconhecidos e instruídos para pisar, e antecipadamente absolvidos da culpa de pisar, foi o Estado que se encarou como a fonte, o defensor e a única garantia da vida ordeira: a ordem que protege o dique do caos. Foi o Estado que soube o que a ordem devia parecer e que teve força e arrogância bastantes não apenas para proclamar que todos os outros estados de coisas são a desordem e o caos, como também para obrigá-los a viver sob essa condição. Foi este, em outras palavras, o Estado moderno — que legislou a ordem para a existência e definiu a ordem como a clareza de aglutinar divisões, classificações, distribuições e fronteiras.

Os estranhos tipicamente *modernos* foram o refugo do zelo de organização do Estado. Foi à visão da ordem que os estranhos modernos não se ajustaram. Quando se traçam linhas divisórias e se separa o assim dividido, tudo o que borra as linhas e atravessa as divisões solapa esse trabalho e destroça-lhe os produtos.

A sob e sobredeterminação semântica dos estranhos corrompeu divisões nítidas e arruinou balizas. Simplesmente por estar nas proximidades, eles se intrometeram no trabalho que o Estado jurou realizar e desmancharam seus esforços por realizá-lo. Os estranhos exalaram incerteza onde a certeza e a clareza deviam ter imperado. Na ordem harmoniosa e racional prestes a ser constituída não havia nenhum espaço — não podia haver nenhum espaço — para os "nem uma coisa, nem outra", para os que se sentam escarranchados, para os cognitivamente ambivalentes. Constituir a ordem foi uma guerra de atrito empreendida contra os estranhos e o diferente.

Nessa guerra (para tomar emprestados os conceitos de Lévi--Strauss), duas estratégias alternativas, mas também complementares, foram intermitentemente desenvolvidas. Uma era *antropofágica*: aniquilar os estranhos *devorando-os* e depois, metabolicamente, transformando-os num tecido indistinguível do que já havia. Era esta a estratégia da *assimilação*: tornar a diferença semelhante; abafar as distinções culturais ou linguísticas; proibir todas as tradições e lealdades, exceto as destinadas a alimentar a conformidade com a ordem nova e que tudo abarca; promover e reforçar uma medida, e só uma, para a conformidade. A outra estratégia era *antropoêmica*: *vomitar* os estranhos, bani-los dos limites do mundo ordeiro e impedi-los de toda comunicação com os do lado de dentro. Era essa a estratégia da *exclusão* — confinar os estranhos dentro das paredes visíveis dos guetos, ou atrás das invisíveis, mas não menos tangíveis, proibições da *comensalidade*, do *conúbio* e do *comércio*;* "purificar" — expulsar os estranhos para além das fronteiras do território administrado ou administrável; ou, quando nenhuma das duas medidas fosse factível, destruir fisicamente os estranhos.

A expressão mais comum das duas estratégias foi o notório entrechoque entre as versões liberal e racista-nacionalista

---

* Na acepção primeira, ou seja, de relacionamento social, intercâmbio de emoções, ideias etc. (N. T.)

A criação e anulação dos estranhos   33

do projeto moderno. As pessoas são diferentes, dá a entender o projeto liberal, mas são diferentes por causa da diversidade das tradições locais e particularíssimas em que elas crescem e amadurecem. São produtos da educação, criaturas da cultura e, por isso, flexíveis e dóceis de serem reformadas. Com a universalização progressiva da condição humana, que significa nada mais do que a erradicação de todo paroquialismo junto com os poderes empenhados em preservá-lo, e que consequentemente deixa o desenvolvimento humano livre do imbecilizante impacto do acidente de nascer, essa diversidade predeterminada, mais forte do que a escolha humana, se enfraquecerá. Não é assim — objetou a opinião racista-nacionalista. A reconstrução cultural tem limites que nenhum esforço poderia transcender. Certas pessoas nunca serão convertidas em alguma coisa mais do que são. Estão, por assim dizer, fora do alcance do reparo. Não se pode livrá-*las* de seus defeitos: só se pode deixá-*las* livres delas próprias, acabadas, com suas inatas e eternas esquisitices e seus males.

Na sociedade moderna, e sob a égide do Estado moderno, a aniquilação cultural e física dos estranhos e do diferente foi uma *destruição criativa*, demolindo, mas construindo ao mesmo tempo; mutilando, mas corrigindo... Foi parte e parcela da constituição da ordem em curso, da constituição da nação, do esforço de constituição do Estado, sua condição e acompanhamento necessários. E, inversamente, onde quer que a planejada ordem de constituição esteja em andamento, certos habitantes do território a ser ordeiramente feito de maneira nova convertem-se em estranhos que precisam ser eliminados.

Sob a pressão do anseio da moderna constituição da ordem, os estranhos viveram, por assim dizer, num estado de extinção contida. Os estranhos eram, por definição, uma anomalia a ser retificada. Sua presença era a priori definida como temporária, tanto quanto a etapa, atual e fugaz, na pré-história da ordem ainda por vir. Uma coexistência permanente com o estranho e com o diferente, e a pragmática de viver com estranhos, não precisaram ser enfrentadas à queima-roupa, como uma perspectiva séria. E isso não seria necessário, enquanto a vida moderna continuasse nas mãos de um Estado bastante ambicioso e bem-dotado para prosseguir na tarefa. Não é em toda parte, porém, que essas condições parecem, hoje, estar prevalecendo: é numa época que Anthony Giddens chama de "modernidade tardia", Ulrich Beck, de "modernidade reflexiva", Georges Balandier, de "supermodernidade", e que eu tenho preferido (junto com muitos outros) chamar de "pós-moderna": o tempo em que vivemos agora, na nossa parte do mundo (ou, antes, viver nessa época delimita o que vemos como a "nossa parte do mundo"...).

Do desencaixe à navegação

Em suas buscas de constituição da ordem, o Estado moderno tratou de desacreditar, de repudiar e erradicar *les pouvoirs intermédiaires* das comunidades e tradições. Se realizada, a tarefa "desencaixaria" (Giddens) ou "desimpediria" (MacIntyre) os indivíduos, dar-lhes-ia o benefício de um começo completo, deixá-los-ia livres para escolher a espécie de vida que desejam viver, bem como controlar e administrar a sua existência na estrutura das normas legais reconhecidas pelos únicos poderes de legislação legítima — os do Estado. O projeto moderno prometia libertar o indivíduo da identidade herdada. Não tomou, porém, uma firme posição contra a identidade como tal, contra se ter *uma* identidade, mesmo uma sólida, exuberante e imutável identidade. Só transformou a identidade, que era questão de *atribuição*, em *realização* — fazendo dela, assim, uma tarefa individual e da responsabilidade do indivíduo.

Em grande parte como essa ordem global que coletivamente subscreveu os esforços individuais pela vida (abrangente, coesa, coerente e contínua), a identidade do indivíduo foi lançada como um *projeto*, o *projeto de vida* (como o enunciou Jean-Paul Sartre, com sabedoria que logo se tornou retrospectiva). A identidade devia ser erigida sistematicamente, de degrau em degrau e de

A criação e anulação dos estranhos 35

tijolo em tijolo, seguindo um esquema concluído antes de iniciado o trabalho. A construção requeria uma clara percepção da forma final, o cálculo cuidadoso dos passos que levariam a ela, o planejamento a longo prazo e a visão através das consequências de cada movimento. Havia, assim, um vínculo firme e irrevogável entre a ordem social como projeto e a vida individual como projeto, sendo a última impensável sem a primeira. Se não fossem os esforços coletivos com o fim de assegurar um cenário de confiança, duradouro, estável, previsível para os atos e escolhas individuais, construir uma identidade clara e duradoura, bem como viver a vida voltada para essa identidade, seria quase impossível.

Os cenários parecem de confiança, (1) se sua calculada expectativa de vida for mais ou menos coincidente com a duração do processo de construção da identidade individual, e (2) se sua forma é vista como sendo imune às extravagâncias das modas e fraquezas promovidas como uma coisa só ou separadamente (em jargão sociológico, se o "macronível" é relativamente independente do que continua no "micronível"), de modo que os projetos individuais possam ser sensatamente arrolados num rijo, fidedigno, tenaz sistema interno. De um modo geral, porém, era verdade, através da maior parte da história moderna, a notória aceleração moderna da mudança. As "estruturas" (das comunidades concretas até as moedas correntes) pareciam dotadas de suficiente elasticidade e solidez para resistir a todas as incursões dos esforços individuais e sobreviver a toda escolha individual, de sorte que o indivíduo podia medir forças com o conjunto de oportunidades finito e duro como a rocha (isto é, convencido de que suas escolhas, em princípio, podiam ser *racionalmente* calculadas e *objetivamente* avaliadas). Quando comparadas à extensão biologicamente limitada da vida individual, as instituições que encamam a vida coletiva e os poderes que garantem sua autoridade parecem verdadeiramente imortais. Profissões, ocupações e habilidades correlatas não envelheciam mais depressa do que os seus titulares. Nem o faziam os princípios do sucesso: recompensas que demoravam saldavam-se afinal de contas, e a caderneta de poupança sintetizava a prudência e sabedoria do planejamento a longo prazo. Na sociedade moderna, que comprometeu seus integrantes principalmente com os papéis de produtores e soldados,[1] o ajustamento e a adaptação indicavam apenas um caminho: era a volúvel escolha individual que precisava inventariar sua vida, assim como observar os "pré-requisitos funcionais" do conjunto — que, em diversos sentidos, tinha de encarar, para usarmos a apropriada frase de Durkheim, como "maior do que si próprio".

Se essas são realmente as condições de fidedignidade dos cenários, ou da aparência dos cenários dignos de confiança, o contexto da vida pós-moderna não passa na prova. Os projetos de vida individuais não encontram nenhum terreno estável em que acomodem uma âncora, e os esforços de constituição da identidade individual não podem retificar as consequências do "desencaixe", deter o eu flutuante e à deriva. Alguns autores (especialmente Giddens) ressaltam os esforços muito elegantes de "reencaixe": sendo, no entanto, mais postulados do que pré-oferecidos, e sustentados tão somente pelas provisões notoriamente erráticas da energia emocional, as situações do procurado "reencaixe" são atormentadas pela mesma insegurança e excentricidade que induzem os eus desencaixados a procurá-las antes de tudo. A imagem do mundo diariamente gerada pelas preocupações da vida atual é destituída da genuína ou suposta solidez e continuidade que costumavam ser a marca registrada das "estruturas" modernas. O sentimento dominante, agora, é a sensação de um novo tipo de incerteza, não limitada à própria sorte e aos dons de uma pessoa, mas igualmente a respeito da futura configuração do mundo, a maneira correta de viver nele e os critérios pelos quais julgar os acertos e erros da maneira de viver. O que também é novo em torno da interpretação pós-moderna da incerteza (em si mesma, não exatamente uma recém-chegada num mundo do passado moderno) é que ela já não é vista como um mero inconveniente temporário, que com o esforço devido possa ser ou abrandado ou inteiramente transposto. O mundo pós-moderno está se preparando para a vida sob uma condição de incerteza que é permanente e irredutível.

Dimensões da incerteza presente

Muitos aspectos da vida contemporânea contribuem para se superar a sensação de incerteza: para uma visão do futuro do "mundo como tal" e do "mundo ao nosso alcance", essencialmente indeterminável, incontrolável e por isso assustador, e da corrosiva dúvida sobre se as constantes de ação do contexto atual continuarão constantes por tempo suficiente para permitir o cálculo razoável de seus efeitos... Vivemos hoje, para tomar emprestada a feliz expressão cunhada por Marcus Doel e David Clarke,[2] na atmosfera do *medo ambiente*. Especifiquemos alguns dos fatores responsáveis.

1. A nova desordem do mundo. Após meio século de divisões bem definidas, tanto interesses evidentes como indubitáveis desígnios e estratégias políticas privaram o mundo de estrutura visível e de qualquer — por mais que sinistra — lógica. A política dos blocos de poder, que não há tanto tempo dominou o mundo, assustado com o caráter horripilante de suas possibilidades: o que quer que venha a lhe tomar o lugar assusta, no entanto, por sua falta de coerência e direção — e também pela vastidão das possibilidades que pressagia. Hans Magnus Enzensberger, da Alemanha, teme a iminente era da guerra civil (ele contou cerca de quarenta de tais guerras sendo atualmente empreendidas, desde a da Bósnia, passando pela do Afeganistão, até a de Bougainville*). Na França, Alain Minc escreve sobre o advento de nova Idade das Trevas. No Reino Unido, Norman Stone pergunta se não estamos de volta ao mundo medieval dos mendigos, pragas, conflagrações e superstições. Se essa é ou não é a tendência do nosso tempo continua, é claro, uma questão aberta, a que só o futuro responderá, mas o que efetivamente importa, no momento, é que prognósticos como esses possam ser publicamente feitos

---

* Ilha do arquipélago que compõe o território da Papua-Nova Guiné e cujos habitantes, nos últimos dez anos, vêm se insurgindo contra o governo desse país, da Comunidade Britânica das Nações. (N. T.)

a partir dos mais prestigiosos centros da vida intelectual contemporânea, ouvidos, considerados e debatidos.

O "Segundo Mundo" não existe mais: suas antigas nações--membros despertaram, para usar a feliz expressão de Claus Offe, para o "túnel no fim da luz". Mas, com o desaparecimento do Segundo Mundo, o "Terceiro Mundo" também, que outrora, na época de Bandung,* constituía uma terceira força, uma força de oposição a ambos os blocos de poder e ao princípio mesmo dos blocos de poder (e que mostrou ser tal força mediante o destaque dos medos e futilidades dos dois impérios mundiais sequiosos de poder), abandonou o palco político do mundo. Hoje, uns vinte países ricos, mas aflitos e incertos de si próprios, enfrentam o resto do mundo, que já não se inclina a venerar as suas definições de progresso e felicidade, mas cresce a cada dia mais dependente deles, para preservar qualquer felicidade ou meramente a sobre-vivência que possa conseguir, penosamente, com seus próprios meios. Talvez o conceito da "barbarização secundária" englobe melhor o impacto global do metropolitanato dos nossos dias sobre a periferia do mundo.

2. A desregulamentação universal — a inquestionável e irrestrita prioridade outorgada à irracionalidade e à cegueira moral da competição de mercado —, a desatada liberdade concedida ao capital e às finanças à custa de todas as outras liberdades, o despedaçamento das redes de segurança socialmente tecidas e solitariamente sustentadas e o repúdio a todas as razões que não econômicas deram um novo impulso ao implacável processo de polarização, outrora detido (apenas temporariamente, como agora se percebe) pelas estruturas legais do Estado de bem-estar, dos direitos de negociação dos sindicatos, da legislação do trabalho e — numa escala global (embo-

---

* Cidade de Java, na Indonésia, onde em 1955 se realizou uma conferência de trinta países asiáticos e africanos tanto contra o racismo e o colonialismo como a favor do compromisso dos países ricos com o combate ao subdesenvolvimento. (N. T.)

A criação e anulação dos estranhos 39

ra, neste caso, de modo muito menos convincente) — pelos primeiros efeitos dos órgãos internacionais encarregados da redistribuição do capital. A desigualdade — intercontinental, entre os Estados e, mais fundamentalmente, dentro da mesma sociedade (sem levar em conta o nível do PNB exaltado ou lastimado pelo país) — atinge uma vez mais proporções que o mundo de há pouco tempo, confiante em sua habilidade de autorregular-se e autocorrigir-se, parecia ter deixado para trás de uma vez por todas. Segundo cálculos cautelosos e, se faz diferença, conservadores, a rica Europa conta entre seus cidadãos cerca de 3 milhões de desabrigados, 20 milhões de expulsos do mercado de trabalho, 30 milhões que vivem abaixo da linha da pobreza. O desvio do projeto da comunidade como defensora do direito universal à vida decente e dignificada para o da promoção do mercado como garantia suficiente da universal oportunidade de autoenriquecimento aprofunda mais o sofrimento dos novos pobres, a seu mal acrescentando o insulto, interpretando a pobreza com humilhação e com a negação da liberdade do consumidor, agora identificada com a humanidade.

Os efeitos psicológicos, porém, vão muito além das crescentes fileiras dos despojados e dos redundantes. Apenas os poucos poderosos para chantagear os outros poderosos na obrigação de um dourado aperto de mão podem estar certos de que sua casa, não obstante possa agora parecer imponente e próspera, não é assombrada pelo espectro da ruína de amanhã. Nenhum emprego é garantido, nenhuma posição é inteiramente segura, nenhuma perícia é de utilidade duradoura, a experiência e a prática se convertem em responsabilidade logo que se tornam haveres, carreiras sedutoras muito frequentemente se revelam vias suicidas. Em sua versão presente, os direitos humanos não trazem consigo a aquisição do direito a um emprego, por mais que bem desempenhado, ou — de um modo mais geral — o direito ao cuidado e à consideração por causa de méritos passados. Meio de vida, posição social, reconhecimento da utilidade e merecimento da autoestima podem todos desvanecer-se simultaneamente da noite para o dia e sem se perceber.

3. As outras redes de segurança, tecidas e sustentadas pessoalmente, essa segunda linha de trincheiras outrora oferecida pela vizinhança ou pela família, onde uma pessoa podia retirar-se para curar as contusões deixadas pelas escaramuças do local de trabalho — se elas não se desintegraram, então pelo menos foram consideravelmente enfraquecidas. A pragmática em mudança das relações interpessoais (o novo estilo de "política da vida", como o descreveu com grande persuasão Anthony Giddens), agora permeada pelo dominante espírito do consumismo e, desse modo, dispondo do outro como a fonte potencial de experiência agradável, em parte merece censura: para o que quer que a nova pragmática ainda seja boa, ela não tem como gerar laços duradouros nem, mais seguramente, laços que se *suponham* duradouros e *tratados* como tais. Os laços que ela gera, em profusão, têm cláusulas embutidas até segunda ordem e passíveis de retirada unilateral; não prometem a concessão nem a aquisição de direitos e obrigações.

A lenta, mas implacável, dissipação e esquecimento induzido das habilidades sociais conduzem à outra parte da censura. O que costumava ser apresentado e mantido conjuntamente pelas habilidades individuais e com o uso de recursos inatos tende agora a ser mediado por ferramentas tecnologicamente produzidas e que podem ser compradas no mercado. Na ausência de tais ferramentas, as parcerias e os grupos se desintegram (caso tenham tido a oportunidade de emergir antes). Não exatamente a satisfação das necessidades individuais, mas a presença e elasticidade das equipes e coletividades se tornam, em proporções cada vez maiores, dependentes do mercado, refletindo assim, convenientemente, o caráter caprichoso e errático do local de trabalho.

4. Como David Bennett recentemente observou,[3] "a incerteza radical a propósito dos mundos material e social que habitamos e dos nossos métodos de atividade política dentro deles [...] é o que a indústria da imagem nos oferece [...]". Na verdade, a men-

A criação e anulação dos estranhos

sagem hoje carregada de grande poder de persuasão pelos mais ubiquamente eficazes meios de comunicação cultural (e, vamos acrescentar, facilmente lida até o fim pelos receptores contra o pano de fundo de sua própria experiência, auxiliados e favorecidos pela lógica da liberdade do consumidor) é uma mensagem da indeterminação e maleabilidade do mundo: neste mundo, tudo pode acontecer e tudo pode ser feito, mas nada pode ser feito de uma vez por todas — e o que quer que aconteça chega sem se anunciar e vai-se embora sem aviso. Nesse mundo, os laços são dissimulados em encontros sucessivos, as identidades em máscaras sucessivamente usadas, a história da vida numa série de episódios cuja única consequência duradoura é a sua igualmente efêmera memória. Nada pode ser conhecido com segurança, e qualquer coisa que seja conhecida pode ser conhecida de um modo diferente — um modo de conhecer é tão bom, ou tão ruim (e certamente tão volátil e precário) quanto qualquer outro. Apostar, agora, é a regra onde a certeza, outrora, era procurada, ao mesmo tempo que arriscar-se toma o lugar da teimosa busca de objetivos. Desse modo, há pouca coisa, no mundo, que se possa considerar sólida e digna de confiança, nada que lembre uma vigorosa tela em que se pudesse tecer o itinerário da vida de uma pessoa.

Como tudo o mais, a imagem de si mesmo se parte numa coleção de instantâneos, e cada pessoa deve evocar, transportar e exprimir seu próprio significado, mais frequentemente do que abstrair os instantâneos do outro. Em vez de construir sua identidade, gradual e pacientemente, como se constrói uma casa — mediante a adição de tetos, soalhos, aposentos, ou de corredores —, uma série de "novos começos", que se experimentam com formas instantaneamente agrupadas mas facilmente demolidas, pintadas umas sobre as outras: uma *identidade de palimpsesto*. Essa é a identidade que se ajusta ao mundo em que a arte de esquecer é um bem não menos, se não mais, importante do que a arte de memorizar, em que esquecer, mais do que aprender, é a condição de contínua adaptação, em que sempre novas coisas e pessoas entram e saem sem muita ou qualquer finalidade do campo de visão da inalterada câmara da atenção, e em que a própria memória é como uma fita de vídeo, sempre pronta a ser apagada a fim de receber novas imagens, e alardeando uma garantia para toda a vida exclusivamente graças a essa admirável perícia de uma incessante auto-obliteração.

Estas são algumas das dimensões, certamente não todas, da incerteza pós-moderna. Viver sob condições de esmagadora e autoeternizante incerteza é uma experiência inteiramente distinta da de uma vida subordinada à tarefa de construir a identidade, e vivida num mundo voltado para a constituição da ordem. As oposições que nessa outra experiência asseguram e sancionam o significado do mundo, e da vida vivida neste, perdem na nova experiência muito de seu significado, bem como muito de seu potencial heurístico e pragmático. Baudrillard escreveu profusamente acerca dessa implosão das oposições de busca do sentido.

No entanto, ao lado do colapso da oposição entre a realidade e sua simulação, entre a verdade e suas representações, vêm o anuviamento e a diluição da diferença entre o normal e o anormal, o esperável e o inesperado, o comum e o bizarro, o domesticado e o selvagem — o familiar e o estranho, "nós" e os estranhos. Os estranhos já não são autoritariamente pré-selecionados, definidos e separados, como costumavam ser nos tempos dos coerentes e duráveis programas de constituição da ordem administrados pelo Estado. Agora, eles são tão instáveis e proteicos como a própria identidade de alguém, e tão pobremente baseados, tão erráticos e voláteis. *L'ipséité*, essa diferença que coloca o eu separado do não eu e "nós" separados d'"eles", já não é apresentada pela forma preordenada do mundo, nem por um comando vindo das alturas. Ela precisa ser construída e reconstruída, e construída uma vez mais, e de novo reconstruída, nos dois lados ao mesmo tempo, nenhum dos lados se gabando de maior durabilidade, ou exatamente da "gratuidade", do que o outro. Os estranhos de hoje são subprodutos, mas também os meios de produção no incessante, porque jamais conclusivo, processo de construção da identidade.

A criação e anulação dos estranhos 43

Liberdade, incerteza e liberdade da incerteza

O que faz certas pessoas estranhas e, por isso, irritantes, enervantes, desconcertantes e, sob outros aspectos, "um problema é — vamos repetir — sua tendência a obscurecer e eclipsar as linhas de fronteira que devem ser claramente vistas. Em diferentes épocas e em diferentes situações sociais, são diferentes as fronteiras que devem ser vistas mais claramente do que outras. Em nossos tempos pós-modernos, por motivos anteriormente esmiuçados, as fronteiras que tendem a ser ao mesmo tempo mais fortemente desejadas e mais agudamente despercebidas são as de uma *justa e segura posição na sociedade,* de um espaço inquestionavelmente da pessoa, onde possa planejar sua vida com o mínimo de interferência, desempenhar seu papel num jogo em que as regras não mudem da noite para o dia e sem aviso, agir razoavelmente e esperar pelo melhor. Como vimos, é característica muito difundida dos homens e mulheres contemporâneos, no nosso tipo de sociedade, eles viverem permanentemente com o "problema da identidade" não resolvido. Eles sofrem, pode-se dizer, de uma crônica falta de recursos com os quais pudessem construir uma identidade verdadeiramente sólida e duradoura, ancorá-la e suspender-lhe a deriva.

Ou se pode, porém, ir mais adiante e ressaltar um traço mais inutilizante da situação de sua vida, um genuíno dilema que desafia os mais ardentes esforços para tornar a identidade bem delineada e digna de confiança. Enquanto é uma necessidade intensamente sentida e uma atividade eloquentemente encorajada por todos os meios de comunicação cultural autorizados a própria pessoa *fazer* uma identidade, *ter* uma identidade solidamente fundamentada e resistente a interoscilações, tê-la "pela vida", revela mais uma desvantagem do que uma qualidade para aquelas pessoas que não controlam suficientemente as circunstâncias do seu itinerário de vida; um fardo que dificulta o movimento, um lastro que elas devem jogar fora para permanecer à tona. Isso, pode-se dizer, é um traço universal dos nossos tempos e, portanto, a angústia relacionada com os problemas da identidade e com a disposição para se preocupar com toda coisa "estranha" — sobre a qual a angústia possa concentrar-se e, ao se concentrar, dar-lhe sentido — é potencialmente universal. Mas a gravidade específica desse traço não é a mesma para todo mundo: ele afeta as diferentes pessoas em diferentes graus e traz consequências de significação variável para as procuras de suas vidas.

Em seu esclarecedor estudo *Purity and Danger*,[4] Mary Douglas ensinou-nos que o que percebemos como imundície ou sujeira e nos ocupamos de esfregar e lavar é essa anomalia ou ambiguidade que "não deve ser incluída se o padrão deve ser mantido". Ela acrescentou uma perspectiva sociológica à brilhante e memorável análise de Jean-Paul Sartre de *le visqueux*, o "viscoso".[5] O viscoso, diz Sartre, é dócil — ou assim parece.

> Só no próprio momento em que acredito que o possuo, eis que, por uma inversão curiosa, ele me possui... Se um objeto que seguro nas mãos é sólido, posso soltá-lo quando quiser; sua inércia simboliza, para mim, o meu poder total... Mas aqui está o viscoso invertendo os termos: [meu ego] é subitamente comprometido, abro as mãos, quero desfazer-me do viscoso e ele se cola em mim, me puxa, me chupa... Já não sou o senhor... O visgo é como um líquido visto num pesadelo, em que todas as suas propriedades são animadas por uma espécie de vida, e volta-se contra mim...
>
> Se mergulho na água, se afundo nela, se me deixo submerso nela, não experimento nenhum mal-estar, pois não tenho qualquer medo de seja lá como eu possa nela dissolver-me; continuo um sólido em sua liquidez. Se me deixo submergir no viscoso, sinto que vou perder-me nele... Tocar o viscoso é arriscar-se a ser dissolvido na viscosidade.

Sentir a alteridade da água em que nado (se sei nadar, isto é, se as ondas não são fortes demais para as minhas habilidades e músculos) não é apenas liberdade do medo: é possivelmente agradável. A alegria obtida a partir de uma experiência incomum ou rara e sensual não é anuviada pela apreensão de que algo importante para mim e mais duradouro do que o prazer possa ser deixado de lado como consequência. Talvez até submergir-me no lago ou no mar reafirme o meu poder de guardar intacta a minha forma, o controle sobre o meu corpo, minha liberdade e domínio: em algum momento, se o desejar, posso voltar, secar-me, não receando nem por um instante o compromisso, a descrença do meu próprio ser, sendo aquilo que me penso ou quero ser. Mas imaginemos um banho num barril repleto de resina, alcatrão, mel ou melaço... Ao contrário da água, a substância grudar-se-á, aderirá à minha pele, não me soltaria. Mais do que exuberantemente invadindo um elemento novo e estrangeiro, sinto-me invadido e conquistado por um elemento do qual não há como fugir. Já não estou sob controle, já não sou senhor de mim mesmo. Perdi minha liberdade.

Assim, a viscosidade implica a perda de liberdade, ou o medo de que a liberdade esteja ameaçada e possa perder-se. Mas, observemos, a liberdade é uma *relação* — uma relação de poder. Sou livre se, e somente se, posso agir de acordo com a minha vontade e alcançar os resultados que pretendo alcançar; isso significa, porém, que algumas outras pessoas serão inevitavelmente restringidas em suas escolhas pelos atos que eu executei, e que elas deixarão de alcançar os resultados que elas desejavam. De fato, eu não posso medir a minha própria liberdade em termos absolutos — só posso medi-la *relativamente,* comparando-a com a capacidade de outra pessoa de consegui-la a seu modo. Assim, fundamentalmente, a liberdade depende de quem é mais forte — da distribuição das habilidades e recursos materiais requeridos pela ação eficiente. Resulta daí que a "viscosidade" (aderência, teimosia, elasticidade, capacidade de se comprometer, de transformar a posse em ser possuído, o domínio em dependência) de outra substância (e esta inclui, mais do que qualquer outra coisa, outra *pessoa*) é *uma função das minhas próprias habilidades e recursos.* O que parece viscosamente resina a alguns pode ser fresca, deleitosa, estimulante água do mar para outros. E a mais pura das águas pode fazer o "estilo viscoso" contra uma pessoa desconhecedora da arte de nadar, mas também para uma pessoa fraca demais para desafiar o poderoso elemento, para resistir à torrente, orientar-se com segurança através das corredeiras, persistir na rota entre os remoinhos e macaréus. Há a tentação de dizer que, tanto quanto a beleza está no olho do observador, a viscosidade do viscoso está nos músculos (ou no bolso?) de seu ator.

O estranho é odioso e temido da maneira como o é o viscoso, e pelos mesmos motivos (não em toda parte, certamente, e não em todos os momentos; como Max Frisch causticamente observou em seu ensaio "Foreignization 1", refletindo sobre os nossos sentimentos a respeito dos estrangeiros que vêm estabelecer-se em nossas cidades, "há deles demais, exatamente — não nos locais de construção e não nas fábricas e não no estábulo e não na cozinha, mas depois do expediente. Sobretudo no domingo, subitamente há deles demais"). Se tal acontece, então o mesmo princípio de relatividade que governa a constituição da "viscosidade" regula a constituição dos estranhos ressentidos, dos estranhos como pessoas a se ressentirem: a acuidade da estranheza e a intensidade de seu ressentimento crescem com a correspondente falta de poder e diminuem com o crescimento da correspondente liberdade. Pode-se esperar que quanto menos as pessoas controlem e possam controlar as suas vidas, bem como suas fecundas identidades, mais verão as outras como viscosas e mais freneticamente tentarão desprender-se dos estranhos que elas experimentam como uma envolvente, sufocante, absorvente e informe substância. Na cidade pós-moderna, os estranhos significam uma coisa aos olhos daqueles para quem a "área inútil" (as "ruas principais", os "distritos agitados") significa "não vou entrar", e outra coisa aos olhos daqueles para quem "inútil" quer dizer "não posso sair".

Para alguns moradores da cidade moderna, seguros em suas casas à prova de ladrões em bairros bem arborizados, em escritórios fortificados no mundo dos negócios fortemente policiado, e nos carros cobertos de engenhocas de segurança para levá-los das

A criação e anulação dos estranhos   47

casas para os escritórios e de volta, o "estranho" é tão agradável quanto a praia da rebentação, e absolutamente não é viscoso. Os estranhos dirigem restaurantes, prometendo experiências insólitas e excitantes para as papilas gustativas, vendem objetos de aspecto esquisito e misterioso, apropriados como assuntos de papo na próxima festa, oferecem serviços que outras pessoas não se rebaixariam ou se dignariam a oferecer, acenam com guloseimas de sensatez, revigorantemente diversas da rotina e da chateação. Os estranhos são pessoas que você paga pelos serviços que elas prestam e pelo direito de terminar com os serviços delas logo que já não tragam prazer. Em nenhum momento, realmente, os estranhos comprometem a liberdade do consumidor de seus serviços. Como o turista, o patrão, o cliente, o consumidor dos serviços está sempre com a razão: ele ou ela exige, estabelece as normas e, acima de tudo, resolve quando o combate principia, e quando acaba. Inequivocamente, os estranhos são fornecedores de prazeres. Sua presença é uma interrupção do tédio. Deve-se agradecer a Deus que eles estejam aqui. Assim, para que todo esse tumulto e todo esse clamor?

O tumulto e o clamor chegam, não haja nenhum engano, de outras áreas da cidade, que os consumidores em busca de prazer jamais visitam, deixam viver em paz. Essas áreas são habitadas por pessoas incapazes de escolher com quem elas se encontram e por quanto tempo, ou de pagar para ter suas escolhas respeitadas; pessoas sem poder, experimentando o mundo como uma armadilha, não como um parque de diversões; encarceradas num território de que não há nenhuma saída para elas, mas em que outras podem entrar ou sair à vontade. Uma vez que as únicas senhas para defender a liberdade de escolha, moeda corrente na sociedade do consumidor, estão escassas em seu estoque ou lhes são inteiramente negadas, elas precisam recorrer aos únicos recursos que possuem em quantidade suficientemente grande para impressionar. Elas defendem o território sitiado através (para usar a expressiva descrição de Dick Hebdige) de "rituais, vestindo-se estranhamente, inventando atitudes bizarras, quebrando normas, quebrando garrafas, janelas, cabeças, e lançando retóricos desafios à lei". Reagem de maneira selvagem, furiosa, alucinada e aturdida, como se reage ao inutilizante poder do viscoso, que arrasta e desagrega. A viscosidade dos estranhos, repitamos, é o reflexo de sua própria falta de poder. É essa sua carência de poder que se cristaliza nos seus olhos como a terrível força dos estranhos. O fraco encontra e enfrenta o fraco, mas ambos se sentem como Davi combatendo Golias. Cada um é "viscoso" para o outro; mas cada um combate a viscosidade do outro em nome da sua própria pureza.

As ideias, e as palavras que as transportam, mudam de significado quanto mais longe elas viajem — e viajar entre as casas dos consumidores satisfeitos e as moradas dos sem poder é uma travessia de longa distância. Se os contentes e seguros se tornam líricos a propósito da beleza da nacionalidade, da Nova Jerusalém, da glória de uma herança e da dignidade da tradição, os inseguros e perseguidos lamentam a corrupção e a humilhação da raça. Se os primeiros se deleitam com uma porção de convivas e se orgulham de suas mentes abertas e suas portas abertas, os últimos rangem os dentes ao pensar na pureza perdida. Salienta-se o patriotismo benigno do primeiro, como o racismo do segundo.

Nada incita tão exaltada, licenciosa e desordenadamente à ação como o medo da dissolução da ordem, encarnada pela figura do viscoso. Mas há muita energia fervendo nesse caos. Com um pouco de habilidade e astúcia, ela pode ser reunida e de novo desenvolvida para dar ao desgoverno uma direção. O medo da parte do viscoso, desencadeado pela falta de poder, é sempre uma arma tentadora a se acrescentar ao arsenal dos ávidos de poder. Alguns destes últimos vêm das fileiras dos apavorados. Podem tentar usar as porções de medo e ira acumulados para cair fora do gueto sitiado ou, como Erving Goffman espirituosamente sugeriu, para vir a ser uma muleta, em vez de um taco, num clube de golfe. Eles podem tentar condensar o difuso ressentimento dos fracos numa investida contra os estranhos igualmente fracos, fazendo assim do medo e da ira a argamassa para os alicerces do

A criação e anulação dos estranhos   49

seu próprio poder, tão tirânicos e intolerantes quanto é capaz de ser o poder, ao mesmo tempo que afirmando, a todo momento, defender os fracos contra os seus opressores. Mas também outros que procuram o poder são atraídos. Só se precisa, afinal, dirigir uns poucos quilômetros para se encher o tanque vazio do nacionalismo com um combustível racista. Nem é necessária muita habilidade na navegação para fazer as velas nacionalistas colherem o vento que sopra do ódio racista; para alistar, com o mesmo sinal, os sem poder a serviço dos ávidos de poder. O que se precisa é tão somente lembrar-lhes a viscosidade dos estranhos...

A teoria da diferença, ou o sinuoso caminho para a humanidade partilhada

A diferença essencial entre as modalidades socialmente produzidas de estranhos modernos e pós-modernos, pelos motivos anteriormente relacionados, é que, enquanto os estranhos modernos tinham a marca do gado da aniquilação e serviam como marcas divisórias para a fronteira em progressão da ordem a ser constituída, os pós-modernos, alegre ou relutantemente, mas por consenso unânime ou por resignação, estão aqui para ficar. Parafraseando o comentário de Voltaire a propósito de Deus, se eles não existem, teriam de ser inventados. E são de fato inventados, zelosamente e com gosto — improvisados a partir de protuberantes, salientes, minuciosas e não importunas marcas de distinção. Eles são úteis precisamente em sua qualidade de estranhos: sua estranheza deve ser protegida e cuidadosamente preservada. São indispensáveis marcos indicadores sobre o itinerário sem nenhum plano ou direção: devem ser como muitos, e como proteicos, e como as sucessivas e paralelas encarnações da identidade na interminável busca de si mesmo.

Num aspecto importante, e por importantes razões, a nossa era é *heterofílica*. Para os coletores de sensações ou colecionadores de experiências que somos, pelo menos os mais ricos entre nós, preocupados (ou, mais exatamente, obrigados a se preocuparem) com a flexibilidade e a abertura, mais do que com a fixidez e o autofechamento, a diferença vem com ágio. Há uma ressonância e uma harmonia entre a maneira como nos ocupamos dos nossos problemas de identidade e a pluralidade e diferenciação do mundo em que os problemas de identidade são tratados, ou em que escamoteamos no processo desse tratamento. Não é justo que precisemos dos estranhos à nossa volta, porque, devido ao modo como somos culturalmente modelados, perderíamos preciosos valores de aceitação da vida num mundo uniforme, monótono e homogêneo; mais do que isso: tal mundo sem diferença não podia, por nenhum rasgo de imaginação, evoluir a partir do modo pelo qual as nossas vidas são modeladas e conduzidas. A questão já não é como se livrar dos estranhos e do diferente de uma vez por todas, ou declarar a diversidade humana apenas uma inconveniência momentânea, mas como viver com a alteridade, diária e permanentemente. Seja qual for a estratégia realista de competição com o desconhecido, o incerto e o desconcertante podem ser reconsiderados: é preciso partir do reconhecimento desse fato.

E, na verdade, todas as estratégias intelectualmente concebidas e ainda em competição parecem, hoje, aceitar isso. Pode-se dizer: um novo consenso teórico e ideológico está emergindo para substituir um outro, que tem mais de um século. Se a esquerda e a direita, os progressistas e os reacionários do período moderno concordam em que a estranheza é anormal e lamentável, e em que a ordem do futuro, superior (porque homogênea), não teria espaço para os estranhos, os tempos pós-modernos estão marcados por uma concordância quase universal de que a diferença não é meramente inevitável, porém boa, preciosa e precisando de proteção, de cultivo. Nas palavras dessa eminente figura da direita intelectual pós-moderna, Alain de Benoist:[6] "Só vemos razões de esperança na afirmação das singularidades coletivas, na reapropriação espiritual das heranças, na clara consciência das raízes e das culturas específicas". O guia espiritual

A criação e anulação dos estranhos 51

do movimento neofascista italiano, Julius Evola, é ainda mais direto:[7] "Os racistas reconhecem a diferença e querem a diferença". Pierre-André Taguieff resume o processo de rearticulação pós-moderna do discurso racista, cunhando a expressão "racismo diferencialista".

Observemos que, nessa ala autorreconhecidamente de direita, e até fascista, as profissões de fé, ao contrário das de seus predecessores, já não sugerem que as diferenças entre as pessoas sejam imunes à interferência cultural, e que esteja além do poder humano transformar alguém em outra pessoa. Sim, eles dizem, as diferenças — tanto as nossas como as dos outros — são todas produtos humanos, culturalmente produzidos. Mas, dizem, diferentes culturas fazem seus integrantes com diferentes formas e cores, e *isso é bom*. Não misturarás o que as culturas, em sua sabedoria, separaram. Ajudemos, antes, as culturas — qualquer cultura — a seguir seus separados e, melhor ainda, inimitáveis caminhos. O mundo, então, será tão mais rico...

A coisa surpreendente, é claro, é que um leitor desavisado, como era o autor da primeira citação, podia ser perdoado de interpretá-la mal como uma declaração programática de esquerda; e que a sentença de Evola não perderia nada de sua persuasão se a palavra "racista" fosse substituída por "progressista", "liberal" ou — neste caso — "socialista"... Hoje não somos todos *bona fide* "diferencialistas"? Multiculturalistas? Pluralistas?

E acontece, desse modo, que tanto a direita quanto a esquerda concordam hoje em que a maneira de viver preferível com os estranhos é mantê-los à parte... Embora talvez por diferentes motivos, uma e outra se ressentem das ambições universalistas, imperialistas e assimilacionistas do Estado moderno (hoje desmascaradas como essencialmente prototrotalitárias), e as denigrem publicamente. Desencantada ou repugnada pela ideia da uniformidade legislada, a esquerda que, sendo esquerda, não pode viver sem esperança, volta os olhos para a "comunidade", aclamada e gabada como a verdadeira família da humanidade, há muito perdida e agora redescoberta. Ser um comunitário nascido de novo é hoje amplamente considerado o sinal de um ponto de vista crítico, do esquerdismo e do progresso. Voltar à comunidade, do exílio a que o Estado moderno vos confinou; tudo é perdoado e esquecido: a arbitrariedade do paroquialismo, a tendência genocida do narcisismo coletivo, a tirania das pressões comunais, a belicosidade e despotismo da disciplina comunal. É, naturalmente, um incômodo que se achem nessa cama alguns companheiros indesejáveis e inteiramente repulsivos... Como guardar a cama para si mesmo, como mostrar que os companheiros indesejáveis não têm nenhum direito de estar nela? Parece ser esse o problema...

Estou sugerindo que os *bedfellows* racistas, na cama do comunitarismo, talvez sejam um incômodo para seus novos ocupantes, mas não absolutamente uma surpresa. Eles estavam ali primeiro e têm o direito inato de ali estar. Os dois elencos de ocupantes, o antigo e o novo, foram aliciados para aquela cama pela mesma promessa e pelo mesmo desejo: de reencaixe do que foi "desencaixado", de liberação da formidável tarefa de auto-construção individual, e de responsabilidade ainda mais terrível e fatigante pelos seus resultados.

O velho racismo voltou as costas para a oportunidade emancipadora vinculada ao projeto moderno. Sugiro que, real por natureza, ele agora volta as costas para a oportunidade emancipadora que o modificado contexto pós-moderno da vida impõe. Só agora, por curiosa amnésia ou miopia, não está sozinho em fazê-lo. Canta em coro com as vozes líricas de um número crescente de cientistas sociais e filósofos da moralidade, que celebram a tepidez do lar comunal e lastimam os infortúnios e tribulações do eu desobstruído e sem família.

Esse tipo de crítica do malogro emancipador da modernidade não mantém, por si mesmo, esperança de emancipação: é uma crítica induzida e, diria ainda, retrógrada do projeto moderno, enquanto só propõe a transferência do ponto de incapacitação e subordinação do Estado universalista para a tribo particularista. Só substitui um "essencialismo", já desacreditado, por outro ainda não totalmente desmascarado em todo o seu potencial de desapoderamento. De fato, a autodeterminação comunal pode auxiliar as etapas iniciais do longo processo de reapoderamento dos sujeitos humanos, em sua resolução de suportar as pressões disciplinares atualmente experimentadas como as mais desagradáveis e esmagadoras. Mas há um ponto perigoso e facilmente despercebido, em que o "reapoderamento" se converte num novo "desapoderamento", e a emancipação numa nova opressão. Uma vez nesse caminho, é difícil perceber onde parar e, em regra, é tarde demais parar assim que o ponto for reconhecido, depois do fato. Seríamos todos bem aconselhados a observar a recente advertência de Richard Stevers:[8]

> Martin Luther King Jr. compreendeu perfeitamente bem que as relações raciais e étnicas se deteriorariam acentuadamente se o valor cultural da integração decaísse. Na verdade, é precisamente o que aconteceu nos Estados Unidos. Os vários grupos étnicos, raciais e de papel sexual quase vieram a ocupar conjuntamente exclusivos espaços sociais. [...] a luta pela igualdade se torna uma luta pelo poder — mas o poder, por conta própria, não reconhece a igualdade.

Há, porém, uma genuína oportunidade emancipadora na pós-modernidade, a oportunidade de depor as armas, suspender as escaramuças de fronteira empreendidas para manter o estranho afastado, desmontar o minimuro de Berlim erigido diariamente e destinado a manter distância, separar. Essa oportunidade não se acha na celebração da etnicidade nascida de novo e na genuína ou inventada tradição tribal, mas em levar à conclusão a obra do "desencaixe" da modernidade, mediante a concentração no direito de escolher a identidade de alguém como a única universalidade do cidadão e ser humano, na suprema e inalienável responsabilidade individual pela escolha — e mediante o desnudamento dos complexos mecanismos administrados por Estado ou tribo e que têm em mira despojar o indivíduo dessa liberdade de escolha e dessa responsabilidade. A unicidade humana depende dos direitos do estranho, não do problema sobre o que — o Estado ou a tribo — está habilitado a decidir quem são os estranhos.

Entrevistado por Robert Maggiori para o *Libération* a 24 de novembro de 1994, Jacques Derrida insistiu em que, em vez de se abandonar, se repense na ideia moderna do humanismo. O "direito humano", como começamos a vê-lo hoje, mas acima de tudo como podemos e devemos vê-lo, não é o produto da legislação, mas precisamente o oposto: é aquilo que estabelece o limite "à força, às leis proclamadas, aos discursos políticos" e aos direitos "instituídos" (sem levar em conta quem tem, ou exige, ou usurpa, a prerrogativa de "instituí"-los autoritariamente). "O humano" da filosofia humanista tradicional, inclusive o sujeito kantiano, é — assim indica Derrida — "ainda 'fraternal' demais, subliminarmente viril, familiar, étnico, nacional etc.". O que — como sugiro — resulta daí é que a moderna teorização sobre a essência humana e os direitos humanos se enganou no sentido de se afastar demais, antes do que de menos, do elemento "embaraçado" ou "encaixado" em sua ideia do humano — e é por essa falha, mais do que por tomar o partido, tão acriticamente, das ambições de homogeneização do Estado moderno e, por isso, colocar a autoridade "embaraçadora" ou "encaixadora" no lugar errado, que ela deve ser submetida à inquirição crítica e à reavaliação.

Essa reavaliação é uma tarefa filosófica. No entanto, proteger a possibilidade de a emancipação abortar-se também apresenta, por trás da filosófica, uma tarefa política. Observamos que a odiosa "viscosidade" do estranho progride, enquanto declina a liberdade dos indivíduos que se defrontam com o dever da autoafirmação. Também observamos que o cenário pós-moderno não amplia tanto a dimensão total da liberdade do indivíduo, quanto a redistribui duma forma crescentemente polarizada: intensifica-a entre os alegre e solicitamente seduzidos, enquanto a aguça quase para além da existência entre os despojados e panopticamente dirigidos. Com essa polarização desenfreada, pode-se

A criação e anulação dos estranhos 55

esperar que a atual dualidade do status socialmente produzido dos estranhos continue inalterada. Num polo, a estranheza (e a diferença, em geral) continuará sendo edificada como a fonte da experiência agradável e da satisfação estética; no outro, como a aterradora corporificação da viscosidade desabridamente ascensional da condição humana, e como a efígie para toda a futura calcinação ritual de seus horrores. E o poder político oferecerá sua habitual partilha de oportunidades para o curto-circuito dos polos: para proteger sua própria emancipação através da sedução, os próximos do primeiro polo procurarão o domínio pelo medo sobre os do segundo polo, ajudando e favorecendo, assim, sua indústria suburbana de horrores.

A viscosidade dos estranhos e a política de exclusão originam-se da lógica da polarização — da condição crescentemente de "duas nações, de tipo dois";[9] e isso é verdade porque a polarização detém o processo de individualização, de genuíno e radical "desencaixe" para a outra nação — para a oprimida a que foram negados os recursos de construção da identidade e, assim (por todas as intenções e propósitos práticos), todos os instrumentos da cidadania. Não é meramente renda e riqueza, expectativa de vida e condições de vida, mas também — e talvez mais fundamentalmente — o direito à individualidade, que está sendo crescentemente polarizado. E, uma vez que continua dessa maneira, há pouca oportunidade para se desenviscarem os estranhos.

· 3 ·

Os estranhos da era do consumo: do Estado de bem-estar à prisão

Em 1981, registraram-se 2,9 milhões de delitos penais na Inglaterra e no País de Gales. Em 1993, 5,5 milhões. Nos últimos três anos, a população carcerária subiu de 40 606 para 51 243. Entre 1971 e 1993, os gastos públicos com a polícia subiram de 2,8 bilhões de libras para 7,7 bilhões de libras. De 1984 a 1994, o total de advogados elevou-se de 44 837 para 63 628 e o de advogados forenses, de 5203 para 8093.

Em 1994, 5,6 milhões de pessoas na Grã-Bretanha reivindicaram renda suplementar. O auxílio-desemprego foi recebido por 2700 milhões; mas, segundo outros cálculos, distintos dos cálculos oficiais do governo, os totais daqueles que necessitavam de emprego mas haviam sido impedidos, por normas legais, de solicitar o auxílio-desemprego (e, portanto, haviam sido excluídos das estatísticas oficiais dos desempregados) eram o dobro.

Durante os últimos 25 anos, a população de encarcerados e de todos os que obtêm a sua subsistência da indústria carcerária — a polícia, os advogados, os fornecedores de equipamento carcerário — tem crescido constantemente. O mesmo ocorreu com a população de ociosos — exonerados, abandonados, excluídos da vida econômica e social. Consequentemente, como seria previsível, aumentou o sentimento popular de insegurança: atualmente,

85% da população da Grã-Bretanha acha que, há trinta anos, era seguro caminhar pelas ruas à noite, mas 95% acham que, hoje em dia, não é seguro. Estes últimos trinta anos, aproximadamente, foram de fato fecundos e decisivos na história do modo como foi moldada e mantida a sociedade "ocidental" — industrial, capitalista, democrática e moderna. É esse modo que determina os nomes que as pessoas tendem a dar a seus medos e angústias, ou às marcas nas quais elas suspeitam residir a ameaça à sua segurança. E esse modo — permitam-me repetir — sofreu uma alteração extremamente profunda.

O próprio termo "desempregado", pelo qual os que não podem ganhar o próprio sustento costumavam ser descritos (e ainda o são — embora atualmente de uma maneira enganosa), transformou-os na exceção proverbial que confirma a regra — reafirmando, obliquamente, o princípio de que "estar empregado" é a norma que a situação de "estar sem trabalho" está transgredindo. Os "desempregados" eram o "exército de reserva da mão de obra". Temporariamente sem emprego por motivo de saúde, enfermidade ou dificuldades econômicas correntes, eles deviam ser preparados para reassumir o emprego quando aptos — e prepará-los era então, de um modo geral, a tarefa reconhecida e a incumbência explícita ou tácita dos poderes públicos.

Já não acontece desse modo. Exceto nos nostálgicos e cada vez mais demagógicos textos de propaganda eleitoral, os sem emprego deixaram de ser um "exército de reserva da mão de obra". As melhorias econômicas já não anunciam o fim do desemprego. Atualmente, "racionalizar" significa *cortar*, e não criar empregos, e o progresso tecnológico e administrativo é avaliado pelo "emagrecimento" da força de trabalho, *fechamento* de divisões e *redução* de funcionários. Modernizar a maneira como a empresa é dirigida consiste em tornar o trabalho "flexível" — desfazer-se da mão de obra e abandonar linhas e locais de produção de uma hora para outra, sempre que uma relva mais verde se divise em outra parte, sempre que possibilidades comerciais mais lucrativas, ou mão de obra mais submissa e menos dispendiosa, acenem ao longe. Outrora restrito a aço e concreto, a pesados prédios de fábricas e maquinaria difícil de manejar, o próprio capital já se tornou a encarnação da flexibilidade. Dominou os truques de se puxar a si mesmo, como um coelho, da cartola ou desaparecer sem vestígio — com a autoestrada da informação desempenhando o papel da varinha mágica. No entanto, como o que cura uns mata outros, as mudanças que significam racionalização e flexibilidade para o capital repercutem nas extremidades receptoras como catástrofes — como sendo inexplicáveis, como estando além da capacidade humana e como emperramento de oportunidades no sólido muro do destino. Empregos *vitalícios* já não existem. Na verdade, empregos *como tais*, da maneira como outrora os compreendíamos, já não existem. Sem estes, há pouco espaço para a vida vivida como um projeto, para planejamento de longo prazo e esperanças de longo alcance. Seja grato pelo pão que come hoje e não cogite demasiado do futuro... O símbolo da sabedoria já não é a conta de poupança. Atualmente, pelo menos para os que podem se dar ao luxo de ser sábios, passou a ser os cartões de crédito e uma carteira cheia deles.

Poucos de nós se lembram hoje de que o Estado de bem-estar foi, originalmente, concebido como um instrumento manejado pelo Estado a fim de reabilitar os *temporariamente* inaptos e estimular os que estavam aptos a se empenharem mais, protegendo-os do medo de perder a aptidão no meio do processo... Os dispositivos da previdência eram então considerados uma rede de segurança, estendida pela comunidade como um todo, sob cada um dos seus membros — a todos fornecendo a coragem para enfrentar o desafio da vida, de modo que cada vez menos membros precisassem algum dia de utilizá-la e os que o fizessem a utilizassem com frequência cada vez menor. A comunidade assumia a responsabilidade de garantir que os desempregados tivessem saúde e habilidades suficientes para se reempregar e de resguardá-los dos temporários soluços e caprichos das vicissitudes da sorte. O Estado de bem-estar não era concebido como uma *caridade,* mas como um *direito* do cidadão, e não como o fornecimento de donativos individuais, mas como uma forma de *seguro coletivo.* (Quem considera o pagamento de uma companhia de seguros de vida, ou de imóveis, caridade ou um donativo?) Como afirmei, atualmente poucos de nós se lembram disso...

Isso era verdade — ou *poderia* ser — na época em que a *indústria* proporcionava trabalho, subsistência e segurança à maioria da população. O Estado de bem-estar tinha de arcar com os custos marginais da corrida do capital pelo lucro e tornar a mão de obra deixada para trás novamente empregável — um esforço que o próprio capital não empreenderia ou não poderia empreender. Hoje, com um crescente setor da população que provavelmente nunca reingressará na produção e que, portanto, não apresenta interesse presente ou futuro para os que dirigem a economia, a "margem" já não é marginal e o colapso das vantagens do capital ainda o faz parecer menos marginal — maior, mais inconveniente e embaraçoso — do que o é. A nova perspectiva se expressa na frase da moda: "Estado de bem-estar? Já não podemos custeá-lo"...

Como consequência, os dispositivos de previdência, antes um exercício dos direitos do cidadão, transformaram-se no estigma dos incapazes e imprevidentes. "Concentrados nos que necessitam deles", sujeitos a verificações dos meios de subsistência cada vez mais estritas e cada vez mais humilhantes, difamados como sendo um sorvedouro do "dinheiro dos contribuintes", associados no entendimento público a parasitismo, negligência censurável, promiscuidade sexual ou abuso de drogas — eles se tornam cada vez mais a versão contemporânea da recompensa do pecado, e recompensa do pecado que nós não só já não podemos custear, como para a qual não existe razão moral por que deveríamos tentar fazê-lo. Os pecados pelos quais o Estado de bem-estar original se destinava a pagar eram os da economia capitalista e da competição de mercado, do capital que não podia manter-se solvente sem enormes custos sociais em existências despedaçadas e vidas arruinadas — os custos que, no entanto, ele se recusava a pagar, ou não podia pagar sob a ameaça da insolvência. Era esse o prejuízo pelo qual o Estado de bem-estar se comprometia a indenizar as vítimas presentes e a resguardar as vítimas possíveis. Se, atualmente, ouvimos dizer que nós, os "contribuintes", "já não podemos custeá-lo", isso significa apenas que o estado, a comunidade, já não considera conveniente ou desejável subscrever os custos sociais e humanos da solvência econômica (que, sob condições de mercado, é equivalente à lucratividade). Em vez disso, transfere o pagamento às próprias vítimas, presentes e futuras. Recusa a responsabilidade por sua má sorte — exatamente como abandonou a antiga tarefa da "reacomodação" da mão de obra. Não há mais seguro coletivo contra os riscos: a tarefa de lidar com os riscos coletivamente produzidos foi *privatizada*.

Todo tipo de ordem social produz determinadas fantasias dos perigos que lhe ameaçam a identidade. Cada sociedade, porém, gera fantasias elaboradas segundo sua *própria medida* — segundo a medida do tipo de ordem social que se esforça em ser. De um modo geral, tais fantasias tendem a ser imagens espelhadas da sociedade que as gera, enquanto a imagem da ameaça tende a ser um autorretrato da sociedade com um sinal negativo. Ou, para o expressar em termos psicanalíticos, a ameaça é uma projeção da *ambivalência* interna da sociedade sobre seus próprios recursos, sobre a maneira como vive e perpetua seu modo de viver. A sociedade insegura da sobrevivência de sua ordem desenvolve a mentalidade de uma fortaleza sitiada. Mas os inimigos que lhe sitiaram os muros são os seus próprios "demônios interiores" — os medos reprimidos e circundantes que lhe permeiam a vida diária e a "normalidade" e que, no entanto, a fim de se tornar suportável a realidade diária, devem ser dominados, extraídos do cotidiano vivido e moldados em um corpo estranho, um inimigo tangível com que se possa lutar, e lutar novamente, e lutar até sob a esperança de vencer.

De acordo com essa regra, o perigo que acossava o estado moderno clássico era o da *revolução*. Os inimigos eram os revolucionários ou reformistas demasiadamente radicais, as forças subversivas que tentavam substituir a ordem existente, administrada pelo Estado, por outra ordem administrada pelo Estado, por uma contraordem que virasse de cabeça para baixo todo e qualquer princípio sob o qual a ordem corrente vivia, ou pretendia viver. Como demonstrou Michel Foucault, o Estado moderno clássico, firmemente encarregado dos esforços diários de estabelecimento da ordem, coletivizou e "demografizou" suas incumbências. O estabelecimento da ordem era, acima de tudo, a tarefa de generalizar, classificar, definir e separar categorias. Dessa perspectiva, a contraordem poderia surgir apenas como outra classificação oposta e como inversão da hierarquia das categorias. Aqueles empenhados em realizar a inversão poderiam ser encarados somente como aspirantes a classificadores alternativos e legisladores de categorias. O "demônio interior", assim exorcizado e reencarnado no corpo da conspiração revolucionária, era a tendência autodestrutiva do próprio esforço legislativo do Estado: o descontentamento, a dissensão e a heresia que esse esforço não podia deixar de gerar, numa intensidade sempre crescente, os lançados às extremidades receptoras das classificações atuais.

Se o Estado já não preside à reprodução da ordem sistêmica, tendo agora deixado a tarefa às forças de mercado desregulamentadas, e assim não mais politicamente responsáveis, o centro de gravidade do processo de estabelecimento da ordem deslocou-se das atividades legisladoras, generalizadoras, classificadoras e categorizadoras. Gradativa, porém constantemente, os medos relacionados com a precariedade da ordem deixaram de se concentrar no Estado. O poder político, a questão de quem governa o Estado e de quem faz as leis do país deixa de ser o principal pomo da discórdia. O inimigo já não é a conspiração revolucionária dos pretensos administradores do Estado. Uma vez que nenhum órgão tangível e bem definido parece estar encarregado da ordem *presente,* é difícil, ou antes impossível, imaginar algum poder ainda não existente que debelasse os males da ordem corrente no *futuro,* substituindo-a por outra — ou colocando-a, por assim dizer, sob uma "nova gerência". Quando o politicólogo americano Peter Drucker proclamou: "Não existe mais salvação pela sociedade", essa foi uma declaração programática e ideológica, mas foi também, ainda que não conscientemente, a decorrência de um exame da situação, uma afirmação de neorrealismo. "Não existe mais salvação pela sociedade" significa que não existem órgãos conjuntos, coletivos e visíveis encarregados da ordem societária global. A responsabilidade pela situação humana foi privatizada e os instrumentos e métodos de responsabilidade foram desregulamentados. Uma rede de categorias abrangente e universal desintegrou-se. O autoengrandecimento está tomando o lugar do aperfeiçoamento socialmente patrocinado e a autoafirmação ocupa o lugar da responsabilidade coletiva pela exclusão de classe. Agora, são a sagacidade e a força muscular individual que devem ser estiradas no esforço diário pela sobrevivência e o aperfeiçoamento.

Quando controlava a conduta disciplinada de seus membros por meio de seus *papéis produtivos*, a sociedade incitava forças combinadas e a busca de avanço mediante esforços coletivos. A sociedade que obtém padrões de comportamento para uma ordem mais estável daqueles seus integrantes que se viram expulsos, ou estão prestes a ser expulsos, de suas posições de *produtores* e definidos em vez disso, primordialmente, como *consumidores*, desencoraja a fundamentação da esperança em ações *coletivas*. Pensamentos que emergem dentro do horizonte cognitivo moldado pelas práticas diárias dos consumidores invariavelmente acentuam o agudo interesse pelo mercado consumidor e ampliam-lhe os poderes de sedução. Ao contrário do processo produtivo, o consumo é uma atividade inteiramente individual. Ele também coloca os indivíduos em campos opostos, em que frequentemente se atacam.

Os "demônios interiores" desse tipo de sociedade nascem dos poderes de sedução do mercado consumidor. A sociedade de consumidores não pode dispensar essa sedução mais do que a sociedade de produtores a podia dispensar, graças à vigência da regulamentação normativa. Por essa mesma razão, não pode permitir-se declarar guerra, menos ainda combater, à tendência do mercado de elevar os sonhos e desejos dos consumidores a um estado de frenesi e alçá-los às nuvens — por mais prejudicial que essa tendência possa revelar-se à forma de ordem em que se radica.

E prejudicial à ordem ela o é — tanto quanto lhe é indispensável. Não existe novidade nesse paradoxo —, visto que, desde o momento em que a ordem se tornou uma tarefa a ser realizada, qualquer estratégia de estabelecimento da ordem se revelou impregnada da mesma e irremediável ambivalência. O que é, no entanto, singular é *o tipo* de ordem e o *método* de que necessita para o próprio funcionamento e a perpetuação uniforme. O método é novo e assim o são *os descontentes* que engendra e os *riscos* que incuba. Como a viabilidade de uma redistribuição de itens desejáveis do consumidor, socialmente iniciada, está se desvanecendo, mesmo para os que não podem participar do banquete dos consumidores e, assim, não são propriamente regidos pelos poderes de sedução do mercado, resta apenas uma linha de ação a adotar para se atingirem os padrões que a sociedade consumidora promove: tentar alcançar os fins diretamente, sem primeiro se aparelharem os meios. Afinal, não se pode aparelhar o que não se possui...

O que se tem registrado, em anos recentes, como *criminalidade cada vez maior* (um processo, observemos, paralelo ao decréscimo da associação ao partido comunista ou a outros partidos radicais da "ordem alternativa") não é um produto de mau funcionamento ou negligência — muito menos de fatores externos à própria sociedade (embora assim seja descrito cada vez mais frequentemente —, quando, de forma típica, a correlação entre criminalidade e imigração, afluxo de pessoas estranhas, de raças ou culturas estrangeiras, se especula ou se declara). É, em vez disso, o próprio produto da sociedade de consumidores, logicamente (se não legalmente) legítimo; e, além disso — também um produto *inevitável*. Quanto mais elevada a "procura do consumidor" (isto é, quanto mais eficaz a sedução do mercado), mais a sociedade de consumidores é segura e próspera. Todavia, simultaneamente, mais amplo e mais profundo é o hiato entre os que desejam e os que podem satisfazer os seus desejos, ou entre os que foram seduzidos e passam a agir do modo como essa condição os leva a agir e os que foram seduzidos mas se mostram impossibilitados de agir do modo como se espera agirem os seduzidos. A sedução do mercado é, simultaneamente, a grande igualadora e a grande divisora. Os impulsos sedutores, para serem eficazes, devem ser transmitidos em todas as direções e dirigidos indiscriminadamente a todos aqueles que os ouvirão. No entanto, existem mais daqueles que podem ouvi-los do que daqueles que podem reagir do modo como a mensagem sedutora tinha em mira fazer aparecer. Os que não podem agir em conformidade com os desejos induzidos dessa forma são diariamente regalados com o deslumbrante espetáculo dos que podem fazê-lo. O consumo abundante, é-lhes dito e mostrado, é a marca do sucesso e a estrada que conduz diretamente ao aplauso público e à fama. Eles também aprendem que possuir e consumir determinados objetos, e adotar certos estilos de vida, é a condição necessária para a felicidade, talvez até para a dignidade humana.

Se o consumo é a medida de uma vida bem-sucedida, da felicidade e mesmo da decência humana, então foi retirada a tampa dos desejos humanos: nenhuma quantidade de aquisições e sensações emocionantes tem qualquer probabilidade de trazer satisfação da maneira como o "manter-se ao nível dos padrões" outrora prometeu: não há padrões a cujo nível se manter — a linha de chegada avança junto com o corredor, e as metas permanecem continuamente distantes, enquanto se tenta alcançá-las. Muito adiante, recordes continuam a ser quebrados. Deslumbradas e desconcertadas, as pessoas ficam sabendo que, nas companhias recém-privatizadas, e assim "liberadas", de que se lembram como instituições públicas que eram austeras e constantemente famintas de dinheiro, os atuais diretores recebem salários calculados em milhões, enquanto os que perderam os cargos de diretores são indenizados, mais uma vez em milhões de libras, por seu trabalho desleixado e malfeito. De todos os lugares, por intermé-

Os estranhos da era do consumo

dio de todos os meios de comunicação, a mensagem surge forte e clara: não existem modelos, exceto os de *apoderar-se de mais,* e não existem normas, exceto o imperativo de "saber aproveitar bem as cartas de que se dispõe".

Em nenhum jogo de cartas são idênticas as cartas recebidas, portanto o conselho para se aproveitar bem as cartas de que se dispõe sugere que devem ser usados quaisquer recursos que se consiga reunir. Do ponto de vista dos proprietários do cassino, alguns recursos — os que eles próprios alocam ou põem em circulação — são moeda *legal*; no entanto, todos os outros recursos — os fora de seu controle — são *proibidos*. A linha que separa o lícito do ilícito não parece a mesma, contudo, do lado dos *jogadores*; e, particularmente, do lado dos pretensos jogadores *aspirantes* e, mais particularmente, do lado dos jogadores aspirantes *incapacitados*, que não têm acesso à moeda legal. Estes devem lançar mão dos recursos que de fato possuem, quer reconhecidos como legais ou declarados ilegais — ou optar por sair totalmente do jogo. A força sedutora do mercado, porém, tornou este último movimento quase impossível de se pretender.

O desarmamento, a inabilitação e a supressão de jogadores insatisfatórios constituem, pois, um suplemento indispensável da integração mediante sedução numa sociedade de consumidores guiada pelo mercado. Os jogadores incapazes e indolentes devem ser *mantidos fora do jogo*. Eles são o refugo do jogo, mas um produto que o jogo não pode parar de sedimentar sem emperrar. Além disso, há uma outra razão por que o jogo não se beneficiaria em deter a produção de refugo: é necessário mostrar aos que permanecem no jogo as horripilantes cenas (como se lhes diz) da outra única alternativa — a fim de que estejam aptos e dispostos a suportar as agruras e tensões geradas pela vida vivida como jogo.

Dada a natureza do jogo agora disputado, as agruras e tormentos dos que dele são excluídos, outrora encarados como um malogro *coletivamente* causado e que precisava ser tratado com *meios coletivos,* só podem ser redefinidos como um *crime indivi-*

dual. As "classes perigosas" são assim redefinidas como *classes de criminosos.* E, desse modo, as prisões agora, completa e verdadeiramente, fazem as vezes das definhantes instituições do bem-estar.

A crescente magnitude do comportamento classificado como criminoso não é um obstáculo no caminho para a sociedade consumista plenamente desenvolvida e universal. Ao contrário, é seu natural acompanhamento e pré-requisito. É assim, reconhecidamente, devido a várias razões, mas eu proponho que a principal razão, dentre elas, é o fato de que os "excluídos do jogo" (os *consumidores falhos* — os consumidores insatisfatórios, aqueles cujos meios não estão à altura dos desejos e aqueles que recusaram a oportunidade de vencer enquanto participavam do jogo de acordo com as regras oficiais) são exatamente a encarnação dos "demônios interiores" peculiares à vida do consumidor. Seu isolamento em guetos e sua incriminação, a severidade dos padecimentos que lhes são aplicados, a crueldade do destino que lhes é imposto, são — metaforicamente falando — todas as maneiras de exorcizar tais demônios interiores e queimá-los em efígie. As margens incriminadas servem de esgotos para onde os eflúvios inevitáveis, mas excessivos e venenosos, da sedução consumista são canalizados, de modo que as pessoas que conseguem permanecer no jogo do consumismo não se preocupem com o estado da própria saúde. Se, contudo, esse for, como sugiro ser, o estímulo primordial da atual exuberância do que o grande criminologista norueguês Nils Christie denominou "a indústria da prisão", então a esperança de que o processo possa ter a marcha abrandada, para nem se falar em ser suspensa ou invertida, numa sociedade inteiramente desregulamentada e privatizada, animada e dirigida pelo mercado consumidor, é vaga — para se dizer o mínimo.

Em nenhum lugar a conexão é exposta mais completamente do que nos Estados Unidos, onde o domínio incondicional do mercado consumidor chegou, nos anos da livre competição reaganista, mais longe do que em qualquer outro país. Os anos de desregulamentação e desmantelamento dos dispositivos de bem-

Os estranhos da era do consumo 67

-estar foram também os anos de criminalidade ascendente, de força policial e população carcerária cada vez maiores. Foram também anos em que uma sorte cada vez mais sangrenta e espetacularmente cruel precisava ser reservada àqueles declarados criminosos, para corresponder aos aceleradamente crescentes medos e ansiedades, ao nervosismo e à incerteza, raiva e fúria da maioria silenciosa, ou não tão silenciosa, de consumidores ostensivamente bem-sucedidos. Quanto mais poderosos se tornavam os "demônios interiores", mais insaciável se fazia o desejo daquela maioria de ver "o crime punido" e "a justiça distribuída". O liberal Bill Clinton venceu a eleição presidencial prometendo multiplicar os efetivos da polícia e construir novas e mais seguras prisões. Alguns observadores (dentre eles Peter Linebaugh, da Universidade de Toledo, Ohio, autor de *The London Hanged*) acreditam que Clinton deve a eleição à execução amplamente divulgada de um retardado mental, Ricky Ray Rector, a quem permitiu, quando governador do Arkansas, ir para a cadeira elétrica. Recentemente, adversários de Clinton dos setores de direita radical do Partido Republicano levaram tudo nas eleições congressistas, havendo convencido o eleitorado de que Clinton não fizera o suficiente para combater a criminalidade e que eles fariam mais.

Em 1972, exatamente quando a era de bem-estar atingia o auge e exatamente antes de sua queda se iniciar, a Suprema Corte dos Estados Unidos, refletindo a disposição de ânimo do público na época, decidiu que a pena de morte era arbitrária e caprichosa e, como tal, inadequada para servir à causa da justiça. Após várias outras decisões, em 1988 a Corte permitiu a execução de sexagenários; em 1989, a execução de retardados mentais, até que finalmente, em 1992, no infamante caso Herrera contra Collins, ela decidiu que o acusado talvez fosse inocente, mas ainda assim poderia ser executado se o julgamento fosse apropriadamente conduzido e constitucionalmente correto. O recente Projeto de Lei do Crime aprovado pelo Senado e pela Câmara de Deputados amplia o total de delitos puníveis com a morte para 57 ou mesmo, segundo determinadas interpretações, setenta. Com grande publicidade e muita fanfarra, foi construí-da, na penitenciária de Terre Haute, Indiana, uma moderníssima câmara de execução federal, com um corredor da morte planejado para comportar 120 condenados. No início de 1994, ao todo 2802 pessoas estavam aguardando execução em prisões americanas. Destas, 1102 eram afro-americanas, enquanto 33 foram sentenciadas à morte quando muito jovens. A esmagadora maioria dos reclusos no corredor da morte provém da chamada "classe baixa", esse imenso e crescente depósito onde se armazenam os fracassados e rejeitados da sociedade consumidora. Como sugere Linebaugh, o espetáculo da execução é "cinicamente utilizado pelos políticos para aterrorizar uma crescente classe baixa". Mas, ao exigir a aterrorização da classe baixa, a maioria silenciosa americana tenta aterrorizar os seus próprios terrores interiores...

A reforma da pena de morte talvez seja o sintoma mais drástico, porém não o único, do papel mutável da criminalidade — e da alterada mensagem simbólica que ela transmite. O sangue, não somente o suor, tende a ser tirado da parte encarcerada da "classe baixa". Em *Dead Man Walking,* a freira Helen Prejean, dirigente da Coalizão Nacional contra a Pena de Morte, descreve o "embuste do plasma" organizado pela Prisão de Angola, no estado de Indiana, em que se coletavam "doações" de sangue, com os pagamentos baixando, em março de 1994, dos originais doze dólares para quatro dólares por doação. Enquanto isso, o dr. Jack Kevorkian, defensor da linha de frente da eutanásia, faz campanha pela inclusão das "doações" de órgãos compulsórias no processo da execução. Esses poucos fatos anunciam o novo papel atribuído aos pobres na nova versão da "classe baixa", ou da "classe além das classes": ela não é mais o "exército de reserva da mão de obra", mas, verdadeiramente, a "população redundante". Para que serve? Para o fornecimento de peças sobressalentes para consertar outros corpos humanos?

Todo ano, 1,5 milhão de americanos povoam as prisões americanas. Cerca de 4,5 milhões de americanos adultos estão sob alguma forma de controle judicial. Como o exprime Richard Freeman, economista de Harvard: "Se aos desempregados, na Europa, se paga compensação, nos Estados Unidos nós os colocamos nas prisões". Cada vez mais, *ser pobre* é encarado como um crime; *empobrecer*, como o produto de predisposições ou intenções criminosas — abuso de álcool, jogos de azar, drogas, vadiagem e vagabundagem. Os pobres, longe de fazer jus a cuidado e assistência, merecem ódio e condenação — como a própria encarnação do pecado. Nesse aspecto, pouco há a distinguir entre Bill Clinton e Newt Gingrich, concorrentes que são entre si para captar a disposição de ânimo da "maioria silenciosa". Como o expressou o *New York Herald Tribune*, em 25 de dezembro de 1994, os americanos — conservadores, moderados, republicanos — consideram direito seu culpar os pobres pelo seu destino e, simultaneamente, condenar milhões de seus filhos à pobreza, fome e desespero.

O "Estado de bem-estar está morto", anunciou um importante porta-voz da direita americana que afirma ser, e a cada dia mais parece isso, a maioria americana — um dos diretores da Fundação para o Progresso e a Liberdade, criada em 1993 para fornecer ideias à maioria republicana no Congresso. "Precisamos pegar o cadáver e enterrá-lo antes que o fedor se torne insuportável." Esta vem a ser uma profecia que se cumpre por si mesma. O desmantelamento — não só do dispositivo do bem-estar, mas de tudo o que restou do New Deal americano — está hoje em pleno curso. De um lado, a nova maioria congressista quer que as jovens mães solteiras sejam privadas do auxílio mensal de 377 dólares e quer enviar seus filhos a orfanatos — o que confirma simbolicamente a criminalidade e a inadequação social das mães. De outro, no alto da agenda da reforma legal estão a revogação dos últimos embaraços colocados às atividades bancárias e a inserção de "flexibilidade" nas leis antipoluição, que torna mais difícil o recurso contra procedimentos das empresas. A radical privatização do destino humano acompanha aceleradamente a radical desregulamentação da indústria e das finanças.

Pergunto-me o que Willem Adriaan Bonger deduziria disso, se não houvesse optado pela morte à vida sob os nazistas — aqueles outros e passados promotores de "soluções radicais", que, como Klaus Dörner salientou em *Tödliche Mitleid*, seu livro esclarecedor, deviam ser também considerados *Bürger* —, que, como todas as pessoas comuns tanto antes como depois, buscaram respostas para tudo o que os irritava como "problemas sociais". Infelizmente, Bonger não está aqui para nos dizer. Não viveu o suficiente para assistir ao nascimento do Admirável Mundo Novo da desregulamentação, da privatização, da escolha do consumidor — e da incriminação dos impossibilitados de escolher. Precisamos entender este mundo sem a sua ajuda.

Não estou afirmando que, aqui na Europa, já nos vemos na situação americana. Tampouco estou afirmando que o presente dos Estados Unidos necessariamente revela o futuro da Europa. Mas creio que o sinal que envia é suficientemente claro: há provas esmagadoras da íntima vinculação da tendência universal para uma radical liberdade do mercado ao progressivo desmantelamento do Estado de bem-estar, assim como entre a desintegração do Estado de bem-estar e a tendência a incriminar a pobreza. Espero sinceramente que o testemunho americano nos sirva de *advertência*, não de *exemplo*. Quisera, porém, que as minhas esperanças fossem mais bem fundamentadas. Ibrahim Warde, de Berkeley, escreveu recentemente (*Le Monde Diplomatique*, de maio de 1995) sobre a progressiva tirania do "economicamente correto". De fato, de maneira gradual mas inexorável, torna-se um axioma do discurso público que tudo o que economicamente "tem sentido" não necessita do apoio de nenhum outro sentido — político, social ou categoricamente humano. Num mundo em que os principais atores já não são Estados-nação democraticamente controlados, mas conglomerados financeiros não eleitos, desobrigados e radicalmente desencaixados, a questão da maior lucratividade e competitividade invalida e torna ilegítimas todas as outras questões, antes que se tenha tempo e vontade de indagá-las... Teme-se pensar no que possa ocorrer na Europa, amedrontada pelo ascendente desemprego estrutural e pelo rapidamente crescente setor "improdutivo" da população, se a atual tendência dos Estados Unidos continuar inalterada e se for reconhecida como "economicamente correta", graças ao avanço dos lucros e da capacidade competitiva...

Texto da Conferência Willem Bonger, proferida na Universidade de Amsterdam, em maio de 1995.

· 4 ·

A moralidade começa em casa: ou o íngreme caminho para a justiça

O mundo moral de Levinas estende-se entre eu e o Outro. É esse espaço que Levinas repetidamente visita por intermédio de suas obras éticas, explorando-o com excepcional determinação e paciência. É no interior desse espaço que ele encontra o berço da ética e todo o alimento de que o eu ético necessita para manter-se vivo: o silencioso desafio do Outro e a minha dedicada mas desprendida responsabilidade. Este é um *vasto* espaço, até onde chega a ética: amplo o suficiente para acomodar o eu ético em seu pleno voo, reduzindo a uma escala os mais elevados picos da santidade e todos os recifes submarinos da vida moral, as armadilhas que devem ser evitadas pelo eu em seu caminho para a vida ética — para a admissão da incômoda responsabilidade por sua responsabilidade. Mas esse é um espaço *estreito*, firmemente circunscrito até onde vai o ser humano no mundo. Tem lugar para não mais do que dois atores. O drama moral é sempre representado na reunião moral de dois: "O Outro" ou "O Rosto" são nomes genéricos, mas em todo encontro moral esses nomes significam apenas *um*, somente um ser — um Outro, *um* Rosto. Nenhum dos nomes pode aparecer no plural sem perder o seu status ético, seu significado moral. Isso deixa à parte a maioria das coisas que preenchem a vida diária de todo ser humano: a busca de sobre-

A moralidade começa em casa

vivência e autoengrandecimento, a consideração racional de fins e meios, a avaliação de ganhos e perdas, a procura do prazer, o poder, a política, a economia... Acima de tudo, penetrar nesse espaço representa tirar uma folga da atividade cotidiana, deixar do lado de fora suas normas e convenções mundanas. Na reunião moral de dois, eu e o Outro chegamos despidos de nossos adornos sociais, despojados de status, distinções sociais, desvantagens, posições ou papéis, não sendo ricos nem pobres, arrogantes ou humildes, poderosos ou destituídos — reduzidos à simples essencialidade da nossa humanidade comum.

O eu moral constituído no interior de tal espaço não pode deixar de sentir-se inquieto no momento em que a reunião moral de dois é interrompida pelo Terceiro. Mas pode ela sobreviver a tal intrusão? Não faz com que nos lembremos, antes, do peixe de águas profundas que se rompe quando retirado de seu elemento e levado à superfície, com sua pressão interna já não mais suportável na rarefeita atmosfera do "comum" e "normal"?

Não é somente o eu moral que se sente inquieto. Assim também se sente o seu pintor — o próprio Levinas. Não é necessária melhor prova de seu mal-estar do que a insistência obsessiva, quase compulsiva, com que retorna, nas últimas obras e entrevistas, ao problema do "Terceiro" e à possibilidade de salvar a validade de sua descrição, ao longo de toda a vida, do relacionamento ético na "presença do Terceiro participante" — ou seja, sob as condições da vida terrena e comum. Existe uma notável semelhança entre esse tardio esforço de Levinas para trazer de volta o que lutou por excluir com tão assombroso êxito e zelo, e as tentativas do Husserl maduro de reverter à intersubjetividade da subjetividade transcendental, que passou a vida purificando de toda contaminação "inter-relacionada" — jamais para a satisfação de ninguém ou, acima de tudo, para a sua própria. Sabemos o que se seguiu às ansiosas, mas inconcludentes, tentativas de Husserl: a decisão de Heidegger de cortar o nó górdio em vez de tentar em vão desatá-lo, sua corajosa proclamação de que *Sein* é *ursprünglich Mitsein*, "ser com", e assim a compreensão do ser e de todas as suas realizações sem poder deixar de começar a partir dessa condição *Mitsein* (intersubjetiva, diria Husserl). Mas era esse o tipo de solução, para as dificuldades de Husserl, que quase invalidava, tornava nulo e vão o significado do esforço "purificador" de Husserl para o entendimento do entendimento. A pergunta é: é necessário cortar o nó górdio também no caso da ética de Levinas? Pode a ética, nascida e criada na estufa do encontro de duas pessoas, suportar a investida do Terceiro participante? E — mais relevantemente — pode a capacidade moral que se faz sob a medida da responsabilidade pelo Outro como o Rosto ser suficientemente forte e potente, ou suficientemente vigorosa, para sustentar uma carga inteiramente diversa da responsabilidade pelo "Outro como tal", o Outro sem um Rosto?

Antes que o mundo estranho, inóspito à ética, que inclui o Terceiro se houvesse tornado a sua principal e obsessiva preocupação, Levinas visitou-o apenas breve e cautelosamente, sem muita curiosidade ou entusiasmo, e raramente por uma sua iniciativa não incitada por impacientes entrevistadores. E, uma vez visitando-o, ele pisou o terreno hesitantemente, como se tende a fazer numa paisagem desconhecida que se suspeita repleta de indizíveis, e acima de tudo ilegíveis, perigos. Ele não se deteve tempo suficiente para contar as árvores da floresta. E seus relatos de viagem revelam que, lá, se sentiu fora do seu elemento: premonições de ameaça predominam sobre todas as outras impressões.

Em *Le Moi et la totalité* (1954), Levinas assinala uma descontinuidade essencial entre a relação do eu com o Outro, constituída inteiramente de respeito pela liberdade e integridade do Outro, e a relação com o "conceito do ser humano", tão ampliado que se inclui sob o fascínio da razão impessoal. Nesse segundo caso, o caso da *totalidade,* o Outro — agora transformado no Terceiro — é "um ser independente a quem posso fazer mal ao lhe violar a liberdade". "A totalidade", conclui tristemente Levinas, "não pode constituir-se sem injustiça." Mais importante: alguém deve pedir-me que explique a minha ação, antes que me dê conta da injustiça feita e visualize a possibilidade de justiça. Muito ao estilo husserliano, Levinas sugere que: "A justiça não resulta da ação normal das injustiças. Ela vem do lado de fora, 'pela porta', de mais além da refrega — aparece como um princípio externo à história". Surge a despeito das "teorias de justiça que são forjadas no decurso de lutas sociais, em que as ideias morais expressam as necessidades de uma sociedade ou uma classe". Apela para o "ideal de justiça", que exige que *todas* as necessidades — todas elas, afinal, apenas relativas — sejam abandonadas ao se "abordar o absoluto". A justiça surge, portanto, não da história, mas como um julgamento pronunciado sobre a história. "Humano é o mundo em que é possível julgar a história" — por sua vez, o mundo do "racionalismo". Em relação à caridade e crueldade diárias, essas atividades duais do eu esforçando-se com vistas à moralidade responsável, a justiça capaz de vencer a injustiça inata da totalidade social pode surgir somente como deus ex machina. A razão, primeiro expulsa da primitiva cena moral, é chamada de volta do exílio para cuidar da humanidade que a moralidade do eu é demasiadamente tênue e inconsistente para sustentar.

Quase trinta anos depois, em *La souffrance inutile* (1982), repete-se o último tema: "A inter-humanidade no sentido próprio reside na não indiferença em relação aos outros, na responsabilidade pelos outros, mas antes a reciprocidade de tal responsabilidade está gravada na lei impessoal". Por essa razão, "a perspectiva inter--humana pode sobreviver, mas pode também perder-se na ordem política da Cidade ou na Lei que estabelece obrigações mútuas dos cidadãos". Existem — ao que parece — duas ordens mutuamente independentes, talvez mesmo desconexas, a política e a ética.

A ordem política — quer pré-ética ou pós-ética — que inicia o "contrato social" não é a condição suficiente nem o resultado necessário da ética. No modo de ver ético, o "eu" distingue-se do cidadão e daquele indivíduo que, no seu egoísmo natural, precede toda ordem, e no entanto de quem a filosofia política, de Hobbes em diante, tentou derivar — ou derivou — a ordem social e política da Cidade.

Tal estratégia filosófica é declarada equivocada e, portanto, vã, mas o que existe para substituí-la, considerando a separação e, na verdade, a virtual ausência de comunicação entre as duas ordens?

No mesmo ano (1982), foi publicada uma entrevista com Levinas sob o título *Philosophie, justice et amour*. Pressionado pelas perguntas que lhe foram propostas por R. Fornet e A. Gómez, Levinas leva em consideração certa dependência mútua entre a ordem política e a ordem ética. Sem a ordem da justiça, afirma ali Levinas, não haveria limite para a minha responsabilidade e, assim, a coabitação com Outros como cidadãos generalizados não seria possível. Mas — insiste ele imediatamente — "somente ao me afastar da minha relação com o Rosto, e de mim diante do Outro, pode-se falar da legitimidade ou ilegitimidade do Estado". O princípio da justiça não procede afinal, contrariamente ao que ele sugerira trinta anos antes, de uma causa "externa à ética", da razão. É a ética que reivindica, agora, o direito de julgar a justiça politicamente interpretada, que exige a obediência do Estado a suas próprias normas éticas. Em seguida, em resposta à pergunta direta: "Acha que um tal Estado (justo) é possível?", vem a resposta igualmente direta: "Sim, um acordo entre a ética e o Estado é possível. O Estado justo será a obra de pessoas justas e dos santos, em vez da propaganda e da pregação [...]. A caridade é impossível sem a justiça, mas a justiça sem a caridade é deformada".

De l'unicité foi publicado em 1986. Faz-se ali uma tentativa de apresentar a diferença entre o ético e o "formal", o legal, de maneira sistemática — concentrando a exposição na dissolução radical da singularidade do Outro ético na generalidade e semelhança do indivíduo como cidadão. Essa dissolução — a perda da singularidade — é um resultado inevitável após o surgimento do "Terceiro" — diferente daquele próximo a mim (*mon prochain*), mas ao mesmo tempo próximo àquele próximo a mim e, além disso, próximo a mim por si mesmo — um *"igualmente* próximo". Agora existem "eles". Eles, esses diversos outros, fazem coisas mutuamente, podem ferir-se, causar sofrimento mútuo. "Este é o momento da justiça." A singularidade do Outro, incomparável quando constituída pela responsabilidade moral, agora não ajudará muito. É necessário recorrer a uma força que se podia dispensar antes, a Razão — que permite, em primeiro lugar, que se "compare o incomparável" e — em segundo lugar — que se "imponha um limite à extravagância da infinita generosidade do 'para o Outro'". Todavia, esse recurso à Razão parece necessário precisamente graças à lembrança da "singularidade" do Outro, que foi originalmente apreendida no relacionamento ético. É porque cada um dos "múltiplos outros" é singular em seu desafio à minha responsabilidade, em sua reivindicação do meu "ser para", que ela "postula julgamento e, assim, objetividade, objetivação, tematização, síntese. É preciso arbitrar as instituições e o poder político que as sustenta. A justiça requer o estabelecimento do Estado. Nisso reside a necessidade da redução da singularidade humana à particularidade de um indivíduo humano, à condição do cidadão". Esta última particularidade reduz, empobrece, dissolve, dilui o esplendor da singularidade eticamente formada, mas sem essa singularidade já eticamente apreendida ela própria seria inconcebível, jamais se consumaria...

A justiça é, sob muitos aspectos, infiel a suas origens éticas, incapaz de preservar sua herança em toda a riqueza interna — mas não pode esquecer suas origens sem deixar de ser, ela própria, a justiça. "Não pode abandonar essa singularidade à história política, que se vê sujeita ao determinismo do poder, à razão do Estado e à sedução das tentações totalitárias." Deve, em vez disso, medir-se repetidamente pelos padrões da singularidade original, por mais inatingíveis que tais padrões possam ser no meio da multiplicidade dos cidadãos. Por isso o traço indelével de toda justiça é a insatisfação consigo mesma: "Justiça significa constante revisão da justiça, expectativa de uma melhor justiça". A justiça, poder-se-ia dizer, deve existir perpetuamente em uma condição de *noch nicht geworden*, impondo-se padrões mais elevados do que os já praticados.

Os mesmos temas reaparecem detalhadamente nas extensas conversas com François Poirié (*Emmanuel Lévinas: Qui êtes-*

-vous?, Lyon, Éditions la Manufacture, 1987). Na presença do Terceiro, afirma Levinas, "abandonamos o que denomino a ordem da ética, ou a ordem da santidade, ou a ordem da misericórdia, ou a ordem do amor, ou a ordem da caridade — onde o outro ser humano me interessa independentemente do lugar que ocupa na multidão de seres humanos e mesmo independentemente da nossa compartilhada qualidade de indivíduos da espécie humana. Ele me interessa como alguém próximo a mim, como o primeiro a chegar. Ele é singular". Além dessa ordem, estende-se o domínio da escolha, proporção, julgamento — e comparação. A comparação já acarreta necessariamente o primeiro ato de violência: o da singularidade. Essa violência não pode ser evitada, uma vez que, dentre a multiplicidade de outros, determinadas divisões (designações para classes, para categorias) são necessárias — elas são "divisões justificadas". A ética exige, poder-se-ia dizer, uma determinada autolimitação. Para que a exigência ética seja cumprida, alguns dos seus próprios axiomas sagrados devem ser sacrificados... O Estado liberal, afirma Levinas — o estado assentado sobre o princípio dos direitos humanos —, é a implementação, e evidente manifestação, dessa contradição. Sua função é nada menos do que "limitar a misericórdia original de que a justiça se originou". Mas "a contradição interna" do Estado liberal encontra sua expressão ao perceber, "acima e além de toda justiça já incorporada ao regime, uma justiça mais justa [...]. A justiça no Estado liberal nunca é definitiva. A justiça é despertada pela caridade — essa caridade que está aquém da justiça mas igualmente além dela. A preocupação com direitos humanos não é a função do Estado. É uma instituição não estatal dentro do Estado — um apelo à humanidade que o Estado ainda não consumou". A preocupação com direitos humanos é um apelo ao "excedente de caridade". Poder-se-ia dizer: a algo maior do que qualquer letra da Lei, do que qualquer coisa que o Estado até então tenha feito. A justiça administrada pelo Estado nasce da caridade gerada e preparada dentro da situação ética primeira, no entanto a justiça só pode ser administrada se nunca deixa de

ser impelida por seu original *spiritus movens,* se se reconhece como infinda perseguição de uma meta continuamente esquiva — a recriação, entre os indivíduos e cidadãos, da singularidade do Outro como Rosto... E se sabe que *não pode* "igualar a bondade que a deu à luz e a mantém viva" (*L'Autre, Utopie et justice,* 1988) — mas que não pode jamais *deixar de tentar* fazer exatamente isso.

Exatamente o que se pode aprender da exploração de Levinas do "mundo do Terceiro", o "mundo da multiplicidade de outros" — o mundo social? Pode-se aprender, para exprimi-lo resumidamente, que esse mundo do social é, simultaneamente, o produto legítimo e uma distorção do mundo moral. A ideia de justiça é concebida no momento de encontro entre a experiência da singularidade (como se dá na responsabilidade moral pelo Outro) e a experiência da multiplicidade de outros (como se dá na vida social). Ela não pode ser concebida sob quaisquer outras circunstâncias. Necessita de ambos os pais e a ambos é geneticamente relacionada, ainda que os genes, embora complementares, também contenham mensagens genéticas contraditórias.

Se não fosse pela lembrança da singularidade do Rosto, não haveria ideia de justiça generalizada e "impessoal". E esta é a verdade, apesar do fato de a impessoalidade significar o desafio e a negação da pessoalidade — do mesmíssimo valor que deve ser acalentado, cuidado, defendido e preservado no relacionamento moral. (A responsabilidade moral é assumida precisamente em nome dessa preservação.) Assim, paradoxalmente, a moralidade é a escola da justiça — embora a categoria de justiça lhe seja estranha e redundante dentro do relacionamento moral. (A justiça atinge o seu potencial junto com a comparação, mas não há nada a comparar quando o Outro é encontrado como singular.) A "cena primordial" da ética é, desse modo, também a cena primordial e ancestral da justiça social.

Outro paradoxo: a justiça torna-se necessária quando se verifica que o impulso moral, inteiramente autossuficiente dentro da reunião moral de dois, é um guia insatisfatório ao se aventurar além dos limites daquela reunião. A infinitude da responsabilidade moral, a irrestrição (e mesmo o silêncio!) da exigência moral simplesmente não pode ser sustentada quando "o Outro" surge no plural. (Poder-se-ia dizer que há uma razão inversa entre a infinitude de "ser para" e a infinitude dos outros.) Mas é esse impulso moral que torna a justiça necessária: ele recorre à justiça em nome da autopreservação, embora, enquanto o faça, se arrisque a ser abatido, podado, mutilado ou diluído... Em *Dialogue sur le penser-à-l'Autre* (1987), o entrevistador perguntou a Levinas:

> Na medida em que sou um sujeito ético, sou responsável por tudo em todos. A minha responsabilidade é infinita. Não ocorre que tal situação seja intolerável para mim e para o outro, a quem corro o risco de aterrorizar com o meu voluntarismo ético? Não se segue que a ética é impotente em sua vontade de praticar o bem?

A que Levinas deu a seguinte resposta:

> Não sei se tal situação é intolerável. Certamente, tal situação não é o que se poderia considerar aprazível, de convivência agradável, mas é boa. O que é extremamente importante — e posso afirmá-lo sem ser eu próprio um santo e sem aspirar a ser um santo — é poder-se dizer que um ser humano verdadeiramente merecedor desse nome, em seu sentido europeu, derivado dos gregos e da Bíblia, é um ser humano que considera a santidade o valor supremo, um valor inexpugnável.

Esse valor não é rendido depois que o inflexível e obstinado requisito ético do "ser para" é substituído por um código de justiça um tanto diluído e menos premente. Ele permanece o que era — o valor supremo, reservando-se o direito de velar, monitorar e censurar todos os acordos celebrados em nome da justiça. Tensão constante e suspeita nunca apaziguada predominam no relacionamento entre a ética e o Estado justo, seu plenipotenciário nunca suficientemente diligente. A ética não é um derivado do Estado. A autoridade ética não deriva dos poderes do Estado para legislar e fazer cumprir a Lei. Ela precede o Estado, é a exclusiva fonte da legitimidade do Estado e o supremo juiz dessa legitimidade. O Estado, poder-se-ia dizer, só é justificável como veículo ou instrumento da ética.

A concepção de Levinas das origens éticas da justiça e do próprio Estado como um instrumento da justiça (e, obliquamente, da própria ética) pode ser interpretada como uma percepção fenomenológica do sentido da justiça — ou como um "mito etiológico" não neutro (na realidade, perlocucionário no sentido austiniano), preparando o cenário para a subordinação do Estado aos princípios éticos e submetendo-o aos critérios éticos de avaliação, bem como estabelecendo limites à liberdade de manobra ética do Estado. Dificilmente, porém, pode ser encarada como uma explicação abrangente do complexo e intricado processo pelo qual a responsabilidade ética pelo outro vem (ou não vem, conforme o caso) a ser implementada em escala generalizada por meio das obras do Estado e sua instituição. Certamente contribui muito para explicar a crescente preocupação com o compromisso do "outro generalizado" — o Outro longínquo, o Outro distante no espaço e no tempo: mas diz pouco sobre os recursos mediante os quais essa preocupação pode resultar em efeitos práticos e, menos ainda, acerca das razões para tais efeitos não corresponderem de modo tão patente às necessidades e expectativas, ou não serem de forma alguma visíveis.

Os escritos de Levinas oferecem rica inspiração para a análise da aporia endêmica da responsabilidade moral. Não oferecem nada de tal importância ao exame minucioso da natureza aporética da justiça. Não confrontam a possibilidade de que — exatamente como no caso de se assumir responsabilidade moral pelo Outro — a contribuição das instituições que Levinas deseja dedicadas à promoção da justiça possa ter consequências prejudiciais aos valores morais. Tampouco levam em consideração a possibilidade de que tais consequências, prejudiciais, possam ser mais do que apenas um efeito secundário dos equívocos e do descaso, estando enraizadas, em vez disso, na própria maneira pela qual essas instituições podem — ou devem — atuar para permanecer viáveis.

Muitas percepções da última questão podem ser encontradas na obra de outro grande filósofo ético de nossa época — Hans Jonas. Diferentemente de Levinas, Jonas coloca o nosso atual dilema moral em perspectiva histórica, descrevendo-o como um acontecimento no tempo, em vez de uma difícil situação extemporânea e metafísica. Segundo Jonas, durante a maior parte da história humana, a lacuna entre "pequena" e "grande" ética não apresentou problema. O curto âmbito do impulso moral não estava repleto de perigos extremos, pela simples razão de que as consequências dos feitos humanos (dada a escala tecnologicamente determinada da ação humana) eram igualmente limitadas. O que ocorreu em tempos muito recentes é o tremendo crescimento do possível encadeamento das consequências dos atos humanos, não acompanhado de uma expansão semelhante da capacidade moral humana. O que podemos fazer agora pode ter efeitos sobre terras distantes e gerações distantes. Efeitos tão profundos e radicais quanto imprevisíveis, que transcendem o poder da imaginação humana sempre limitada pelo tempo e pelo espaço, e moralmente incontroláveis, capazes de avançar muito além das questões que a capacidade moral humana se habituou a enfrentar. Todavia, a percepção da responsabilidade por tudo isso não fez muito progresso. Muito ao contrário: o mesmo desenvolvimento que colocou nas mãos da humanidade poderes, instrumentos e armas de magnitude sem precedentes, que exigiam estrita regulamentação normativa, corroeu os alicerces de que as normas se poderiam derivar; destruiu a própria ideia de norma como tal" (*The Imperative of Responsibility,* University of Chicago Press, 1984). Ambos os desvios são obra da ciência que não tolera limites ao que os seres humanos podem fazer, mas tampouco aceita de bom grado o argumento de que nem tudo o que poderia ser feito deveria ser feito. A faculdade de fazer algo é, para a ciência e para a tecnologia, o seu braço realizador, toda a razão mais necessária para fazê-lo, seja o que for. Novos poderes necessitam de nova ética, e necessitam muito dela — como uma questão da nossa vida e morte coletivas. Mas os novos poderes solapam a própria possibilidade de atender a essa necessidade, ao negar na teoria e na prática o direito de a consideração ética interferir em seu crescimento incessante e autopropulsor, quanto mais o de detê-lo.

Essa tendência cega deve ser totalmente alterada, reclama Jonas. Deve-se criar uma nova ética, feita à medida dos novos poderes humanos. Uma espécie de novo imperativo categórico, como: "Aja de modo que os efeitos da sua ação sejam compatíveis com a permanência da genuína vida humana". Isso, porém, não é fácil. Primeiro, violar tal imperativo do tipo dois, ao contrário do caso da versão kantiana original, não acarreta contradição racional e, assim, é destituído da única razão a que a lógica da ciência concederia uma autoridade imposta por si mesma e incontestável. Segundo, é notoriamente difícil, ou melhor, impossível saber com toda a certeza quais feitos da tecnociência são, e quais não são, "compatíveis com a permanência da genuína vida humana" — pelo menos antes que um dano, frequentemente irreparável, tenha sido feito. Mesmo no improvável caso de ao novo imperativo categórico ter sido conferida autoridade normativa, a incômoda questão de sua aplicação ainda permaneceria pendente: como sustentar convincentemente que um desenvolvimento controverso deve ser detido, se os seus efeitos não podem ser avaliados de antemão com tal grau de precisão, com essa exatidão quase algorítmica que a razão científica tenderia a respeitar? Se um cálculo verdadeiramente algorítmico dos avultantes perigos não é provável, sugere Jonas, devíamos decidir-nos por seu segundo substituto, a *"heurística* do medo": esforçar-nos ao máximo para visualizar a mais impressionante e a mais duradoura dentre as consequências de dada ação tecnológica. Acima de tudo, precisamos aplicar o "princípio da incerteza": "Deve-se dar maior atenção à profecia da destruição do que à profecia da bem-aventurança". Necessitamos, poder-se-ia dizer, de uma ética de pessimismo sistemático para que possamos errar, se tanto, unicamente por excesso de cautela.

A confiança de Kant no domínio da lei ética assentava na convicção de que existem argumentos da razão que toda pessoa razoável, sendo uma pessoa razoável, deve aceitar. A passagem da lei ética à ação ética era conduzida pelo pensamento racional e, para aplainar a passagem, só se precisava cuidar da não contraditória racionalidade da lei, contando para o resto com as faculdades racionais endêmicas dos atores morais. A esse respeito, Jonas permanece fiel a Kant — embora seja o primeiro a admitir que nada tão incontroverso quanto o imperativo categórico de Kant (ou seja, nenhum princípio que não possa ser violado sem violar simultaneamente a lei lógica da contradição) pode ser enunciado em relação ao novo desafio às faculdades éticas humanas. Para Jonas, assim como para Kant, o ponto crucial da questão é a capacidade da razão legislativa, e a promoção, bem como a definitiva universalização, do comportamento ético é, em última análise, um problema filosófico e a tarefa de filósofos. Para Jonas, assim como para Kant, o destino da ética está verdadeiramente nas mãos da Razão e de seu alter ego — a razão original. Nessa complexidade, não sobra lugar para a possibilidade de que a razão possa, ainda que apenas ocasionalmente, combater o que é, em seu nome, incentivado como sendo princípios éticos.

Em outras palavras, não sobra lugar para a lógica dos interesses humanos e para a lógica das instituições sociais — esses interesses organizados cuja função na prática, se não intencionalmente, é tornar viável o contorno das restrições éticas e tornar irrelevantes as considerações éticas para a ação. Tampouco sobra lugar para a observação sociológica, em outros aspectos irrelevante, de que, para os argumentos serem aceitos, necessitam estar de acordo com interesses, além (ou em vez) de serem racionalmente impecáveis. Também não há lugar para outro igualmente irrelevante fenômeno das "imprevistas consequências" da ação humana: o dos feitos que produziram resultados não levados em conta ou não imaginados no momento em que a ação foi

A moralidade começa em casa

empreendida. Nem há lugar para a relativamente simples suposição de que, quando os interesses são muitos e em desavença entre si, qualquer esperança de que determinado conjunto de princípios finalmente prevaleça e seja universalmente obedecido tem de buscar apoio numa sensata análise das forças sociais e políticas capazes de lhe assegurar a vitória.

Sou da opinião de que uma mescla de todos esses fatores — não notados, ignorados e não levados em conta na busca da nova ética por parte de Jonas — pode ser acusada da atual situação difícil do mundo, em que a crescente percepção dos perigos à nossa frente segue de mãos dadas com uma crescente impotência para evitá-los e aliviar-lhes a gravidade do impacto. Em teoria, parecemos saber cada vez melhor que, se se deve prevenir a catástrofe, as forças atualmente ingovernáveis devem ser refreadas e controladas por fatores que não sejam interesses endemicamente dispersos e difusos, ou de pouca visão. Na prática, porém, as consequências das ações humanas repercutem com uma força cega e elementar, que lembra mais os terremotos, inundações e ciclones do que um modelo de comportamento racional e automonitorado. Como Danièle Sallenave recentemente nos recordou ("L'alibi de la compassion", in *Le Monde Diplomatique*, julho de 1995), Jean-Paul Sartre podia asseverar, há apenas algumas décadas, que "não existem coisas como desastres naturais". Mas, hoje, os desastres naturais transformaram-se no protótipo e modelo de todas as aflições que atormentam o mundo e poder-se-ia igualmente inverter a afirmação de Sartre, dizendo que "não existem senão catástrofes naturais". Não só as impressionantes alterações no grau de adequabilidade do nosso hábitat natural (poluição do ar e da água, aquecimento global, buracos na camada de ozônio, chuva ácida, salinização ou ressecamento do solo etc.), como também os aspectos inteiramente humanos das condições globais (guerras, explosão demográfica, migrações e deslocamentos maciços, exclusão social de grandes grupos da população) surgem sem anúncio, pegam-nos desprevenidos e parecem totalmente desatentos aos angustiados gritos por socorro e aos mais frenéticos esforços para projetar, quanto mais fornecer, remédio.

Obviamente, esses não são resultados que se possam explicar adotando a estratégia ética de Jonas. A morte do conhecimento e entendimento ético dificilmente pode ser acusada pelo que está ocorrendo. Ninguém, a não ser extremistas fanáticos comprovados como extremistas fanáticos, asseveraria a sério ser correto e benéfico poluir a atmosfera, perfurar a camada de ozônio, ou empreender guerras, superpovoar a Terra ou transformar as pessoas em nômades sem teto. No entanto, tudo isso ocorre apesar da condenação consensual, quase universal e vociferante. Alguns outros fatores que não o desconhecimento ético devem estar atuando, se a opressiva e sistemática uniformidade do dano global mais do que iguala a coesão da indignação ética. Poder-se-ia sensatamente supor que esses outros fatores estão entrincheirados em tais aspectos da realidade social que ou não são influenciados pela filosofia ética, ou conseguem com êxito suportar e contornar as suas pressões ou, ainda melhor, tornar inaudíveis as exigências éticas. Dentre tais fatores, deve-se conceder lugar de destaque às forças de mercado cada vez mais desregulamentadas, isentas de todo controle político eficaz e guiadas exclusivamente pelas pressões da competitividade. O mero tamanho dos principais atores nos mercados globais, atualmente, excede em alto grau a capacidade de interferência da maioria, se não de todos os governos de Estado eleitos — essas forças receptivas, pelo menos em princípio, à persuasão ética. Em 1992, a General Motors teve uma movimentação anual de 132,4 bilhões de dólares; a Exxon, de 155,7 bilhões de dólares; a Royal Dutch-Shell, de 99,6 bilhões de dólares, contra o produto nacional bruto de 123,5 bilhões de dólares da Dinamarca, 112,9 bilhões de dólares da Noruega, 83,8 bilhões de dólares da Polônia e 33,5 bilhões de dólares do Egito... As cinco maiores companhias "não nacionais" tiveram uma movimentação conjunta exatamente duas vezes maior do que a do total da África Subsaariana.

A moralidade começa em casa

É disso que trata o problema de Jonas: dos efeitos globalmente desastrosos a longo prazo e a longa distância, do crescente potencial humano de fazer as coisas e refazer o mundo. Esse é indubitavelmente um dos problemas cruciais a que qualquer raciocínio macroético se deve agarrar. Mas não é o único problema. Além disso, não era o problema com que Levinas estava preocupado, em primeiro lugar. Para Levinas, o âmbito macroético da responsabilidade moral pelo Outro vai além da defesa contra perigos compartilhados. Seus postulados dirigidos à macroética são, portanto, ainda mais exigentes do que tudo o que a "heurística do medo" de Jonas possa requerer. Recordemos que, para Levinas, o macroequivalente da responsabilidade moral é nada menos do que a *justiça* — um atributo da existência humana que obviamente necessita da prevenção de desastres globais como sua condição preliminar, mas de forma alguma pode reduzir-se a isso, e que não necessita ser suprido e satisfeito ainda que essa prevenção se tornasse, de algum modo, eficaz.

Ao contrário dos desastres que podem ser *universalmente* reconhecidos como prejudiciais e indesejáveis, uma vez que golpeiam *a esmo* e não prestam atenção a privilégios conquistados ou herdados, a justiça é um ponto notoriamente *contencioso*. Raras vezes a engenhosidade e a imaginação humanas estenderam-se tanto e tão dolorosamente como ao idear os argumentos destinados a descrever como "justiça sendo feita" a situação que algumas outras pessoas consideraram injusta e, assim, um legítimo motivo de rebelião. Pode-se sensatamente esperar que, numa sociedade dividida e, acima de tudo, numa sociedade moderna, que é — simultaneamente! — acentuadamente desigual e devotada à promoção da igualdade como um valor supremo, a essência da justiça permanecerá eternamente um objeto de controvérsia. (Levinas admitiu o mesmo, embora de um ângulo um tanto diferente, ao salientar que o destino de uma sociedade justa é permanecer eternamente insatisfeita com o nível de justiça alcançado.) Acima de tudo, o acordo no tocante a quando se admitir que o postulado de justiça foi satisfeito, se tal acordo fosse realmente alcançável, difi-

cilmente seria atingido mediante o argumento filosófico somente —
recorrendo, como deve, à extraterritorial e extemporânea essência
humana conjunta, enquanto negligencia, de um modo geral, as
circunstâncias sociais, culturais e políticas, ligadas ao tempo e ao
espaço, que geram a experiência da injustiça.

Sabemos, pela meticulosa e perceptiva análise histórica conduzida por Barrington Moore Jr., que ao mesmo tempo que "as
massas" (mais comumente, a parte não filosófica da população)
não fazem ideia ou, na melhor das hipóteses, fazem uma ideia
vaga, da noção abstrata de "justiça como tal", elas tendem a
reconhecer infalivelmente um caso de *injustiça*. Em oposição ao
que a lógica do vocabulário sugere, "injustiça" é a noção "positiva", enquanto "justiça" é a negativa. É a *injustiça* que parece ser
a noção primária da ética popular, sendo a "justiça" a unidade
marcada, um derivado, na oposição. A justiça aqui tem sentido
unicamente como a inimiga (e postulada vencedora) da injustiça, sendo esta o único "elemento" conhecido na experiência.
Justiça significa redenção, recuperação de perdas, reparação
do dano, compensação pelos males sofridos — que corrija a
distorção causada pelo ato de *injustiça*. À luz das descobertas
de Barrington Moore Jr., é difícil dizer sob que condições a
percepção popular da condição humana como justa e correta
tenderá a se desenvolver e é incerto se tal desenvolvimento, caso
ocorra, será sujeito a normas verificáveis e generalizáveis. Por
outro lado, pode-se razoavelmente supor que a percepção da
situação como *injusta* tenderá a expandir-se e aprofundar-se
junto com a intensificação das provações já condenadas como
injustas e o surgimento de novas provações não experimentadas
antes (qualquer que fosse o ponto de partida e como quer que
se desse, bem ou mal do ponto de vista de quaisquer modelos
de justiça abstratos).

Se assim for, então as últimas três ou quatro décadas pouco fizeram para aumentar a percepção do mundo como "justo".
Muito ao contrário, praticamente todos os índices de bem-estar
e qualidade de vida apontaram em direção à crescente desigual-

dade e, na verdade, uma generalizada polarização tanto na escala global quanto no interior de quase toda unidade sociopolítica tomada separadamente: rápido enriquecimento, de um lado, fazendo-se ainda mais saliente e ofensivo pelo célere empobrecimento do outro. A visibilidade do processo, e a probabilidade de sua condenação como injusto, tem sido mais incrementada pelo fato de que, durante o mesmo período, entre 1960 e 1992, a alfabetização no mundo subiu de 46% para 69%, e a expectativa de vida, de 46,2 anos para 63 anos. O primeiro fator, associado à tremenda expansão da comunicação mundial (que transformou a pobreza, outrora uma difícil situação local e um "problema" local, em uma questão de "privação relativa"), deve ter facilitado competentes comparações de padrões de vida chocantemente desiguais, enquanto o segundo fator deve ter detido, em alto grau, as "soluções naturais" para os "problemas" de extrema privação e pobreza entre a parte "excedente" ou "supranumerária", isto é, "economicamente redundante", da população.

E o grau de polarização (e, portanto, também da privação relativa) quebrou, nessas três décadas, todos os recordes registrados e lembrados. A quinta parte socialmente mais alta da população mundial era, em 1960, trinta vezes mais rica do que o quinto mais baixo; em 1991, já era 61 vezes mais rica. Nada aponta para a probabilidade, no futuro previsível, de que essa ampliação da diferença seja reduzida ou detida, quanto mais revertida. O quinto mais alto do mundo desfrutava, em 1991, de 84,7% do produto mundial bruto, 84,2% do comércio global e 85% do investimento interno, contra respectivamente 1,4%, 0,9% e 0,9%, que era o quinhão do quinto mais baixo. O quinto mais elevado consumia 70% da energia mundial, 75% dos metais e 85% da madeira. Por outro lado, o débito dos países economicamente fracos do "terceiro mundo" estava, em 1970, mais ou menos estável em torno de 200 bilhões de dólares. Desde então, ele cresceu dez vezes e está hoje, rapidamente, se aproximando da atordoante cifra de 2 mil bilhões de dólares (ver *Programa para o Desenvolvimento*, das Nações Unidas, edição de 1994).

Esse quadro de desigualdade rapidamente crescente, numa escala global, reproduz-se dentro de praticamente toda "sociedade nacional". A distância entre os ricos e os pobres, quer medida na escala de mercados globais, quer numa escala muito menor do que quer que se considere como "economias nacionais" (mas que é, progressivamente, pouco mais do que unidades administrativamente circunscritas de cômputo), está aumentando desenfreadamente, e a opinião predominante é de que os ricos provavelmente se tornarão ainda mais ricos, mas os pobres muito certamente se tornarão mais pobres. É provável que essa opinião seja novamente forjada, na extremidade receptora, dentro da experiência de se haver cometido um erro, de iniquidade e injustiça. Não resulta, porém, que isso necessariamente detone um desejo de defesa coletiva contra os erros. A difícil situação compartilhada bem pode ser interpretada como um conjunto de infortúnios individuais, provocados pela indolência ou inadequação pessoal, e pode alimentar esforços não cumulativos de saída pessoal da miséria, ou sonhos de boa sorte individual.

Esta última probabilidade é acentuada pela tendência amplamente inequívoca a se cobrir a divisão entre ricos e pobres com outra divisão — aquela entre os seduzidos e os oprimidos. Enquanto os ricos (supostos satisfeitos) desfrutam de um elevado grau de liberdade da escolha pessoal, reagindo viva e alegremente ao crescente leque de atraentes ofertas do mercado, é fácil demais redefinir aqueles que não reagem da maneira esperada por parte dos consumidores adequados (seduzíveis) como pessoas inaptas para fazer bom uso da sua liberdade de escolha; pessoas que são, em última análise, inaptas para ser livres. Além disso, os pobres de hoje (aqueles consumidores irremediavelmente falhos, imunes às adulações do mercado e improváveis contribuintes para a procura ávida de estoques, por mais tentadores que esses estoques possam ser) são evidentemente inúteis para os mercados orientados para o consumidor e, cada vez mais, também para governos de Estado, que agem mais e mais como beleguins e xerifes locais em nome do comércio e das finanças extraterritoriais. Os pobres

A moralidade começa em casa

de hoje não são mais as "pessoas exploradas" que produzem o produto excedente a ser, posteriormente, transformado em capital; nem são eles o "exército de reserva da mão de obra, que se espera seja reintegrado naquele processo de produção de capital, na próxima melhoria econômica. Economicamente falando (e hoje também governos politicamente eleitos falam na linguagem da economia), eles são verdadeiramente *redundantes,* inúteis, disponíveis, e não existe nenhuma "razão racional" para a sua presença contínua... A única resposta *racional* a essa presença é o esforço sistemático para excluí-los da sociedade "normal" — ou seja, a sociedade que se reproduz por meio do jogo da oferta ao consumidor e escolha do consumidor, mediado pela atração e sedução.

Quase fisicamente liquidados (a pressão por tal "solução" manifesta-se mais patentemente nos lemas populistas que exigem a deportação de estrangeiros, esse "sorvedouro dos nossos recursos", e o fechamento das fronteiras aos migrantes, definidos a priori como parasitas e aproveitadores, não produtores de riqueza), eles precisam ser isolados, neutralizados e destituídos de poder, de tal modo que a possibilidade de seus infortúnios e humilhações maciços, porém individualmente experimentados, se condensar em protesto coletivo (quanto mais eficaz) seja mais diminuída, idealmente reduzida a zero. Esses resultados são buscados mediante a estratégia bifurcada da incriminação da pobreza e da brutalização dos pobres.

A incriminação parece estar emergindo como o principal substituto da sociedade de consumo para o rápido desaparecimento dos dispositivos do Estado de bem-estar. O estado de bem--estar, essa resposta ao problema da pobreza numa época em que os pobres eram o "exército de reserva da mão de obra" e se esperava que fossem preparados para voltar ao processo produtivo, não é mais, sob essas circunstâncias alteradas, "economicamente justificável" e é, cada vez mais, encarado como um "luxo a que não nos podemos dar". O "problema" dos pobres é remodelado como a questão da lei e da ordem, e os fundos sociais outrora destinados à recuperação de pessoas temporariamente desempregadas (em termos econômicos, a reacomodação da mão de obra) são despejados na construção e modernização tecnológica das prisões ou outros equipamentos punitivos e de vigilância. A mudança é mais acentuada nos Estados Unidos, onde a população carcerária triplicou entre 1980 e 1993, alcançando em junho de 1994 o total de 1012851 (o crescimento médio foi de mais de 65 mil por ano), onde a parcela mais pobre e negra da "classe baixa" constitui aproximadamente a metade dos sentenciados a um ano e mais de prisão e onde o aumento sistemático de gastos com a polícia e as prisões segue de mãos dadas com os cortes sistemáticos de fundos e auxílios assistenciais. Alguns observadores aventam que o encarceramento maciço, os arrepiantes relatos das filas que se encompridam no corredor da morte e a deterioração sistemática e deliberada das condições das prisões (a progressiva e amplamente apregoada desumanização dos prisioneiros) são empregados como o principal meio de "aterrorizar" a classe baixa, agora apresentada à opinião pública — meramente, simplesmente e sem qualquer ambiguidade — como o inimigo número um da segurança pública e um sorvedouro dos recursos públicos (embora igualmente se possa imaginar outra função: a de dissuasão da possível rebelião dos prósperos contra as tensões endêmicas à vida do consumidor: os horrores da alternativa à vida do "consumidor livre" tornam aprazíveis e suportáveis mesmo as mais exasperantes pressões em que essa vida é notória). A Europa, até então, permanece muito atrás dos Estados Unidos, mas uma tendência semelhante, se bem que em escala muito diminuída, está ali em evidência. Segundo as estatísticas apresentadas pelo Conselho da Europa, entre 1983 e 1992 a população carcerária cresceu mais de 50% na Grécia, Espanha, Portugal e Países Baixos, e entre 20% e 50% na França, Suíça, Irlanda e Suécia. Em toda parte, a tendência era para cima.

Policiar, e desse modo obliquamente incriminar, os "pobres globais" — ou seja, as áreas do mundo afligidas ou aquinhoadas com pobreza endêmica — é outra necessária concomitância da

A moralidade começa em casa

crescente desigualdade, que confronta a parte rica do mundo com uma tarefa não menos urgente, porém muito mais complexa. Operações policiais, expedições militares, "pacificação" a longo prazo de áreas incômodas são questões dispendiosas, que o contribuinte próspero está tanto menos inclinado a financiar quanto mais distantes de sua casa (e, portanto, menos relevantes para seu próprio bem-estar) elas pareçam ser. A tarefa de manter acuados os "pobres globais" é, assim, a alegação mais adequada para essa desregulamentação, privatização e comercialização da atividade punitiva e de vigilância, que é ainda aplicada apenas fria e cautelosamente no sistema carcerário interno. Não é necessária uma excessiva engenhosidade para mudar totalmente a tarefa do lado do "débito" para o lado do "crédito" do orçamento: abastecer os chefes e comandantes locais de regiões distantes com armas sofisticadas pode resultar no lucro dobrado de ganhos financeiros e tamanha brutalização da vida que praticamente neutralize, com segurança, o potencial de protesto dos pobres. As guerras civis (ou simplesmente de bandos) infindáveis, cada vez mais devastadoras e cada vez menos ideologicamente motivadas (ou, sob qualquer outro aspecto, "orientadas por uma causa", no que diz respeito a isso), são, do ponto de vista dos países ricos, formas inteiramente eficazes, baratas e com frequência lucrativas de policiar e "pacificar" os pobres globais. Transmitidas em milhões de telas de televisão para que todos assistam, elas fornecem um testemunho vívido da selvageria dos pobres e do caráter autoinfligido de sua miséria, bem como argumentos convincentes para o despropósito da ajuda, quanto mais de qualquer substancial redistribuição de riqueza.

A brutalização dos pobres (não necessariamente instigada de maneira intencional, mas avidamente incluída logo que aparece, sutilmente transformada em "interesse público número um", aumentada e magnificada pela atenção constantemente estimulada dos meios de comunicação) pode também ser encarada como servindo à tarefa de policiar a cena interna. Convertidos nos proscritos de uma florescente sociedade de consumidores seduzidos, transformados em uma classe baixa sem um lugar atual ou em perspectiva na sociedade, e privados dos meios legalmente reconhecidos de acesso aos bens saudados como os valores supremos da vida agradável, os pobres tendem a lançar mão das drogas, esses sucedâneos (ilegais) do pobre para os instrumentos do êxtase consumidor do rico. Eles também tendem, de quando em quando, a iniciar a politicamente negligenciada "redistribuição de riqueza", atacando os bens particulares mais próximos e, assim, fornecendo aos guardiães da lei e da ordem a mais bem-vinda prova estatística do estreito vínculo entre ser um morador de gueto e ser um criminoso, sutilmente usada (da maneira como normalmente o são todas as profecias que se autorrealizam) em apoio à incriminação da pobreza. De vez em quando, os proscritos da sociedade de consumo assumem o papel de luditas[*] — comportando-se com violência, demolindo e queimando as lojas, esses postos avançados do consumismo espalhados no hostil território ainda não conquistado, e talvez inconquistável, cometendo atos que são imediatamente apresentados como tumultos e fornecendo, desse modo, uma prova adicional, se uma prova adicional fosse necessária, de que a questão da classe baixa é — em primeiro lugar e antes de mais nada, talvez até exclusivamente — o problema da lei e da ordem.

Para concluir: a situação da maior parte da atual população, quer localizada em áreas do globo que sofrem de pobreza endêmica, ou situadas em sociedades relativamente prósperas, que se ufanam de elevado produto interno bruto e elevado nível "médio" de consumo, não está apenas "comparativamente ruim", mas também rapidamente — e, portanto, claramente — em deterioração. Sob tais condições, poder-se-ia esperar um difundido sentimento de injustiça, com o potencial de se condensar em um movimento de protesto em grande escala, se não uma franca rebelião contra o sistema. O fato de que isso não ocorre atesta,

---

[*] Grupos de operários ingleses que, no início do século XIX, tentaram impedir a adoção de máquinas nas fábricas, destruindo-as. (N. T.)

A moralidade começa em casa

talvez, a eficácia das estratégias combinadas de exclusão, incriminação e brutalização dos estratos potencialmente "problemáticos".

Esse, contudo, não é o problema mais relevante para o nosso tópico principal — para a questão da "macroética", como essencialmente uma questão de justiça, como a extensão dessa responsabilidade para o Outro que é induzida e exercitada dentro da "reunião moral de dois". Ainda que a experiência da crescente privação levasse de fato a um eficaz protesto dos pobres, seria este, de um modo geral, um caso de vigorosa *defesa* das reivindicações, talvez um caso de redistribuição das desigualdades, sem anunciar, necessariamente, o domínio de princípios éticos no mundo da economia e política, e sem probabilidade de promover a causa da "política ética". Se a justiça deve ser entendida, como quer Levinas, como a extensão e a generalização da estreitamente aplicada e seletiva responsabilidade pelo singular ou distinguido Outro — então, como essa responsabilidade, ela precisa originar--se não das exigências do Outro, mas do impulso e preocupação morais do eu moral, que assume a responsabilidade por se fazer justiça. Exigir não é, por si, um ato moral (só o seu reconhecimento pode sê-lo); conceder o direito de exigir, e, ainda mais, a previsão de uma exigência ainda não expressa, o é. As responsabilidades morais são assimétricas, e não recíprocas.

A questão *ética*, portanto, não é tanto se os novos destituídos e desprivilegiados se põem de pé e são levados em conta lutando por justiça, a qual só podem compreender como retificação da injustiça que lhes foi feita, quanto se os prósperos e, pela mesma razão, privilegiados, a nova "maioria contente" de John Kenneth Galbraith, se elevam acima dos seus interesses singulares ou de grupo e se consideram responsáveis pela humanidade dos Outros, os menos afortunados. Se, em outras palavras, estão dispostos a endossar, em pensamento e efetivamente, antes de serem obrigados a fazê-lo, e não pelo medo de serem obrigados a isso, tais princípios de justiça, que não poderiam ser satisfeitos a menos que se concedesse aos Outros o mesmo grau de liberdade real e positiva de que eles próprios têm desfrutado.

Estar disposto a fazer exatamente isso, que é a condição sine qua non dessa justiça que pode ser propriamente considerada o "macro" equivalente da "micro" atitude moral, é uma proposição filosófica. Mas se a maioria contente é capaz de fazê-lo, é uma questão sociológica e política. De maneira mais pertinente: os fatores que facilitam e os fatores que dificultam as possibilidades de assumir a responsabilidade pelos Outros reconhecidamente mais fracos e menos veementes (precisamente *devido* a sua fraqueza e inaudibilidade) não são um tema que possa ser desembrulhado teoricamente por análises filosóficas, nem resolvido praticamente pelos esforços normativos e persuasivos dos filósofos.

Não é preciso mencionar que o problema da justiça não pode ser sequer postulado, a menos que já haja um regime democrático de tolerância que assegure, em sua constituição e prática política, os "direitos humanos" — ou seja, o direito a conservar a própria identidade e singularidade sem risco de perseguição. Essa tolerância é uma condição necessária a toda justiça. O ponto principal, porém, é que não é a sua condição *suficiente*. Por si mesmo, o regime democrático não promove (e muito menos assegura) a transformação da tolerância em *solidariedade* — ou seja, o reconhecimento da penúria e sofrimentos de outras pessoas como responsabilidade própria de alguém, e o alívio, assim como, subsequentemente, a eliminação da penúria como a tarefa própria de alguém. Na maioria das vezes, dada a atual configuração do mecanismo político, os regimes democráticos interpretam tolerância como empedernimento e indiferença.

A maioria dos sistemas políticos democráticos desloca-se, atualmente, dos modelos de domínio dos partidos ou parlamentar em direção ao modelo de "domínio da pesquisa de opinião", em que a composição das plataformas políticas e a tomada de decisões sobre temas controversos são guiadas pela ponderação antecipada da relativa popularidade do futuro ato e pela cuidadosa avaliação dos ganhos e perdas eleitorais previstos — o total de votos que dada medida possa atrair e o total de eleitores que ela possa afastar. Como tem sido observado por cientistas polí-

A moralidade começa em casa   97

ticos, essa atitude conduz, na prática, ao domínio do princípio do "votante médio": nenhuma medida tem probabilidades de ser empreendida pelo governo que não seja vista como "do interesse" de pelo menos metade dos votantes mais um... Com o desaparecimento do Estado de bem-estar como a habilitação universal e abrangente ao seguro coletivo, e sua substituição por um modelo de caridade administrada para a minoria reprovada na "verificação dos meios de subsistência" (isto é, atestada como "abaixo do normal"), a possibilidade de o "votante médio" aprovar o mais amplo dispositivo de bem-estar (então sentido por ele como uma carga aumentada de tributação) reduziu-se radicalmente. Daí a crescente aprovação eleitoral do rebaixamento do Estado de bem-estar e da entrega dos desfavorecidos e destituídos a seus próprios recursos (inexistentes ou inadequados). Nas atuais circunstâncias, não é muito difícil, e sem dúvida não é fantasioso, imaginar a maioria dos votantes dando a sua democrática aprovação à retirada total e permanente, da lista dos interesses públicos, das pessoas dependentes de uma redistribuição dos recursos administrada pelo Estado.

A democracia é também uma condição necessária à livre discussão pública de certos temas — particularmente o da justiça social e o do caráter ético dos assuntos públicos. Sem democracia, com a sua liberdade de expressão e franca controvérsia, é difícil imaginar qualquer abordagem séria da configuração de uma sociedade satisfatória, dos objetivos totais que a tomada política de decisões deveria promover, dos princípios pelos quais os seus efeitos deveriam ser criticamente avaliados, ou a madura percepção pública dos riscos subsequentes e das possibilidades de sua prevenção. No entanto, mais uma vez, verifica-se que, sendo uma condição necessária à percepção pública, a democracia não é a condição suficiente de uma ação pública que essa percepção requereria. Verifica-se, repetidamente, um hiato cada vez maior, na realidade uma contradição, entre os valores promovidos na discussão pública e aqueles cuja causa é servida pela prática política. Repulsa à guerra, aversão à crueldade, execração do massacre, do estupro e da pilhagem são, atualmente, quase universais — todavia, guerras e genocídios em escala cada vez maior são possibilitados pela saturação de presentes e futuras facções antagônicas com armas modernas, cuja fabricação e venda são entusiasticamente promovidas por políticos e apoiadas por seus votantes, em nome do balanço nacional de pagamentos e da proteção de empregos. Imagens de fome e miséria despertam alarme e ira universais — todavia, a destruição da autossuficiência econômica dos povos afligidos em nome do livre-comércio, mercados abertos e balanças comerciais favoráveis pode contar com o amplo apoio do eleitorado democrático. O progressivo esgotamento de recursos mundiais e a associada hipoteca das condições de vida de futuras gerações são unanimemente lamentados e alvo de protestos — no entanto, políticos que prometem "crescimento econômico" ampliado, ou seja, um ainda maior consumo de recursos não renováveis, podem invariavelmente contar com êxito eleitoral.

Recentemente, foram publicados na França dois livros (*Les Conflits identitaires*, de François Thual, editado pela Ellipses/Iris, e *La Fin des territoires*, de Bertrand Badie, editado pela Fayard) que investigam as contradições da política moderna e a resultante impossibilidade de encontrar os objetivos que gozam de aprovação generalizada, talvez mesmo universal, ao princípio da *territorialidade* — o princípio que foi considerado, originalmente, o principal instrumento na luta moderna pelo domínio da lei e da ordem, mas que se revelou uma importante fonte da desordem mundial contemporânea. Os autores chamam a atenção para a atual impotência prática dos Estados, que, no entanto, permanecem até hoje os únicos locais e meios para a articulação e execução de leis. Destituídos de todo poder executivo real, sem autossuficiência e sem sustentação militar, econômica ou cultural, esses "Estados fracos", "quase Estados", frequentemente "Estados importados" (todas expressões de Bertrand Badie) reivindicam soberania territorial — tirando partido de guerras de identidade e recorrendo a instintos tribais adormecidos ou, antes, estimulando-os. Poder-se-ia considerar que a espécie de soberania que conta exclusivamente com sentimentos tribais é um inimigo natural da tolerância e das normas civilizadas de coabitação. Mas a fragmentação territorial do poder legislativo e de polícia com que ela se associa intimamente é também um obstáculo de vulto a um controle eficaz de forças que verdadeiramente têm importância e que são todas, ou quase todas, de caráter global e extraterritorial.

Os argumentos de Thual e Badie contêm muita convicção. Contudo, a análise de ambos parece não ser suficiente para desenredar a total complexidade da atual e difícil situação. Contrariamente ao que os autores dão a entender, o princípio territorial da organização política não deriva exclusivamente de instintos tribais, naturais ou inventados, e sua relação com os processos de globalização econômica e cultural não é simplesmente a do tipo que "cria dificuldades". Na realidade, parece haver uma afinidade íntima, um condicionamento mútuo e fortalecimento recíproco entre a "globalização" e "territorialização". As finanças, o comércio e a indústria de informações globais dependem, para sua independência de movimento e liberdade não coagida para perseguir seus fins, da fragmentação política do cenário mundial. Todos têm, poder-se-ia dizer, ampliado o capital investido em "Estados fracos" — ou seja, naqueles Estados que são fracos, mas não obstante permanecem *Estados*. Esses Estados podem ser facilmente reduzidos ao (útil) papel de distritos policiais da região, assegurando o pouco de ordem exigido para a condução dos negócios, mas não precisam ser temidos como freios eficazes à liberdade das companhias globais. Não é difícil perceber que a substituição de "Estados fracos" territoriais por certas espécies de poderes legislativos e policiais globais seria prejudicial aos interesses das companhias extraterritoriais. E, assim, é fácil suspeitar de que, longe de estar em guerra entre si, a "tribalização" política e a "globalização" econômica são aliadas íntimas e conspiradoras associadas. Elas conspiram contra as possibilidades de que a justiça seja feita e seja vista sendo feita, mas também contra as possibilidades de que as responsabilidades se intensifiquem, se estendam e, subsequentemente, se tornem a atenção constante para a justiça global — e resultem em uma política efetivamente guiada por princípios éticos.

Imersos como estamos na "cena primordial da moralidade", em tempos que favorecem (embora não necessariamente garantam) a "remoralização" das relações humanas básicas e o enfrentamento com coragem da questão da responsabilidade para com o Outro (uma responsabilidade que vem à tona também no ato de sua negação e abandono) — não podemos deixar de nos tornar cada vez mais moralmente sensíveis e, como declarou Levinas, também propensos a nos fixar objetivos éticos que se estendam além da estreita esfera da "reunião moral de dois" — em um mundo regido pelos princípios da justiça, em vez de pela responsabilidade pessoal. Parece, todavia, que as instituições sociais que poderiam concebivelmente servir como veículos dessa sensibilidade ética ampliada obstruem, de fato, a sua tradução em progresso prático da justiça. A estrada do "cenário moral primordial" para a macroética passa pela ação política. Mas existe algum tipo de ação política à vista que possa revelar-se adequada a essa tarefa?

Em um recente artigo ("Movements and campaigns", *Dissent*, inverno de 1995), Richard Rorty destaca a "política do movimento" como a forma de ação política que vem sendo dominante e preferida nos tempos modernos.

> A associação a um movimento exige a capacidade de ver campanhas específicas por objetivos específicos, como partes de algo muito maior. Essa coisa maior é a marcha dos acontecimentos humanos descrita como um processo de maturação. [...] A política não é mais apenas política, porém antes a matriz da qual emergirá algo como o "novo ser em Cristo" de Paulo, ou o "novo homem socialista" de Mao — o estágio maduro da humanidade, aquele que porá de lado a atual infantilidade. [...]

Esse tipo de política presume que as coisas devam ser totalmente mudadas, para que possa nascer um novo tipo de beleza.

A essa "política de movimento", Rorty contrapõe a "política de campanha", que emprega as ideias de "maturação", "crescente racionalidade" e "movimento avançado da história", sem o que a política de movimento não teria possuído legitimidade e teria sido incapaz de conferir sentido a qualquer dos seus empreendimentos. "Campanhas por objetivos como a sindicalização de trabalhadores migrantes no Sudoeste americano, ou a interdição de grandes caminhões nos Alpes, ou o reconhecimento legal do casamento homossexual podem ser autossuficientes." O repúdio aos movimentos e em direção às campanhas, afirma Rorty,

> é um desvio à pergunta transcendental: "Quais são as condições de possibilidade desse movimento histórico?" para a pergunta pragmática: "Quais são as condições causais de substituir essa atual realidade por uma melhor realidade futura?". [...] Os intelectuais do nosso século distraíram-se das campanhas pela necessidade de "colocar os acontecimentos em perspectiva" e pelo ímpeto de organizar movimentos em torno de algo inatingível, algo localizado no limite impossivelmente distante dessa perspectiva. Mas isso transformou o ótimo no inimigo do melhor.

Mais vale concentrar-se no melhor do que perseguir o ótimo, dá a entender Rorty. A alternativa, como hoje sabemos muitíssimo bem, nunca conseguiu atingir o ótimo, ao passo que de fato conseguiu também sacrificar muito do melhor. As políticas de campanha parecem atraentes precisamente como uma substituição da desacreditada política de movimento, notória por negligenciar o verdadeiro presente em benefício de um futuro imaginário, somente para mais uma vez negligenciar o futuro de hoje no momento em que este deixa de ser imaginário. Como substituto para a política de movimento, a política de campanha tem de fato vantagens que dificilmente podem ser menosprezadas. Pode ocasionar muita ajuda e genuína melhoria aqui e ali, de vez em quando, a essas ou àquelas pessoas. Se melhorará na "totalidade" e arrastará a humanidade como um todo para uma condição radicalmente melhor é outra questão. Mas fazer isso não era sua intenção nem sua promessa. Suas vantagens sobre a alternativa são, assim, indubitáveis. Seus méritos, no entanto — ainda não experimentados —, estão sujeitos a discussão.

O que Rorty propõe aqui é uma política fragmentada feita à medida do mundo fragmentado e da existência humana fragmentada. Sua proposição condiz perfeitamente com a experiência de vida de muitas pessoas com preocupações dispersas, difusas e sempre parciais — fragmentadas: com a experiência americana melhor do que com a sérvia ou a croata, com o Meio-Oeste americano melhor do que com o Sudeste americano, com os acadêmicos do Meio-Oeste americano melhor do que com os desempregados e moradores de guetos do Meio-Oeste americano. Ela também corresponde exatamente à rápida e fugaz atenção da era do espaço reduzido e do tempo achatado — o tipo de atenção conhecida por sua incapacidade para se concentrar, se fixar, se prender a um objeto por mais tempo do que a atração da novidade dure; uma atenção que se esgota antes de consumir o seu objeto se desloca perpetuamente na busca de novas atrações, adquirindo no processo notáveis habilidades de patinação e deslizamento, mas se esquivando a todo mergulho e escavação profundos.

Escolher estratégias políticas significa também tomar partido em divisões político-sociais. A política fragmentada, uma política em que as campanhas não se acumulam em movimentos e não incluem a melhoria total da vida entre as suas finalidades, deve parecer impecável — e, acima de tudo, como a única política requerida — àqueles cujas preocupações são fragmentadas, não se acumulam na experiência da injustiça e não se expressam no desejo de mudar as regras do jogo ou o mundo em que o jogo é disputado. Existem muitas pessoas assim. Como afirmou Gal-

A moralidade começa em casa   103

braith, elas constituem a "maioria contente", pelo menos dentro da "minoria contente" de países prósperos. A proposta de Rorty não se dirige primeiramente a elas? A proposta de Rorty não lhes diz o que desejam ouvir: que não há muito motivo para se preocupar com a justiça do mundo, em assumir responsabilidade pela falta de liberdade e vida sem perspectiva daqueles cujas preocupações não são dispersas, desfocadas e periféricas como as nossas próprias? Que essas "grandes controvérsias" de justiça são mais bem atendidas quando cindidas e fragmentadas, exatamente como são os seus próprios problemas, e nunca confrontadas em sua genuína ou imaginária inteireza, como a pergunta sobre "haver algo errado com esse mundo que todos nós partilhamos"? E, acima de tudo, que essas "grandes controvérsias" nada têm a ver com o caráter fragmentário de nossas afluentes preocupações e com a nossa decisão de nos contentarmos com "campanhas" em vez de "movimentos"?

Essas talvez sejam as razões por que a proposta de Rorty pareça sincera e correta para nós, seus pretendidos destinatários. É improvável que sejam recebidas como boa notícia por muitos outros, que bem podem enxergar um gesto de Pôncio Pilatos nessa receita para "desconstruir" a grande controvérsia (sobre a qual decidimos que nada podemos fazer) em uma série de pequenas controvérsias (sobre as quais achamos que podemos fazer algo, sem sacrificar as grandes e pequenas comodidades que tanto apreciamos na nossa vida). Esse entrechoque de perspectivas e decorrentes percepções é, contudo, mais uma vez uma questão essencialmente política, em vez de ética. Mais diretamente relevante para o nosso tema, por outro lado, é o problema das ramificações éticas da proposta de Rorty. Mais especificamente, o que ela prenuncia para a exequibilidade da passagem levinasiana da microética para a macroética, da "responsabilidade do eu para com o Rosto" para a "justiça comumente administrada"?

Para invocar a famosa análise de Bakhtin da função do "Carnaval", de reafirmar as normas mediante a visualização periódica, todavia estritamente controlada, de sua inversão, podemos dizer que existe uma acentuada tendência na parte afluente do mundo a relegar a caridade, a compaixão e os sentimentos fraternais (que, segundo Levinas, estão subjacentes a nosso desejo de justiça) a eventos de Carnaval — reafirmando, desse modo, legitimando e "normalizando" sua ausência da cotidianidade. Impulsos morais despertados pela visão do infortúnio humano são seguramente canalizados para esporádicos ímpetos de caridade sob a forma de Live Aid, Comic Aid ou coletas de dinheiro para a mais recente maré de refugiados. A justiça transforma-se em um festivo e alegre acontecimento: isso ajuda a aplacar a consciência moral e a suportar a ausência de justiça durante os dias úteis. A falta de justiça torna-se a norma e a rotina diária...

Essas parecem ser objeções válidas e suspeitas bem fundadas. O que sugerem é que o projeto de Rorty de "política de campanha" não tem probabilidades de servir melhor à causa da justiça do que a "política de movimento" que se propõe substituir. Em vez de aplainar o caminho da moralidade pessoal para a justiça pública, pelo que é conhecida a política de movimento, ele substitui os antigos perigos por novos. A causa da justiça, poder-se-ia dizer, não está "segura em suas mãos". No entanto, tais advertências não invalidam a proposta de Rorty. Elas importariam na categórica condenação da política de campanha somente se o conjunto de pressuposições que sustentavam e validavam a política de movimento fosse conservado — se se acreditasse que a elevação dos sentimentos morais ao nível da justiça pública não se houvesse consumado "até agora" à plena satisfação, unicamente porque a alavanca adequada, fidedigna e plenamente eficaz, não fora encontrada, mas que um guindaste perfeito, para realizar o trabalho de elevação sem falha, poderia ser deduzido e construído, que projetá-lo era apenas uma questão de tempo e que o tempo histórico "tende para" a sua construção. O problema, entretanto, é que é cada vez mais difícil acolher seriamente esses pontos de vista. Ao que nos é dado supor atualmente, a história não parece tender para a "sociedade justa", e todas as tentativas para obrigá-la a seguir nessa direção são propensas a acrescen-

A moralidade começa em casa

tar novas injustiças àquelas que ela está empenhada em reparar. Parece cada vez mais provável que a justiça seja um movimento, em vez de um objetivo ou qualquer "estado foral" descritível; que ela se manifesta nos atos de identificar e combater injustiças — atos que não indicam necessariamente um processo linear com uma direção, e que sua marca registrada é uma perpétua autodesaprovação e descontentamento com o que foi alcançado. A justiça significa sempre querer mais de si mesma.

E, assim, tem-se a impressão de que necessitamos conformar-nos com meios menos do que perfeitos, meios menos do que "cem por cento eficientes"; mas também se tem a impressão de que essa conformação não é necessariamente má notícia para as perspectivas da justiça; que bem poderia ser, ao contrário, mais análoga à natureza da justiça — e portanto, no cômputo final, servir melhor a sua causa. A proposta de Rorty oferece exatamente o que é necessário: uma ironia salutar, que penetra o véu da solenidade melíflua e destituída de humor dos movimentos de "mundo alternativo" — mas uma ironia que se encara seriamente, como deve ser todo destino, se se deseja vivê-lo conscientemente, como uma vocação. As fraquezas da política de campanha são simultaneamente a sua força. É importante não acalentar ilusões e saber que melhorias parciais e específicas são, de fato, parciais e específicas; que elas resolvem problemas, não solucionam questões; que nenhuma das melhorias tem probabilidades de concluir a história da "longa marcha da humanidade para a justiça" e conduzir o progresso a seu fim vitorioso; que toda melhoria deixará a justiça tão deficiente e tão insatisfeita quanto era antes, tão insistente por novo esforço e tão militante quanto antes contra todo retardamento e diminuição. Somente quando sabemos tudo isso o desejo de justiça tem probabilidades de estar imune ao mais apavorante dos perigos — o da autossatisfação e de uma consciência de uma vez por todas limpa e serena.

Nesse aspecto crucial, o âmbito da justiça não difere do âmbito da responsabilidade moral: ele retém todos os traços essenciais integralmente formados já na "cena moral primordial".

Ambos os domínios são reinos da ambivalência; ambos são manifestamente desprovidos de soluções patenteadas, remédios isentos de efeitos colaterais e movimentos isentos de riscos; ambos necessitam dessa incerteza, caráter inconclusivo, subdeterminação e ambivalência para manter o impulso moral e o desejo de justiça eternamente vivos, vigilantes e — à sua maneira limitada e menos que perfeita — eficazes. Ambos têm tudo a ganhar, nada a perder por ter conhecimento de sua endêmica e incurável ambivalência, e por se abster de uma cruzada antiambivalência (afinal, suicida). E, portanto, é em sua forma nunca conclusiva, nunca verdadeiramente satisfatória e cronicamente imperfeita, em seu estado de perpétua autoindignação, que a justiça parece melhor corresponder à descrição de Levinas, como a projeção de sentimentos morais sobre a ampla tela da sociedade.

Tanto a moralidade quanto a justiça (ou, como prefeririam alguns, a microética e macroética) são fiéis a seu nome somente como condições contingentes e projetos cônscios de sua contingência. Elas são ligadas por essa semelhança tanto quanto são ligadas geneticamente. Permitam-me repetir que a cena moral primordial, a reunião moral de dois, é o terreno em que se cultiva toda responsabilidade para com o Outro e o terreno de aprendizado para toda a ambivalência necessariamente contida na pressuposição dessa responsabilidade. Sendo assim, parece plausível que a chave para um problema tão vasto quanto a justiça social reside em um problema tão (ostensivamente) diminuto quanto o ato moral primordial de assumir responsabilidade para com o Outro próximo, a pequena distância — para com o Outro enquanto Rosto. É aqui que a sensibilidade moral nasce e ganha força, até se fortalecer o suficiente para suportar o fardo da responsabilidade por qualquer caso de sofrimento e infortúnio humano, seja o que for que as regras legais ou pesquisas empíricas possam revelar sobre os seus vínculos causais e a partilha "objetiva" de culpa.

· 5 ·

Arrivistas e párias: os heróis
e as vítimas da modernidade

Socialmente, a modernidade trata de padrões, esperança e culpa. Padrões — que acenam, fascinam ou incitam, mas sempre se estendendo, sempre um ou dois passos à frente dos perseguidores, sempre avançando adiante apenas um pouquinho mais rápido do que os que lhes vão no encalço. E sempre prometendo que o dia seguinte será melhor do que o momento atual. E sempre mantendo a promessa viva e imaculada, já que o dia seguinte será eternamente um dia depois. E sempre mesclando a esperança de alcançar a terra prometida com a culpa de não caminhar suficientemente depressa. A culpa protege a esperança da frustração; a esperança cuida para que a culpa nunca estanque. *"L'homme est coupable"*, observou Camus, esse inigualavelmente perspicaz correspondente da terra da modernidade, *"mais il l'est de n'avoir su tirer de lui-même."*[1]

Psiquicamente, a modernidade trata da identidade: da verdade de a existência ainda não se dar aqui, ser uma tarefa, uma missão, uma responsabilidade. Como o restante dos padrões, a identidade permanece obstinadamente à frente: é preciso correr esbaforidamente para alcançá-la. E, portanto, se corre, puxado pela esperança e impelido pela culpa, embora a corrida, por mais rápida que seja, pareça estranhamente arrastada. Precipitar-se para a frente, em direção à identidade perpetuamente tentadora e perpetuamente inconsumada, assemelha-se a recuar da defeituosa e ilegítima realidade do presente.

Tanto social quanto psiquicamente, a modernidade é irremediavelmente autocrítica: um exercício infindável e, no fim, sem perspectivas, de autocancelamento e autoinvalidação. Verdadeiramente moderna não é a *presteza* em retardar o contentamento, mas a *impossibilidade* de ficar contente. Toda realização é meramente uma pálida cópia do seu modelo. "Hoje" é meramente uma incipiente premonição de amanhã; ou, antes, seu reflexo inferior e desfigurado. *O que é* é cancelado de antemão por *o que virá*. Mas extrai o seu alcance e o seu sentido — seu único sentido — desse cancelamento.

Em outras palavras, a modernidade é a impossibilidade de permanecer fixo. Ser moderno significa estar em movimento. Não se resolve necessariamente estar em movimento — como não se resolve ser moderno. É-se colocado em movimento ao se ser lançado na espécie de mundo dilacerado entre a beleza da visão e a feiura da realidade — realidade que se enfiou pela beleza da visão. Nesse mundo, todos os habitantes são nômades, mas nômades que perambulam a fim de se fixar. Além da curva, existe, deve existir, tem de existir uma terra hospitaleira em que se fixar, mas depois de cada curva surgem novas curvas, com novas frustrações e novas esperanças ainda não destroçadas.

O hábitat dos nômades é o deserto — esse lugar-não lugar sobre o qual Edmond Jabès escreveu que, nele, "não há avenidas, bulevares, becos sem saída nem ruas. Somente — aqui e ali — vestígios fragmentários de passos, rapidamente apagados e negados".[2] Apagar as pegadas de ontem é tudo o que resta à quimérica simplicidade do pernoite. Faz com que a chegada dê, reconfortantemente, a impressão de estar em casa — isto é, até que também se transforme em um vestígio a ser negado e apagado. A vista de tendas armadas ontem no local do pernoite é animadora: ela cerca um lote do deserto, de modo que possa parecer um oásis e dar uma sensação de propósito às perambulações de ontem. Essas tendas armadas ontem, sendo apenas tendas, tiram, entretanto, a máscara da autocongratulação. Elas provam, se fosse necessária prova, o autoengano da existência que quer esquecer o seu passado nômade; mostra que a casa é somente um ponto de chegada, e uma chegada prenhe de uma nova partida.

Aonde quer que cheguem e desejem ardentemente permanecer, os nômades descobrem que são arrivistas. Arrivista, alguém já no lugar, mas não inteiramente do lugar, um aspirante a residente sem permissão de residência. Alguém que lembra aos moradores mais antigos o passado que querem esquecer e o futuro que antes desejariam longe; alguém que faz com que os moradores mais antigos corram em busca de abrigo em escritórios do fornecimento de permissões, apressadamente construídos. Ordena-se ao arrivista que porte o rótulo "recém-chegado", de modo que todos os outros possam confiar em que suas tendas estejam talhadas na rocha. A permanência do arrivista deve ser declarada temporária, de modo que a permanência de todos os outros possa parecer eterna.

Os moradores mais antigos odeiam os arrivistas, por despertarem as lembranças e premonições que se esforçam, com empenho, para fazer dormir. Mas eles dificilmente podem passar sem arrivistas, sem que alguns deles sejam estigmatizados como arrivistas, excluídos, acusados de trazer em seus corpos o bacilo da inquietação: é graças a essa parte estigmatizada, e somente a ela, que o todo pode achar que os sonhos ruins e as premonições mórbidas são maledicências de outras pessoas e não se lhes aplicam inteiramente. O arrivista necessita de um arrivista a fim de não se sentir um arrivista. E, assim, os nômades disputam com outros nômades o direito de fornecer permissões de residência uns aos outros. É a única maneira de fazerem com que a sua própria residência pareça segura. A única maneira por que podem fixar o tempo que se recusa a permanecer imóvel é marcar o espaço e proteger as marcas para que não sejam apagadas ou deslocadas. Pelo menos, tal é a sua desesperada esperança.

Na incisiva descrição de Robert Musil, "a sucessão de acontecimentos é um trem desenrolando seus trilhos adiante de si. O rio do tempo é um rio que arrasta as margens consigo".[3] Foi a moderna "fusão de sólidos e profanação de sagrados" que ocasionou esses trens e esses rios. Os trens pré-modernos corriam previsível e tediosamente em círculos, mais ou menos como correm os trens de brinquedo das crianças. E os rios pré-modernos permaneciam em seus leitos por um tempo suficientemente longo para parecer imemorial. Como observou Wylie Sypher, "em qualquer sociedade em que a estrutura de classe é tão fechada que cada um tem o lugar e o conhece — e o mantém", não há espaço para um arrivista, nem há um propósito a que um arrivista pudesse concebivelmente servir; "mas o século XIX gerou uma horda de arrivistas".[4] Não que desordenadamente muitas pessoas começassem a contestar as suas definições limitadas por classe, ou limitadas sob outros aspectos, e se recusassem a prestar atenção a seus lugares; mas os próprios contornos dos lugares haviam sido lavados — as margens dos rios havendo sido arrastadas junto com os rios, e a incerteza denominada *o novo,* ou *o melhor,* ou *progresso,* havendo se tornado o único destino oficial dos trens. Os lugares e seus nomes tinham então de ser *feitos* (e, inevitavelmente, refeitos) "enquanto se seguia". Na memorável frase de Hannah Arendt, *a autonomia do homem transformou-se na tirania das possibilidades.* O tipo miúdo do importante e moderno Ato de Emancipação continha uma injunção contra o sossego da certeza.

Definições são *inatas*; identidades são *constituídas*. As definições informam a uma pessoa quem ela é, as identidades atraem-na pelo que ela ainda não é, mas ainda pode tornar-se. Os arrivistas eram pessoas em busca frenética de identidades. Eles perseguiam identidades porque, desde o princípio, as definições lhes *haviam sido negadas.* Era extremamente fácil concluir que era a sua inquietação que eliminava as definições e acusá-los do ato criminoso de violar os postes indicadores de fronteira. Uma vez arremessados na vasta extensão das possibilidades ilimitadas, os arrivistas eram uma presa fácil: não havia lugares fortificados onde se esconder, nem definições fidedignas para usar como armadura. E de todos os lugares ainda protegidos por velhas muralhas, e de todos os lugares em que se esforçavam para construir novas muralhas, foram descarregadas flechas envenenadas em profusão.

No início da sua vida, o Wilhelm Meister de Goethe descobriu que somente os jovens aristocratas podem confiar em ser tomados pelo *que são*; todos os outros seriam avaliados ou condenados pelo *que fizessem*. Wilhelm Meister tirou a única conclusão lógica a ser tirada: entrou para o teatro. No palco, ele assumiu e despiu *papéis*. Era o que estava fadado a fazer na vida de qualquer maneira, mas pelo menos no palco — e somente no palco — todos esperavam que os papéis fossem apenas papéis, e a serem representados, abandonados e substituídos por outros papéis. Na vida, esperar-se-ia que ele fizesse o oposto ou, pelo menos, fingisse que o estava fazendo; esperar-se-ia que fosse o *que ele* é, embora precisamente a isso lhe fosse negado o direito.

A maioria dos arrivistas não pode acompanhar a escolha de Meister. A *vida* é o seu palco, e na vida, ao contrário do teatro, a representação habilidosa é considerada falsidade, e não sutileza. É precisamente para forçá-la para fora do cotidiano e da normalidade que a representação como atividade respeitável foi confinada dentro das paredes do teatro. Na vida, os papéis devem negar que são papéis e fingir ser identidades, ainda que identidades não estejam disponíveis em qualquer outro aspecto ou forma que não o de papéis. Ninguém aprende essa verdade melhor do que os arrivistas — vivendo, como vivem, sob constante e implacável pressão (para citar Hannah Arendt) "para ter de adaptar seu gosto, suas vidas, seus desejos"; a quem é "negado o direito de serem eles próprios em qualquer coisa e em qualquer momento".[5]

Ter aprendido as regras do jogo não significa, entretanto, ser mais sagaz. Significa ainda menos ser bem-sucedido. Pouco podem fazer os arrivistas para alterar sua difícil situação, por mais ardorosamente que desejem fazê-lo. "Não se pode modificar a própria imagem: nem o pensamento, nem a liberdade, mentira, náusea ou repugnância podem ajudar alguém a sair da sua pele peculiar."[6] No entanto, sair da sua pele peculiar é o que se espera que a pessoa faça. Pede-se aos arrivistas, orientados, controlados e avaliados por critérios exteriores, que provem a legalidade da sua presença sendo orientados, controlados e avaliados por si próprios e *sendo vistos* assim. Wilhelm Meister prudentemente *escolheu* ser ator: seus sucessores modernos são *obrigados* a ser atores — embora se arrisquem à condenação e ao ridículo assim que consentem no seu destino. Um círculo vicioso, se já existiu algum. E, como para esfregar sal na ferida, existe esse ensurdecedor silêncio, essa esmagadora indiferença, esse desnorteante alheamento, o "lavo as minhas mãos", gesto do Pôncio Pilatos que julga. Como escreveu Kafka em *O processo*: "O tribunal não quer nada de você. Recebe-o quando você chega e coloca-o de lado quando você vai embora".

O silêncio do tribunal transforma o réu no próprio juiz; ou antes, assim parece ser. Com o promotor público abstendo-se de discursos reprovadores e sem juiz para instruir o júri, cabe aos réus provar a sua inocência. Mas inocência de quê? Sua culpa, afinal, nada mais é senão o próprio fato de haverem sido acusados, de se acharem em julgamento. E essa é uma culpa que não podem negar, por mais inteligentemente que demonstrem a sua inocência e por mais sólida que seja a prova que colijam para sustentar a demonstração.

Pelo capricho da legislatura francesa, os negros da Martinica e de Guadalupe foram declarados franceses, diferentemente dos negros do Senegal ou da Costa do Marfim, ou dos árabes do Marrocos. Tudo o que é dito ou escrito acerca dos direitos dos franceses se estende a eles; nada resta a ser provado e, assim, não foi expedida nenhuma intimação judicial, nem precisou ser expedida. Contudo, a falta de um tribunal não significa inocência; significa somente que nenhum julgamento final será jamais proferido e que a inocência nunca será atestada. O silêncio da Lei significa a perpetuidade do processo. Os negros da Martinica e de Guadalupe têm de provar que sua condição de franceses não exige prova... Não diferentemente dos calvinistas de Weber, eles devem levar uma vida de virtude (uma virtude que, no seu caso, é denominada "a condição de franceses"), sem a certeza de que a virtude será recompensada, e apesar da torturante suspeita de que, mesmo que o fosse, eles não o saberiam afinal. Todos em volta concordam que eles se desincumbem admiravelmente da tarefa. Distinguem-se nas escolas. São os mais leais e dedicados funcionários públicos. Mais enfaticamente ainda do que os seus concidadãos de uma tonalidade de pele mais clara, eles exigem que as fronteiras francesas sejam fechadas àqueles negros estrangeiros do Tchad ou Camarões, "que não têm direito de estar ali". Eles até se aliam à Frente Nacional, de Le Pen, para promover a purificação de La Patrie das hordas de arrivistas destinados a diluir a própria condição de franceses que desejam abraçar. Pelos mais minuciosos padrões exigentes, os negros da Martinica e de Guadalupe são franceses exemplares. Para a maioria dos franceses exemplares, é exatamente isso o que eles são — martiniquenses e guadalupenses negros passando por franceses exemplares. Bem, é precisamente esse extremo empenho para serem franceses exemplares que faz deles os negros da Martinica ou de Guadalupe... Quanto mais fazem para se transformar em algo diferente do que são, mais são o que foram chamados a não ser. Ou foram de fato chamados?

Às muitas versões da resposta de Abraão ao chamado de Deus, consideradas por Kierkegaard, Franz Kafka, o grande porta-voz dos arrivistas deste mundo, acrescentou a sua: outro Abraão — "que na verdade quer realizar o sacrifício corretamente [...] mas que não consegue acreditar que ele foi escolhido, o velho repulsivo e seu filho sujo. Embora tivesse medo de ser ridicularizado, e ainda mais medo de aderir ao riso, seu maior temor era de que, se fosse ridicularizado, pareceria ainda mais velho e ainda mais repulsivo, e seu filho ainda mais sujo. Um Abraão que chega sem ser chamado!".

Para os arrivistas, o jogo não pode ser vencido, pelo menos enquanto continuar a ser disputado segundo as regras estabelecidas, ao passo que a saída do jogo significa rebelião contra as regras; na verdade, uma inversão das regras. Embora, como expressou Max Frisch, *sempre* e *para todos*, no nosso inquieto mundo da modernidade, "a identidade signifique recusar ser o que os outros querem que se seja", é recusado à pessoa o direito de recusar. Não se tem tal direito, não *nesse* jogo, não enquanto os árbitros impuserem a sua vontade. E, assim, a dedicação frustrada transforma-se em motim. Explode o mito de fazer parte, e a ofuscante luz da explosão arranca da sua escuridão de exílio a verdade da incompletude, o até-segunda-ordem da existência do errante. Estar no mundo da maneira como se está (ou se imagina estar, ou se quer estar) em casa poderia consumar-se unicamente em outro mundo, um mundo que se pode alcançar somente mediante o ato da *redenção*.

Para arrivistas como Lukács e Benjamin, como observou Ferenc Fehér, "a maneira natural de fazer parte, cujo desejo nunca abandonou nenhum dos dois, foi bloqueada [...] nenhum conseguiu tornar-se assimilado ou um nacionalista". O desejo de fazer parte só podia apontar em direção ao futuro, além do sufocante confinamento do aqui e agora. Não havia fazer parte à vista, exceto no lado oposto da redenção. E a redenção "pode surgir na forma do Juízo Final — onde há um único padrão de comparação com que se confrontar, e onde a Suprema Autoridade julga —, ou na forma de um ato conciliatório de redimir todos aqueles que participam da comunidade do infindável sofrimento humano".[7] Poder-se-ia lutar por uma nova certeza para eliminar as incômodas pretensões da atual certeza; buscar a autoridade ainda não desacreditada que se espera que proclame e imponha novos cânones e novas normas. Ou poder-se-ia abandonar certezas antigas, novas e ainda por vir — e seguir a recomendação de Adorno, pela qual só as experiências são legítimas, quando as certezas já não o são. Ambas as alternativas foram adotadas e tentadas.

O arrivista Lukács passou a vida procurando a autoridade suficientemente destemida e poderosa para descartar os juízos de hoje e proclamar o próprio juízo como se fosse o Final — seja a forma esteticamente perfeita, ou a distante aliança dos sofrimentos proletários com a verdade universal. Nisso, ele acompanhou uma longa série de outros arrivistas, de Karl Marx — anunciando a iminência da universalidade do fazer parte assim que o homem universal for despido dos humilhantes e degradantes uniformes provincianos —, passando por Karl Mannheim, esforçando-se por remodelar o desabrigo do sofista itinerante na patente de juízo superior a todas as opiniões estabelecidas — até Husserl, tornando transcendental a subjetividade que contém a verdade e, portanto, habilitada a remover as pretensões reconhecidamente falsas das subjetividades deste mundo.

O mundo de Benjamin, por outro lado, era uma série de momentos históricos prenhe de premonições, no entanto juncada de cadáveres de esperanças malogradas. Um momento, por essa razão, não é particularmente diferente de outro. Os perigos gêmeos combatidos pelo trabalho de toda a vida de Benjamin são, nas palavras de Pierre V. Zima, "*la différence absolue et la disjonction idéologique (la position) d'un des deux termes*" e "*le dépassement (hégélien, marxien) vers l'affirmation, vers la position d'un troisième terme sur un plan plus élevé*".[8] Sob a pena de Benjamin, a ambivalência transforma-se no cesto da gávea de que se pode divisar o arquipélago de possibilidades reprimidas; em vez de uma enfermidade a ser curada, a ambivalência é então o valor a ser acalentado e protegido. Os anjos — anotou Benjamin em seu *Agesilaus Santander* (o anagrama decifrado por Scholem como *Der Angelus Satanus*) —, "novos a cada momento em incontáveis hostes, são criados de modo que, após haverem cantado o seu hino diante de Deus, deixam de existir e se extinguem no nada". E Adorno comentou: Benjamin foi um dos primeiros a observar que o "indivíduo que pensa se torna problemático até o âmago, todavia sem a existência de qualquer coisa supraindividual em que o sujeito isolado pudesse adquirir transcendência sem ser oprimido; foi isso o que ele expressou ao se definir como alguém que deixou a sua classe sem, contudo, pertencer a outra".[9] Ora, como Lukács, Benjamin não estava sozinho no caminho que escolheu. Simmel, com sua excepcional aptidão para decompor qualquer estrutura, por maior que seja, em um agrupamento de pensamentos e emoções humanos, demasiado humanos, estava ali primeiro; e muitos outros se sucederiam, para mencionar apenas Lévi-Strauss, desmascarando com uma deixa a história progressiva como mais um mito tribal, Foucault, com os discursos que geraram, por si mesmos, todos os limites capazes de se erguer para confinar e canalizar sua disposição, ou Derrida, com realidades dissimuladas nos textos que se abarcam uns aos outros na interminável quadrilha das interpretações.

Como em tantos casos semelhantes, a revolução moderna terminou em parricídio — poeticamente intuído por Freud, no seu desesperado esforço para discernir o mistério da cultura. Os mais brilhantes e mais fiéis filhos da modernidade não podiam expressar sua lealdade filial senão se tornando os seus coveiros. Quanto mais eles se dedicavam à construção do artifício que a modernidade se pôs a erigir, havendo primeiro destronado e legalmente incapacitado a natureza, mais solapavam os alicerces do prédio. A modernidade, poder-se-ia dizer, estava desde o princípio prenhe de sua própria *Aufhebung* pós-moderna. Seus filhos estavam geneticamente determinados a ser seus detratores e — em última análise — seu pelotão de demolição. Aqueles rejeitados como arrivistas (aqueles que chegaram), no entanto, recusaram o conforto da chegada, estavam fadados a, cedo ou tarde, denegrir a segurança de *quaisquer* portos seguros. No fim, estavam fadados a contestar a própria chegada como um fim plausível ou desejável da viagem.

Daí o assombroso caso de uma cultura absorvida numa luta de unhas e dentes com a realidade social que se presumia, como devem fazer todas as culturas, que refletisse e servisse. Nessa desarticulação e na decorrente inimizade entre a cultura e a existência reificada, a modernidade talvez esteja sozinha dentre todas as disposições societárias conhecidas. Pode-se seguramente definir a modernidade como uma forma de vida marcada por tal desarticulação, como uma condição social sob a qual *a cultura não pode servir à realidade senão minando-a.*

Mas daí também o caráter incomparavelmente trágico — ou é esquizofrênico? — da cultura moderna, a cultura que só se sente verdadeiramente à vontade em seu desabrigo. Nessa cultura, o desejo é manchado pelo medo, ao passo que o horror possui atrações a que dificilmente se resiste. Essa cultura sonha fazer parte, no entanto teme fechaduras e janelas cerradas; tem pavor à solidão chamada liberdade, no entanto ainda mais do que qualquer outra coisa se ressente com juramentos de lealdade. Para qualquer direção que se volte, essa cultura — como os ratos famintos do labirinto de Miller e Dollard — se vê suspensa à beira da ambivalência, onde se cruzam as linhas do fascínio decrescente e da repulsa crescente. Walter Benjamin censurou seu companheiro de aprisionamento e adversário na busca da fuga, Gershom Scholem: "Quase acredito que você deseje esse estado intermediário, no entanto deve acolher bem qualquer meio de lhe pôr fim". A que Scholem replicou: "Você está mais ameaçado pelo seu esforço pela comunidade [...] do que pelo horror da solidão que fala em tantos dos seus escritos".[10]

No sistema de castas hindu, o pária era um membro da casta mais baixa ou *de nenhuma casta*. Numa intocável ordem de fazer parte, quem poderia ser mais intocável do que os que não faziam parte de nenhum lugar? A modernidade proclamou que nenhuma ordem era intocável, visto que todas as ordens intocáveis deviam ser substituídas por uma nova ordem artificial, em que são construídos caminhos que levam da parte mais baixa ao topo e, portanto, ninguém faz parte de nenhum lugar eternamente. A modernidade foi, assim, a esperança do pária. Mas o pária podia deixar de ser pária somente ao se tornar — ao se esforçar para se tornar — um arrivista. E o arrivista, por nunca haver apagado a mácula da sua origem, vivia sob a constante ameaça de deportação de volta à terra de que tentou escapar. Deportação caso fracassasse; deportação caso fosse bem-sucedido de maneira demasiadamente espetacular para o bem-estar daqueles à sua volta. Nem por um momento o herói deixou de ser uma vítima potencial. Herói hoje, vítima amanhã — o muro divisório entre as duas situações era muito estreito. Estar em movimento significava não fazer parte de nenhum lugar. E não fazer parte de nenhum lugar significava não contar com a proteção de ninguém: de fato, a quintessência da existência do pária era não poder contar com proteção. Quanto mais depressa se corre, mais rápido se permanece no lugar. Quanto maior o frenesi com que alguém luta para se isolar da casta dos párias, mais se expõe, como o pária, a não fazer parte.

Foi a tentadora imagem de um majestoso artifício tremeluzindo no fim do túnel que instigou o pária à sua viagem e o converteu no arrivista. Foi a agonia da infindável jornada que obscureceu o brilho do artifício e lhe amorteceu a atração: recordando o caminho percorrido, os que buscavam lares descartariam as esperanças passadas como uma miragem — e considerariam sua nova sobriedade frustrada o fim da utopia, o fim da ideologia, o fim da modernidade, ou o advento da era pós-moderna.

E, assim, eles diriam: pátrias artificiais são alucinações na melhor das hipóteses, ilusões perversas na pior das hipóteses. Basta de revoluções para acabar com todas as revoluções. Basta de se estender em direção ao doce futuro, que fica amargo no momento em que se torna presente. Basta de reis filósofos. Basta de salvação pela sociedade. Basta de sonhos acerca de identidades que não são — sonhos que estragam o contentamento de definições que são. A viagem não proporcionou redenção ao arrivista. Quem sabe se, quando não houver nenhum lugar a que chegar, a triste condição do arrivista será cancelada junto com a sua viagem?

Com o ocaso do sol universal, escreveu o estudante Karl Marx, as mariposas reúnem-se junto à lâmpada doméstica. Com o secamento do artificial e sofisticado lago da universalidade, os putrescentes pântanos de provincianismo do passado recente cintilam convidativamente, como os refúgios naturais para todos os que precisam nadar em segurança. Basta de salvação pela sociedade — mas talvez a *comunidade* torne a salvação desnecessária?

"Não devemos procurar ganchos suspensos do céu, mas somente apoios para as pontas dos pés", é como Richard Rorty resume a disposição de ânimo dos despojados e passa a elogiar o etnocentrismo e a advertir-nos para, em vez de desperdiçarmos nosso tempo na busca vã de objetividade e pontos de vista universais, concentrarmo-nos nas perguntas: "Com que comunidades você deve identificar-se?" e "O que devo fazer com o meu isolamento?".[11] Isaiah Berlin, por outro lado, diz a seus entrevistadores que existe nacionalismo ganancioso, intolerante, cruel e nocivo em muitos outros aspectos, mas que também existe nacionalismo cordial, aconchegante, em paz com a natureza e consigo mesmo, e, portanto, também, é de se esperar, com os seus vizinhos: "*le doux nationalisme*", como o chamam conscienciosos franceses, desconcertados pelos espetaculares êxitos de Le Pen, e tentando desesperadamente passar à frente do sinistro adversário. O fatigado caminhante sentenciado à vida de uma agonia arrivista ainda quer fazer parte. Mas desistiu da esperança de que fazer parte pode ser atingido por meio da universalidade. Já não acredita em longas vias indiretas. Sonha agora com atalhos. Ou, ainda melhor, sonha em chegar sem viajar; ir para casa sem realmente sequer sair.

O que quer que costumava ser virtude transformou-se em vício. E os vícios de outrora foram (e espera-se: não postumamente) reabilitados. O veredicto foi anulado; os que o proferiram, condenados ou dispensados como juízes incompetentes. O que a modernidade se pôs a destruir tem o seu dia de doce vingança. Comunidade, tradição, a alegria de estar *chez soi*, o amor ao que se possui, o aterramento ao próprio modo de ser, o orgulho de ser assim aferrado, as raízes, os laços de sangue, o solo, a nacionalidade — eles já não se acham condenados. Ao contrário, são os seus críticos e detratores, os profetas da humanidade universal, que são então desafiados a comprovar suas alegações, e há dúvidas sobre se o conseguirão.

Talvez nós vivamos em uma era pós-moderna, talvez não. Mas de fato vivemos em uma era de tribos e tribalismo. É o tribalismo, miraculosamente renascido, que injeta espírito e vitalidade no louvor da comunidade, na aclamação de fazer parte, na apaixonada busca da tradição. Nesse sentido, pelo menos, o longo desvio da modernidade levou-nos aonde nossos antepassados outrora principiaram. Ou assim talvez pareça.

O fim da modernidade? Não necessariamente. Sob outro aspecto, afinal, a modernidade está muito conosco. Está conosco na forma do mais definidor dos seus traços definidores: o da esperança, a esperança de tornar as coisas melhores do que são — já que elas, até então, não são suficientemente boas. De igual maneira, pregadores vulgares de tribalismo desadornado e elegantes filósofos das formas de vida comunalmente baseadas ensinam-nos o que fazem, em nome de mudar as coisas para melhor. "Qualquer benefício que as ideias de 'objetividade' e 'transcendência' tenham feito à nossa cultura poderia ser obtido igualmente bem pela ideia de comunidade", afirma Rorty — e é precisamente isso que torna a última ideia atraente para os que procuravam ontem os caminhos universais para um mundo adequado à habitação humana. Projetos racionais de perfeição artificial, e as revoluções destinadas a imprimi-los na configuração do mundo, fracassaram abominavelmente em cumprir sua promessa. Talvez as comunidades, cordiais e hospitaleiras, cumpram o que elas, as frias abstrações, não puderam cumprir. Ainda queremos que o trabalho seja feito. Apenas deixamos cair as ferramentas que se revelaram inúteis e procuramos obter outras — que, quem sabe, ainda possam realizar a tarefa. Pode-se dizer que ainda concordamos em que a felicidade conjugal é uma coisa boa; somente já não apoiamos a opinião de Tolstói de que todos os casamentos felizes são felizes da mesma forma.

Sabemos perfeitamente bem por que não gostamos das ferramentas que abandonamos. Durante mais ou menos dois séculos, pessoas que mereciam ou reclamavam ser ouvidas com atenção e respeito contaram a história de um hábitat humano que curiosamente coincidia com o do estado político e do domínio de seus poderes legislativos e ambições. O mundo humano era, na memorável expressão de Parsons, o espaço "principalmente coordenado" — o domínio sustentado, ou prestes a ser sustentado, por princípios uniformes, mantidos pelos esforços conjuntos dos legisladores e dos executantes, armados ou desarmados, da sua vontade. Era esse espaço artificial que era descrito como um hábitat que "supre naturalmente" as necessidades humanas e — de forma mais importante — supre a necessidade de satisfazer as necessidades. A sociedade "principalmente coordenada", talvez racionalmente projetada e controlada, devia ser essa boa sociedade que a modernidade se pôs a construir. Dois séculos é um longo tempo — suficiente para todos nós aprendermos o que grandes mentes solitárias do tipo de Jeremy Bentham intuíram desde o princípio: que a "principal coordenação" racionalmente projetada se ajusta igualmente bem a uma escola e a um hospital, assim como se ajusta a uma prisão e a um asilo de pobres; e descobrirmos que tal universalidade de aplicação faz com que mesmo a escola e o hospital pareçam uma prisão ou um asilo de pobres. Esse período mostrou também que a parede que separa a espécie "benigna" de engenharia racional da sua variedade maligna e genocida é tão frágil, instável e porosa que — para parafrasear Bertrand Russell — não se sabe quando se deve começar a gritar...

Quanto às comunidades — esses organismos alegadamente não planejados, que cresceram naturalmente, apoios para as pontas dos pés em vez de ganchos suspensos do céu —, ainda não conhecemos todas essas coisas que conhecemos extremamente bem acerca do Grandioso Artifício que a modernidade prometeu construir. Mas podemos imaginar. Sabemos que o gosto moderno pela perfeição projetada condensou a, sob outros aspectos, difusa heterofobia e, repetidamente, canalizou-a, à maneira de Stálin ou de Hitler, em direção a saídas genocidas. Podemos somente presumir que o tribalismo desordenado, desconfiado de soluções universais, tenderia para saídas de exílio, em vez de saídas genocidas, para a heterofobia. Separação, em vez de sujeição, confinamento ou aniquilação. Como o exprimiu Le Pen:

"Eu adoro os africanos do Norte. Mas o seu lugar é no Magrebe". Sabemos igualmente que o principal conflito do cenário moderno surgiu da inerente ambivalência das pressões assimiladoras, que incitavam em direção a apagar as diferenças em nome de um padrão humano universal, embora simultaneamente recuassem diante do êxito da operação — mas só podemos formular a hipótese de que uma ambivalência analogamente prenhe de conflito será revelada no reconhecimento pós-moderno da diferença, que hesita entre os igualmente repulsivos e indefensáveis extremos do "liberalismo desfibrado", que docilmente renuncia ao direito de comparar e avaliar os outros, e do turbulento tribalismo, que nega aos outros o direito de comparar e avaliar.

Não há certeza — nem mesmo uma alta probabilidade — de que no universo povoado por comunidades não restará nenhum espaço para o pária. O que parece mais plausível, contudo, é que a via de fuga do arrivista ao status de pária será fechada. A miscifilia bem pode ser substituída pela miscifobia;* a tolerância da diferença bem pode ser aliada à categórica recusa da solidariedade; o discurso monológico, em vez de dar lugar a um discurso dialógico, cindir-se-á em uma série de solilóquios, com os falantes não mais insistindo em ser ouvidos, mas se recusando também a escutar.

Essas são perspectivas reais, suficientemente reais para provocar hesitação no alegre coro de sociólogos que dão as boas-vindas ao novo e agradável mundo das comunidades.

A sociologia tem uma longa e notável crônica de servilismo. Desde o seu nascimento, firmou-se como o principal poeta oficial da corte de uma sociedade centralizada e coordenada pelo Estado, do Estado resolvido a proibir tudo o que não foi antes tornado obrigatório. Com o estado não mais interessado em uniformidade, perdendo interesse pela cultura enquanto uma

---

* Cunhamos as palavras "miscifilia" e "miscifobia" como equivalentes às do inglês *mixophilia* e *mixophobia*, e de acordo com os respectivos prefixos e afixos já existentes, com regularidade, em nossa língua. (N. T.)

Arrivistas e párias 123

rotina de discursos repetitivos, e de bom grado deixando a tarefa da integração social a forças de mercado amantes da variedade, a sociologia está desesperadamente procurando novas cortes, em que as habilidades e a experiência de cortesãos pensionistas pudessem ser rendosamente empregadas. Para muitos, as minicortes endemicamente fissíparas de comunidades imaginadas, ideologias domésticas e tradições tribalmente inventadas parecem exatamente aquilo de que necessitam. Mais uma vez, embora de maneira surpreendentemente diferente da anterior, pode-se adular a prática com fundamentos teóricos, traçando elegantes diagramas da realidade desordenada. Mais uma vez, pode-se anunciar uma nova ambivalência como uma solução lógica e um definitivo aperfeiçoamento da antiga. Hábitos de cortesãos teimam em não morrer.

No decorrer da longa, tortuosa e intricada marcha da modernidade, devíamos ter aprendido a nossa lição: que o transe existencial humano é incuravelmente ambivalente, que o bem está sempre combinado ao mal, que é impossível traçar com segurança a linha entre a dose benigna e a venenosa de um remédio para as nossas imperfeições. Devíamos ter aprendido essa lição. Mas quase nunca o fazemos. Havendo desacreditado o remédio, nos esquecemos da enfermidade a cuja cura ele se destinava. Mais uma vez participamos, jubilosamente, da descoberta de uma droga milagrosa para os males humanos — só que dessa vez é a antiga doença que se proclamou ser o remédio. Mais uma vez tentamos, confiantemente, prescrever a dose certa da cura. Existe uma boa, facilitadora, progressiva forma de fazer parte — dizem-nos — e se chama etnicidade, tradição cultural, nacionalismo. As pessoas são diferentes e elas que permaneçam assim. Bem, existe também uma atitude feia denominada heterofobia, xenofobia ou racismo — uma opinião e uma prática de separar, banir, exilar. Mas as duas têm algo em comum? Não é uma pequena dose da droga um antídoto infalível contra os seus efeitos venenosos?

O consenso ortodoxo da sociologia foi declarado culpado de ajudar e se acumpliciar com as práticas perniciosas demasiado frequentes do Estado-nação. Algum tempo ainda passará antes que a nova sociologia "comunalisticamente orientada", agora deleitando-se com seu período de lua de mel e alegremente auto-congratulando-se, se ache acusada de cumplicidade nos pouco atraentes efeitos dos modelos atuais de construção da identidade. Isso, presumivelmente, não acontecerá (não por comum acordo, de qualquer maneira) antes que esses modelos sejam considerados, como de costume em retrospecto, escolhas erradas e oportunidades perdidas.

· 6 ·

Turistas e vagabundos: os heróis e as vítimas da pós-modernidade

Convidando-me a fazer esta palestra, o professor Hunter me pediu que "tentasse responder à pergunta sobre como a fragmentação, a institucionalização e o subjetivismo (entre outros processos) que se desenrolam na vida social contemporânea são mediados dentro das estruturas da vida contemporânea". Ele também me disse "para passar além das abstrações e mesmo das obscuridades da 'teoria' [...] para a experiência empírica e concreta dos verdadeiros seres humanos". Foram instruções desafiadoras, e um desafio que eu não podia recusar, embora não possa ter certeza de que estarei à altura disso... Afinal, as filosofias dos filósofos, as sínteses dos sintetizadores, as teorias dos teóricos só revelam seu sentido (desde que o *tenham*) se encararam como tentativas ordenar o desordenado, simplificar o complexo, destemporalizar o temporário — sendo o ordenado, o simples, o extratemporal a "teoria", e sendo o desordenado, o complexo, o ligado à história a *experiência* em que eles, como os habitantes de seu tempo e lugar, estão imersos. As teorias tendem a ser recipientes claros e bem talhados feitos para receber os conteúdos limosos e lamacentos da experiência. Mas, para conservá-los aí, suas paredes precisam ser duras; tendem também a ser opacas. É difícil ver os conteúdos da experiência através das paredes da teoria. Muitas vezes se tem de furar as paredes — "desconstruí-las", "decompô-las" — para ver o que elas escondem.

Há mais uma razão por que achei o desafio difícil de recusar: Charlottesville é a terra de Richard Rorty — o grande filósofo, talvez o maior que temos.

Mas o que é um grande filósofo? Costuma-se, comumente, medir a grandeza dos filósofos por sua destreza em ligar umas às outras as coisas pendentes, em concluir discussões, em pronunciar veredictos que resumem um ar de finalidade e, no mais, levar a filosofia a um fim. O significado de tal grandeza teve origem na filosofia dirigida para Tânatos, uma filosofia que, como o *Dasein* heideggeriano, vivia para a morte e levava sua vida ensaiando a própria extinção desta, certa de que o fim era a sua realização. Depois dos maiores de todos eles, depois de Aristóteles ou de Hegel, ouvem-se os gritos angustiados: a filosofia tem de chegar a seu fim, tudo o que valia a pena dizer se disse, nada do ainda não dito merece que se diga, temos todas as respostas, mas não mais perguntas...

Sugiro que Richard Rorty é um grande filósofo num sentido inteiramente diverso. É grande na medida em que, depois de Rorty, já não se pode filosofar do modo como antes se fazia, mesmo se o que alguém filosofasse a respeito estivesse em desacordo com a filosofia de Rorty; embora se deva filosofar, porque a impossibilidade de filosofar da antiga maneira significa precisamente a impossibilidade da espécie de filosofia que vive para a morte, a impossibilidade de a filosofia sempre chegar a seu fim. A grandeza filosófica de Rorty nasce de uma espécie diferente de filosofia — da filosofia dirigida para Eros, libidinal, que se realiza em sua perpétua irrealização, e em fazer tais perguntas como em temer mais as respostas últimas do que recear a perspectiva de ficarem aquelas não respondidas. Em função de tal filosofia, Rorty é um grande filósofo. A grandeza de Rorty, como filósofo, se realiza em ajudar no nascimento dessa filosofia irrealizável.

Refletindo sobre as possibilidades de que alguns futuros habitantes do Saara se apoderassem do espírito do nosso moderno estilo de vida, Rorty observou que seria mais útil se eles tomassem Dickens, em vez de Heidegger, como prova material, e isso apesar do fato de Heidegger ter decifrado, com tantas palavras, o que significa ser moderno, enquanto jamais ocorresse a Dickens fazê-lo. Apesar? O que Rorty efetivamente pensa a esse respeito é *por quê*. A "condição do que é" a sociedade narrada por Dickens deve ser constantemente indignada e capaz de desaprovar mais ou menos tudo o que foi até então e o que provavelmente deve vir a ser — estar para sempre em guerra consigo mesma e nunca usar o "sim" numa resposta —, ser, como Bloch teria dito, constantemente *noch nicht geworden* (alemão: ainda não amadurecida). A "condição do que é" o mundo narrado por Dickens é a de sua própria impossibilidade. E isso, diz Rorty, é mais verdadeiro a propósito da modernidade do que qualquer outra fórmula, por mais sutil e refinada, que os grandes sintetizadores possam compor. Isso não quer dizer que Dickens seja mais sábio do que Heidegger (mesmo se tivéssemos um metro com o qual medíssemos e comparássemos os dois tipos tão distintos de sabedoria). Mas isso de fato significa que Dickens, sendo um romancista, não um filósofo acadêmico, tentando assim, como tentou, permanecer fiel à experiência confusa, retorcida, contorcida de seus contemporâneos, mais do que à vocação de corrigi-la — endireitando-a e aerodinamizando-a —, estava numa melhor posição para contar a verdadeira história dessa experiência que era realmente a experiência do retorcimento, da contorção e da confusão.

O que Richard Rorty não diz, e em que surpreendo uma exceção a essa maneira de contar a história, é que ela requer mesmo muita *história* para se atribuir mais valor real ao estilo de Dickens de contar história do que ao de Habermas ou de Heidegger, e que por isso sua própria descoberta (ou, antes, sua própria escolha de prioridade) é, por si mesma, *um acontecimento na história*. Rorty se recusa a localizar-se, e a seu pensamento, *na história*. E, nessa recusa, é perigosamente levado para perto daquele autor e ator da filosofia ortodoxa que ele, mais do que qualquer outro, fez repudiar e desautorizar — daquele "sacerdote ascético" que tão engenhosamente ele distingue em Heidegger. Daquele sacerdote ascético capaz de acreditar que a verdade se conservara à espera desde o dia da criação e que é apenas um objeto de suas habilidades e seu bom senso sacerdotal fazê-la sair de seu esconderijo.

Mas *o que* estamos fazendo, quando dizemos que a verdade do romancista é melhor do que a verdade do filósofo? Estamos enunciando assim um fato que escapou profundamente à visão dos filósofos modernos? Um fato que eles podiam ter visto se não estivessem, tolamente, desviando os olhos? Ou estamos, antes, identificando algo novo, que não havia antes? Ou algo que, se havia, era tão lateral, tão frágil e taciturno ou, sob outros aspectos, irrelevante para ir ao encontro dos olhos? Em outras palavras, estamos falando de uma mudança na *filosofia,* ou na *experiência de vida* sobre a qual filosofamos?

Em seu papel tradicional de purificadores e legisladores do senso comum, os filósofos deviam cortar e separar suas próprias práticas das práticas do homem comum, de modo que pudessem ser colocadas umas contra as outras. Dessa operação, as práticas dos não filósofos emergiam, é claro, como não filosóficas. A divisão era nítida e bem-arrumada. De um lado estava a filosofa, não poluída pelas práticas inesperadas e oscilantes: do outro lado, as cruas práticas não poluídas pelo pensamento — uma matéria-prima não diferente dos piques sobre a tela do acelerador, esperando o significado a ser dado pelos físicos nucleares. Mas essa divisão era um subproduto, ou um produto inútil, da autocontribuição da filosofia no papel correto que tinha escolhido, ou que ela foi escolhida a desempenhar em toda a era moderna. A ausência da filosofia nas práticas vivas era de trivial evidência, mas pela decisão de ignorar-lhe a presença ou negar-lhe as credenciais.

É de trivial evidência, hoje, que a experiência comum não seja absolutamente como a filosofia moderna (e a sociologia, para essa questão) a pintava: nem o vazio que espera ser preenchido com o significado, nem o plasma informe a que profissionais devem dar configuração, equipados de perícia hermenêutica.

Em vez disso, essa experiência é desde o princípio significativa, interpretada, compreendida pelos impregnados dela — essa significação, interpretação e compreensão é seu *modo de ser*. Agora, tornar de evidência trivial hoje o próprio oposto do que era de evidência trivial ontem é, sem dúvida, uma realização filosófica. Mas a Coruja de Minerva, na verdade, não estende as asas apenas no anoitecer... Muito deve ter acontecido no longo dia da vida que os homens e mulheres modernos experimentam, para os filósofos, quando a noite veio, reconhecerem a evidência — para aceitarem a evidência como evidência.

É de inteira probabilidade, mas em grande parte sem importância, que a experiência humana tenha produzido, em todas as épocas, o caráter que hoje consideramos evidente. O problema, porém, é que apenas sob certas condições, mesmo quando mais ubíquas e teimosamente presentes, as coisas realmente se tornam "evidentes". (É evidente para nós, por exemplo, que já os homens de Cro-Magnon e os de Neanderthal "deviam ter tido uma cultura", mas só na segunda metade do século XVIII pôde o conceito de cultura ser cunhado, e eles dificilmente seriam os cro-Magnons e os neanderthais que foram, se estivessem conscientes de que tinham uma cultura.) E é sob condições especiais que as percepções leigas, as interpretações e estratégias de vida resultantes podem ser reconhecidas mais como conhecimento — um conhecimento *válido* — do que como manifestações do "senso comum" endemicamente estragado, prejudicado e, sob outros aspectos, errôneo; que a compreensão pode ter sido reconhecida como a realização em curso, sempre repetida e nunca definitiva da vida diária, mais do que o produto de uma refinada metodologia acessível apenas aos especialistas e que se move inexoravelmente para a resolução final e conclusiva.

Muito podia ser dito sobre semelhantes condições especiais, esse tipo especial da experiência de vida comum, que tornou evidentes essas coisas que, antes, talvez também pudessem ser verdadeiras, mas sem dúvida não eram, anteriormente, *consideradas* evidentes. Eu gostaria, contudo, de chamar a sua atenção para uma mudança momentosa nas circunstâncias da vida — a saber, a *destemporalização do espaço social.*

A projeção do espacial, distinção contemporânea sobre o contínuo do tempo, reapresentação da heterogeneidade como série ascendente de períodos de tempo, talvez tenha sido o mais notável e também possivelmente o mais fecundo aspecto da mentalidade moderna. Mas as metáforas transformam ambos os lados que entram na relação metafórica. A projeção do espaço sobre o tempo forneceu ao tempo traços que só o espaço possui "naturalmente": a época moderna teve direção, exatamente como qualquer itinerário no espaço. O tempo progrediu do obsoleto para o atualizado, e o atualizado foi desde o início a obsolescência futura. O tempo tinha sua "frente" e seu "atrás": uma pessoa era incitada e empurrada a andar "para a frente com o tempo". Os turbulentos e auto-homenageados anciões da cidade que construíram a prefeitura de Leeds na metade do século XIX, como o monumento a sua própria e milagrosa ascensão no tempo, gravaram seus princípios morais por todos os lados das paredes da sua sala de reunião. Perto de outros mandamentos, havia um mais notável pela sua confiante brevidade: "Avante!". Aqueles que projetaram a prefeitura não tinham dúvidas sobre onde era "avante".

E, assim, os homens e as mulheres modernos viveram num tempo-espaço com *estrutura,* um tempo-espaço rijo, sólido, durável — exatamente a correta referência de nível para traçar e controlar o caráter caprichoso e volátil da vontade humana —, mas também um duro recipiente em que os atos humanos podiam achar-se sensíveis e seguros. Nesse mundo estruturado, uma pessoa podia perder-se, mas também podia achar seu caminho e chegar exatamente aonde pretendia estar. A diferença entre se perder e chegar era feita de conhecimento e determinação: o conhecimento da estrutura do tempo-espaço e a determinação de seguir, fosse qual fosse, o itinerário escolhido. Sob tais circunstâncias, a liberdade era de fato a necessidade conhecida — mais a decisão de agir com esse conhecimento.

A estrutura estava em seu lugar antes de qualquer proeza humana começar, e durava o tempo suficiente, inabalável e inalterada, para levar a cabo a proeza. Ela antecedeu toda realização humana, mas também fez a realização possível: transformou a luta pela vida de cada um, antes uma disputa despropositada, numa realização coerente. A cada feito se podia acrescer outro, seguir a estrada passo a passo, cada um destes levando a outro, graças à estrada; podia-se construir a realização de uma pessoa da base para cima, desde os alicerces ao telhado. Era esse o mundo da peregrinação por toda a vida, da vocação, ou — como a Coruja de Minerva devia proclamar mais tarde pela boca de Jean-Paul Sartre — do "projeto de vida". De igual modo David Copperfield e Buddenbrooks estiveram lutando duramente com indomáveis padrões — elevados mas escorregadios, obrigatórios mas quase impossíveis de alcançar. E assim eles souberam desde o início onde procurar o sucesso e souberam, em seguida, se fracassaram. Nossas lutas pela vida, ao contrário, se dissolvem naquela *insustentável leveza do ser...* Nunca sabemos, ao certo, quando rir e quando chorar. E mal há um momento, na vida, para se dizer sem escuras premonições: "Tive êxito".

Deixem-me fazer-me mais claro. Não estou dizendo que os homens e mulheres modernos falavam de tudo isso em tantas palavras, que eles pensavam a esse respeito, ponderavam e argumentavam enquanto passavam pelas atividades de sua vida. Em vez disso, estou dizendo que nós, homens e mulheres do final do século xx, os homens e mulheres recém-modernos, "supermodernos" ou pós-modernos têm de imputar a eles tal visão do mundo, quando quer que desejemos dar sentido ao que sabemos de suas vidas e tentar compreender a espécie de experiência que tornou essa vida possível, enquanto estava sendo tornada possível por ela. Não estou dizendo que *eles* viveram diariamente com o conhecimento do tempo-espaço severamente estruturado e da solidez, e durabilidade, do mundo — mas que *nós* vivemos diariamente com a consciência cada vez maior de que não podemos tampouco confiar. Estou falando, portanto, acima de tudo, acerca do choque presente, não da tranquilidade passada. A experiência passada, como agora tendemos a reconstruir, retrospectivamente, veio ser-nos conhecida, principalmente, mediante seu desaparecimento. O que pensamos que o passado tinha é o que sabemos que não temos.

E o que sabemos que não temos é a facilidade de retirar a estrutura do mundo da ação dos seres humanos; a solidez firme, de pedra, do mundo exterior à flexibilidade da vontade humana. Não que o mundo tenha se tornado subitamente submisso e obediente ao desejo humano; assim como, em vez disso, com demasiada frequência, ele não dá importância a intenção e esforço humanos, desvirtuando e desviando facilmente os efeitos dos trabalhos humanos. Mas esse mundo cada vez mais exterior lembra um de outro participante do jogo, mais do que o do indomável fixador de normas e o de um árbitro que não admite apelação; e como que um participante de um jogo cujas regras são feitas e refeitas no curso da disputa. A experiência de viver em tal mundo (ou é, antes, a experiência de viver esse mundo?) é a experiência de um jogador, e na experiência do jogador não há meio de se falar da necessidade de acidente, determinação da contingência: não há senão os movimentos dos jogadores, a arte de jogar bem com as cartas que se tem e a habilidade de fazer o máximo com elas.

A ação humana não se torna menos frágil e errática: é o mundo em que ela tenta inscrever-se e pelo qual procura orientar-se que parece ter se tornado mais assim. Como pode alguém viver a sua vida como peregrinação se os relicários e santuários são mudados de um lado para o outro, são profanados, tornados sacrossantos e depois novamente ímpios num período de tempo mais curto do que levaria a jornada para alcançá-los? Como pode alguém investir numa realização de vida inteira, se hoje os valores são obrigados a se desvalorizar e, amanhã, a se dilatar? Como pode alguém se preparar para a vocação da vida, se habilidades laboriosamente adquiridas se tornam dívidas um dia depois de se tornarem bens? Quando profissões e empregos desaparecem sem deixar notícia e as especialidades de ontem são os antolhos de hoje? E como se pode fixar e separar um lugar no mundo se todos os direitos adquiridos não o são senão até segunda ordem, quando a cláusula da retirada à vontade está escrita em todo contrato de parceria, quando — como Anthony Giddens adequadamente o expressou — todo relacionamento não é senão um "simples" relacionamento, isto é, um relacionamento sem compromisso e com nenhuma obrigação contraída, e não é senão amor "confluente", para durar não mais do que a satisfação derivada?

O significado da identidade, como o Christopher Lasch da última fase ressaltou, se refere tanto a pessoas como coisas. O mundo construído de objetos duráveis foi substituído pelo de produtos disponíveis projetados para imediata obsolescência. Num mundo como esse, as identidades podem ser adotadas e descartadas como uma troca de roupa. O horror da nova situação é que todo diligente trabalho de construção pode mostrar-se inútil; e o fascínio da nova situação, por outro lado, se acha no fato de não estar comprometida por experiências passadas, de nunca ser irrevogavelmente anulada, sempre "mantendo as opções abertas". Mas o horror e o fascínio, de igual modo, fazem a vida como peregrinação dificilmente factível como uma estratégia e improvável de ser escolhida como tal. Não por muitos, afinal de contas. E não com grande probabilidade de sucesso.

No jogo da vida dos homens e mulheres pós-modernos, as regras do jogo não param de mudar no curso da disputa. A estratégia sensível, portanto, é manter curto cada jogo — de modo que um jogo da vida sensatamente disputado requer a desintegração de um jogo que tudo abarca, com prêmios enormes e dispendiosos, numa série de jogos estreitos e breves, que só os tenha pequenos e não demasiadamente preciosos. Para novamente citar Christopher Lasch, a determinação de viver um dia de cada vez, e de retratar a vida diária como uma sucessão de emergências menores, se tornou o princípio normativo de toda estratégia de vida racional.

Manter o jogo curto significa tomar cuidado com os compromissos a longo prazo. Recusar-se a "se fixar" de uma forma ou de outra. Não se prender a um lugar, por mais agradável que a escala presente possa parecer. Não se ligar a vida a uma vocação apenas. Não jurar coerência e lealdade a nada ou a ninguém. Não *controlar o futuro*, mas *se recusar a empenhá-lo*: tomar cuidado para que as consequências do jogo não sobrevivam ao próprio jogo e para renunciar à responsabilidade pelo que produzam tais consequências. Proibir o passado de se relacionar com o presente. Em suma, cortar o presente nas duas extremidades, separar o presente da história. Abolir o tempo em qualquer outra forma que não a de um ajuntamento solto, ou uma sequência arbitrária, de momentos presentes: aplanar o fluxo do tempo num *presente contínuo*.

Uma vez disfarçado e não mais um vetor, não mais uma seta com um indicador, ou um fluxo com uma direção, o tempo já não estrutura o espaço. Consequentemente, já não há "para a frente" ou "para atrás"; o que conta é exatamente a habilidade de se mover e não ficar parado. *Adequação* — a capacidade de se mover rapidamente onde a ação se acha e estar pronto a assimilar experiências quando elas chegam — tem precedência sobre *saúde,* essa ideia do padrão de normalidade e de conservar tal padrão estável, incólume. Toda demora, também a "demora da satisfação", perde seu significado: não há tempo rápido suficiente para medi-la.

E desse modo a dificuldade já não é descobrir, inventar, construir, convocar (ou mesmo comprar) uma identidade, mas como impedi-la de ser demasiadamente firme e de aderir depressa demais ao corpo. A identidade durável e bem costurada já é uma vantagem; crescentemente, e de maneira cada vez mais clara, ela se torna uma responsabilidade. *O eixo da estratégia de vida pós-moderna não é fazer a identidade deter-se — mas evitar que se fixe.*

A figura do turista é a epítome dessa evitação. De fato, os turistas que valem o que comem são os mestres supremos da arte de misturar os sólidos e desprender o fixo. Antes e acima de tudo, eles realizam a façanha de não pertencer ao lugar que podem estar visitando: é deles o milagre de estar dentro e fora do lugar ao mesmo tempo. O turista guarda sua distância e veda a distância de se reduzir à proximidade. É como se cada um deles estivesse trancado numa bolha de osmose firmemente controlada; só coisas tais como as que o ocupante da bolha aceita podem verter para dentro, só coisas tais como as que ele ou ela permitem sair podem vazar. Dentro da bolha o turista pode sentir-se seguro: seja qual for o poder de atração do lado de fora, por mais aderente ou voraz que possa ser o mundo exterior, o turista está protegido. Viajando despreocupadamente, com apenas uns poucos pertences necessários à garantia contra a inclemência dos lugares estrangeiros, os turistas podem sair de novo a caminho, de uma hora para a outra, logo que as coisas ameaçam escapar de controle, ou quando seu potencial de diversão parece ter se exaurido, ou quando aventuras ainda mais excitantes acenam de longe. O nome do jogo é mobilidade: a pessoa deve poder mudar quando as necessidades impelem, ou os sonhos o solicitam. A essa aptidão os turistas dão o nome de liberdade, autonomia ou independência, e prezam isso mais do que qualquer outra coisa, uma vez que é a conditio sine qua non de tudo o mais que seus corações desejam. Este é também o significado de sua exigência mais frequentemente ouvida: "Preciso de mais espaço". Ou seja, a ninguém será permitido discutir o meu direito de sair do espaço em que atualmente estou trancado.

Na vida do turista, a duração da estada em qualquer lugar mal chega a ser planejada com antecipação; tampouco o é o próximo destino. A peculiaridade da vida turística é estar em movimento, não chegar. Ao contrário daqueles seus antecessores, os peregrinos, as sucessivas escalas dos turistas não são estações pelo caminho, uma vez que não há nenhum objetivo que lhes acene, no fim das viagens da vida, que pudesse convertê-los em estações. Se os sucessivos endereços se encaixam dentro de um itinerário, isso só acontece retrospectivamente, quando se descobre ou se lhe atribui uma lógica que não guia o andarilho durante o tempo de suas andanças. Quando ainda em movimento, nenhuma imagem da situação futura se acha à mão para encher a experiência presente com um significado; cada presente que se sucede, como as obras de arte contemporâneas, deve explicar-se em função de si próprio e fornecer sua própria chave para lhe interpretar o sentido.

As escalas são acampamentos, não domicílios. Por mais longo que cada intervalo da viagem possa mostrar-se no fim, é vivido, em cada momento, como uma estada de pernoite. Só as mais superficiais das raízes, se tanto, são lançadas. Só relações epidérmicas, se tanto, são iniciadas com as pessoas dos lugares. Acima de tudo, não há nenhum comprometimento do futuro, nenhuma incursão em obrigações de longo prazo, nenhuma admissão de alguma coisa que aconteça hoje para se ligar ao amanhã. As pessoas do lugar, afinal, não são as zeladoras de estalagens do meio do caminho, que os peregrinos tinham de visitar outra vez e outra vez, a cada peregrinação: as pessoas do lugar, com que os turistas deparam, eles literalmente "tropeçam com" elas acidentalmente, como um efeito colateral do empurrão de ontem, que antes de ontem ainda não era imaginado ou antecipado, e que podia facilmente ser diferente do que era, e levar o turista para algum outro lugar. A companhia delas tinha nascido de um impulso e de uma vontade que morreram nos que se seguiram. É verdade que a companhia é a consequência do movimento, mas é uma consequência não antecipada: não foi parte da transação e não tem nenhum direito sobre a lealdade do viajante.

Tudo isso oferece ao turista a sensação recompensadora de "estar sob controle". Não é este, para estar seguro, um controle no sentido agora antiquado, fora de moda, e heroico, de quem grava a sua forma no mundo, refazendo o mundo em sua própria imagem, ou querendo-o e conservando-o como tal. Este não é senão o que se pode chamar o "controle situacional" — a aptidão para escolher onde e com que partes do mundo "interfacear", e quando desligar a conexão. Ligar e desligar não deixam no mundo nenhuma marca duradoura: na verdade, graças à facilidade com que as chaves funcionam, o mundo (como o turista o conhece) parece infinitamente flexível, dócil e exorável. É improvável manter-se qualquer configuração por muito tempo. As olhadas tomam o lugar das configurações: agora, são os interesses errantes do turista, sua atenção inconstante, e o ângulo móvel de sua visão que dão ao mundo sua "estrutura" — tão fluidos e tão "até segunda ordem" quanto a contemplação que os levou a existir. Configurar o mundo desse modo é fácil, mas é também, pelo menos para o mundo, inconsequente.

Um evento que, em princípio, não tem nenhuma consequência que sobreviva à sua própria duração é chamado um episódio. Como os próprios turistas, o episódio — assim diz Milan Kundera — passa rapidamente na história, sem ser parte dela. O episódio é um evento fechado em torno de si mesmo. Cada novo episódio é, por assim dizer, um começo absoluto, mas seu fim é igualmente absoluto: "não ser levada adiante" é a última frase da história (mesmo se, para tornar a situação do incauto ainda mais amarga, for escrita com tinta invisível). O problema — como Kundera se apressa a acrescentar — é que a própria decisão sobre a finalidade da conclusão nunca é definitiva. Nunca se saberia se o episódio está realmente acabado e consumado. Não obstante todo o esforço de preveni-los, os eventos passados podem voltar a perseguir os presentes do futuro. Entre os parceiros das relações do passado, os melhores para ser esquecidos podem de novo aparecer, dentro de episódios inteiramente diversos, sacudindo as feridas deixadas pelos encontros de outrora. Suprimir os episódios, cortar pela raiz as plantas novas das consequências futuras, portanto, supõe um esforço constante e um esforço constantemente inconclusivo com isso. É esta uma mosca imunda no unguento, sob outros aspectos saboroso, de uma vida em todos os momentos vivida como um episódio. Ou talvez seja um buraco, através do qual o mundo exterior repetidamente força o espaço firmemente controlado — anunciando, desse modo, o logro do controle do turista. É por isso que a vida do turista não é um mar de rosas. Há um preço a ser pago pelos prazeres que ela traz. A maneira como o turista põe de lado certas incertezas ocasiona suas próprias incertezas.

Os turistas iniciam suas viagens por escolha — ou, pelo menos, assim eles pensam. Eles partem porque acham o lar maçante ou não suficientemente atrativo, demasiadamente familiar e contendo demasiadamente poucas surpresas, ou porque esperam encontrar em outro lugar uma aventura mais excitante e sensações mais intensas do que a rotina doméstica jamais é capaz de transmitir. A decisão de abandonar o lar com o fim de explorar terras estranhas é positivamente a mais fácil de tomar pela confortadora percepção de que sempre se pode voltar, se for preciso. Os incômodos dos quartos de hotel podem, de fato, provocar nostalgia, assim como consola e recompensa recordar que há uma casa — em algum lugar —, um refúgio do tumulto e em que a pessoa podia abrigar-se, para estar não ambiguamente e não problematicamente *chez soi* — puxar as cortinas, fechar os olhos e ligar os ouvidos a novas sensações, cerrar a porta a novas aventuras… Bem, a questão é que tal perspectiva fica confortadora e recompensadora contanto que permaneça uma *perspectiva*. O "lar", enquanto na "nostalgia", não é nenhuma das verdadeiras edificações de tijolo e argamassa, madeira ou pedra. No momento em que a porta é trancada do lado de fora, o lar se torna um *sonho*. No momento em que a porta é trancada do lado de dentro, ele se converte em *prisão*. O turista adquiriu o gosto pelos espaços mais vastos e, acima de tudo, completamente abertos.

Os turistas se tornam viajantes e colocam os sonhos da nostalgia acima das realidades da casa — porque eles exigem isso, porque eles o consideram a mais razoável estratégia de vida "sob as circunstâncias", ou porque foram seduzidos pelos prazeres verdadeiros ou imaginários de uma vida de quem acumula sensações. Mas nem todos os viajantes estão em movimento por preferirem estar em movimento a ficar em seu lugar. Muitos talvez se recusassem a se aventurar numa vida de perambulação se fossem solicitados a isso, mas eles não foram inicialmente solicitados. Se estão em movimento é porque foram impelidos por trás — tendo sido, primeiramente, desenraizados por uma força demasiadamente poderosa, e muitas vezes demasiadamente misteriosa, para que se lhe resista. Veem sua situação como qualquer coisa que não a manifestação da liberdade. Liberdade, autonomia, independência — se elas de algum modo aparecem no seu vocabulário — invariavelmente vêm no tempo futuro. Para eles, estar livre significa *não ter de* viajar de um lado para o outro. Ter um lar e ser permitido ficar dentro dele. São esses *os vagabundos,* luas escuras que refletem o brilho de sóis brilhantes, os mutantes da evolução pós-moderna, os refugos inaptos da brava espécie nova. Os vagabundos são os restos do mundo que se dedicaram aos serviços dos turistas.

Os turistas se demoram ou se movem segundo o desejo do coração deles. Abandonam o local quando novas oportunidades não experimentadas acenam em outra parte. Os vagabundos, porém, sabem que não ficarão por muito tempo, por mais intensamente que o desejem, uma vez que em lugar nenhum em que parem são bem-vindos: se os turistas se movem porque acham o mundo irresistivelmente *atrativo* os vagabundos se movem porque acham o mundo insuportavelmente *inóspito.* Eles vão para as estradas não quando arrancaram a última gota de diversão que as pessoas do lugar podiam oferecer, mas quando estas perdem a paciência e se recusam a tolerar sua presença estranha. Os turistas viajam porque *querem*; os vagabundos, porque não têm *nenhuma outra escolha.* Os vagabundos, pode-se dizer, são turistas involuntários. Mas a noção de "turista involuntário" é uma contradição em termos. Ainda que muito da estratégia do turista possa ser uma necessidade num mundo marcado por paredes movediças e por estradas instáveis, a liberdade de escolha é o corpo vivo do turista. Subtraia-se isso e a atração, a poesia e, na verdade, a afabilidade da vida do turista estão quase liquidadas.

Uma palavra de advertência: turistas e vagabundos são as *metáforas* da vida contemporânea. Uma pessoa pode ser (e frequentemente o é) um turista ou um vagabundo sem jamais viajar fisicamente para longe — assim como os puritanos de Max Weber eram peregrinos através da vida mesmo se mal olhassem algum dia além do limite de sua cidade natal e estivessem atarefados demais, nas atividades de suas vocações, para algum dia tirar um tempo e visitar a praia. Tendo isso em mente, sugiro-lhes que, em nossa sociedade pós-moderna, estamos todos — de uma forma ou de outra, no corpo ou no espírito, aqui e agora ou no futuro antecipado, de bom ou de mau grado — em movimento; nenhum de nós pode estar certo(a) de que adquiriu o direito a algum lugar de uma vez por todas, e ninguém acha que sua permanência num lugar, para sempre, é uma perspectiva provável. Onde quer que nos aconteça parar estamos, pelo menos, parcialmente deslocados ou fora do lugar. Mas aqui termina o que há de comum na nossa situação e começam as diferenças.

Sugiro-lhes que a oposição entre os turistas e os vagabundos é a maior, a principal divisão da sociedade pós-moderna. Estamos todos traçados num contínuo estendido entre os polos do "turista perfeito" e o "vagabundo incurável" — e os nossos respectivos lugares entre os polos são traçados segundo o grau de liberdade que possuímos para escolher nossos itinerários de vida. A liberdade de escolha, eu lhes digo, é de longe, na sociedade pós-moderna, o mais essencial entre os fatores de estratificação. Quanto mais liberdade de escolha se tem, mais alta a posição alcançada na hierarquia social pós-moderna. As diferenças sociais pós-modernas são feitas com a amplitude e a estreiteza da extensão de opções realistas.

Mas o vagabundo é o alter ego do turista — exatamente como o miserável é o alter ego do rico, o selvagem o alter ego do civilizado, ou o estrangeiro o alter ego do nativo. Ser um alter ego significa servir como um depósito de entulho dentro do qual todas as premonições inefáveis, os medos inexpressos, as culpas e autocensuras secretas, demasiadamente terríveis para ser lembrados, se despejam; ser um alter ego significa servir como pública exposição do mais íntimo privado, como um demônio interior a ser publicamente exorcizado, uma efígie em que tudo o que não pode ser suprimido pode ser queimado. O alter ego é o escuro e sinistro fundo contra o qual o eu purificado pode brilhar.

Não admira que a metade turística da sociedade pós-moderna vacile na medida em que se interesse pela outra metade, a do vagabundo. Este zomba do estilo turístico, e zombar significa ridículo. Os vagabundos são a caricatura que revela a fealdade escondida sob a beleza da maquiagem. Sua presença é enfadonha e enraivecedora. Não há nenhum proveito evidente que se lhes possa tirar: pelo que se sabe, pode-se dar-lhes destino sem nenhuma perda ou pena — nem mesmo deles próprios.

Mas lembremos: os vagabundos são os depósitos de entulho para a imundície do turista; desguarneça-se o sistema de recolhimento dos detritos e as pessoas saudáveis desse mundo serão sufocadas e envenenadas no meio de seus próprios restos... Ainda mais decisivamente, os vagabundos — lembremos isso — são o fundo de cena escuro contra o qual o sol do turista brilha tão reluzentemente que os projetores mal se veem. Quanto mais escuro o segundo plano, mais reluzente o brilho. Quanto mais repulsiva e detestável a sorte do vagabundo, mais toleráveis são os pequenos incômodos e os grandes riscos da vida do turista. Pode-se viver com as ambiguidades da incerteza que saturam a vida do turista só porque as certezas da vagabundagem são tão inequivocamente asquerosas e repugnantes. O turista precisa de uma alternativa cuja contemplação é pavorosa demais para se manter repetindo, nas horas de tensão, que "não há nenhuma alternativa".

Os vagabundos, as vítimas do mundo que transformou os turistas em seus heróis, têm, afinal, suas utilidades. Como os sociólogos gostam de dizer, eles são "funcionais". É difícil viver em suas imediações, mas é inconcebível viver sem eles. São suas privações gritantes demais que reduzem as preocupações das pessoas com as inconveniências marginais. É a sua evidente infelicidade que inspira os outros a agradecerem a Deus, diariamente, por tê-los feito turistas.

Conferência proferida na Universidade de Virginia,
em outubro de 1995.

· 7 ·

A arte pós-moderna, ou a impossibilidade da vanguarda

Avant-garde significa, literalmente, vanguarda, posto avançado, ponta de lança da primeira fileira de um exército em movimento: um destacamento que se move na frente do corpo mais importante das forças armadas — mas permanece adiante apenas com o fim de preparar o terreno para o resto do exército. Um pelotão, diz-se, que capturou um ponto de apoio no território ainda controlado pelo inimigo será seguido por batalhões, regimentos e divisões. A vanguarda dá à distância que a separa do grosso da tropa uma dimensão temporal: o que está sendo feito *presentemente* por uma pequena unidade avançada será repetido *mais tarde* por todas. A guarda é considerada "avançada" na suposição de que "os restantes lhe seguirão o exemplo". Sem falar que sabemos, com toda certeza, de que lado está a frente e onde a retaguarda, onde é "na dianteira" e onde "atrás". (Sabemos, igualmente, que a extensão entre um e outro ponto ainda não para — a própria linha de frente se acha em movimento.) O conceito de vanguarda transmite a ideia de um espaço e tempo essencialmente ordenados, e de um essencial interajustamento das duas ordens. Num mundo em que se pode falar de avant-garde, "para a frente" e "para trás" têm, simultaneamente, dimensões espaciais e temporais.

Por esse motivo, não faz muito sentido falar de vanguarda no mundo pós-moderno. Certamente, o mundo pós-moderno é qualquer coisa, menos imóvel — tudo, nesse mundo, está em movimento. Mas os movimentos parecem aleatórios, dispersos e destituídos de direção bem delineada (primeiramente, e antes de tudo, uma direção cumulativa). É difícil, talvez impossível, julgar sua natureza "avançada" ou "retrógrada", uma vez que o interajustamento entre as dimensões espacial e temporal do passado quase se desintegrou, enquanto os próprios espaço e tempo exibem repetidamente a ausência de uma estrutura diferenciada ordeira e intrinsecamente. Não sabemos, com toda certeza (e não sabemos como estar certos de o saber), onde é "para a frente" e onde é "para trás", e desse modo não podemos dizer com absoluta convicção que movimento é "progressivo" e qual é "regressivo". Já em 1967 Leonard B. Meyer sugeria que as artes contemporâneas tinham atingido um estado de constância e mutabilidade, uma espécie de móvel estagnação (ele chamava essa condição de "estase"): toda unidade isolada está em movimento, mas há pouca lógica nesse mover-se para a frente e para trás: mudanças fragmentárias não indicam corrente unificada; e a totalidade não sairia de onde está — o efeito que todo colegial conhece pelo nome de movimento browniano.

Podemos dizer que o que hoje se acha ausente é a linha de frente que outrora nos permitia decidir qual o movimento para a frente e qual o de retirada. Em vez de um exército regular, as batalhas disseminadas, agora, são travadas por unidades de guerrilha; em vez de uma ação ofensiva concentrada e com um objetivo estratégico determinado, ocorrem intermináveis escaramuças locais, destituídas de finalidade global. Ninguém prepara o caminho para os outros, ninguém espera que os outros venham em seguida. Usando a metáfora de Iuri Lotman (mais apropriada do que o tropo "rizomático" de Deleuze e Guattari), podemos visualizar a diferença como a existente entre a da energia concentrada de um rio poderoso — que escava uma fissura na superfície da pedra quando se precipita em direção ao mar, de modo que no futuro todas as águas se sustentarão dentro do mesmo leito de rio — e a energia dispersa de um campo minado, em que de quando em quando, aqui e ali, se dão explosões, mas ninguém pode dizer com certeza quando e onde a próxima mina explodirá.

Se as artes da virada do século experimentassem sua própria inquietude e suas inovações como uma ação de vanguarda, elas o fariam graças à perspectiva do *modernismo* — o movimento intelectual alimentado pelo nojo e impaciência para com o preguiçoso e indolente passo da mudança que a modernidade ensinou as pessoas a esperar e prometeu cumprir. O modernismo foi um protesto contra promessas descumpridas e esperanças frustradas, mas também um testemunho da seriedade com que as promessas e as esperanças foram tratadas. Os modernistas engoliram o anzol, a linha, a chumbada — e talvez com mais prazer do que todo o resto dos homens e mulheres modernos —, os valores que a mentalidade moderna açulou e a sociedade moderna jurou servir. Eles também acreditavam firmemente na natureza de sua época como vetor, convencidos de que o fluxo do tempo tem uma direção, de que tudo o que vem depois é também (ou tem de ser, deve ser) melhor, enquanto tudo o que reflui para o passado é também pior — atrasado, retrógrado, inferior. Os modernistas não travaram sua guerra contra a realidade que encontraram em nome de valores alternativos e de uma visão de mundo diferente, mas em nome da aceleração: em suas insígnias de batalha, escreveram *Hic Rhodos, hic salta* (Quem prometeu cumpre a palavra). Eles podiam declarar e travar a guerra contra a realidade encontrada da vida moderna apenas porque aceitaram em tudo suas premissas: confiaram na natureza progressiva da história e acreditaram, assim, que o aparecimento do novo torna o existente, o legado e herdado redundantes, convertendo-os em relíquias e privando-os do direito de persistir. Os modernistas desejavam esporear a modernidade trotante para um galope; adicionar fogo à locomotiva da história.

Stefan Morawski, o grande filósofo da arte polonês, fez o exaustivo inventário das características que uniram todos os

A arte pós-moderna, ou a impossibilidade da vanguarda   145

grupos, sob outros aspectos inteiramente distintos, da vanguarda artística: todos estavam imbuídos de espírito pioneiro, todos olhavam fixamente para a condição presente das artes com nojo e aversão, todos eram críticos a propósito do papel atualmente atribuído às artes na sociedade, todos zombavam do passado e ridicularizavam os cânones que este acalentava, todos teorizavam a respeito de seus próprios recursos, atribuindo um sentido histórico mais profundo a suas realizações artísticas; todos seguiram o modelo dos movimentos revolucionários, preferiram agir coletivamente, criaram e coordenaram irmandades semelhantes a seitas, discutiram ardentemente programas comuns e escreveram manifestos; todos olharam para além do reino das artes propriamente dito, encarando as artes e os artistas como tropas avançadas do exército do progresso, precursoras coletivas dos tempos ainda por vir, esquemas preliminares do modelo universal de amanhã — e, às vezes, um aríete destinado a pulverizar as barreiras empilhadas no caminho da história.

Segue-se da descrição acima que os modernistas eram *plus modernes que la modernité elle-même*, eles agiram em nome da modernidade, por sua inspiração e permissão. Exatamente como a própria modernidade, só que talvez ainda mais, eles viveram na linha de frente; exatamente como a modernidade como um todo, embora talvez ainda mais dogmaticamente, acreditavam que o único uso da tradição é que se sabe com o que se tem de romper, e as fronteiras estão ali para ser violadas. Muitos deles receberam sugestões e ânimo (e a confiança em si mesmos que lhes permitiu repartir louvor ou condenação) da ciência e da tecnologia, os mais desafiadores, aventurosos e irreverentes entre as tropas de assalto do moderno despedaçamento da tradição: impressionistas da ótica antinewtoniana, cubistas da anticartesiana teoria da relatividade, surrealistas da psicanálise, futuristas dos motores de combustão e das linhas de montagem. Sem a modernidade e todos os seus trabalhos, os modernistas seriam inconcebíveis. Eles desejavam servir à modernidade: não tinham culpa de ter de se impor com sua proposta a uma sociedade relutante ou indiferente. Depositaram a culpa na porta dos muitos que se prenderam aos cânones já deixados para trás; pessoas de gosto fora de moda (isto é, na linguagem modernista, pessoas sem gosto), incapazes ou sem vontade de alcançar as percepções da vanguarda. Eles construíram tais seres atrozes e desprezíveis para uma imagem coletiva do *bourgeois*, rotularam-nos de filisteus, depreciaram-nos como vulgares, grosseiros, incultos ou diletantes. Recusaram ao inimigo assim construído o direito ao julgamento artístico — um inimigo, em tal caso, não pode ser nada senão antiquado, uma expressão do passado que perdeu o direito de existir, sem falar no direito de se exprimir com essa autoridade que o presente pode garantir.

Aos considerados imaturos, não completamente desenvolvidos, retardatários, os modernistas queriam mostrar a luz, ensinar, educar e converter; os modernistas só podiam, afinal, permanecer na posição de vanguarda quando tratando os outros como ainda não realizados, afundados nas trevas, esperando pelo esclarecimento. Ocasionalmente, eles se sentiram oprimidos pela raiva — perplexos e perturbados (como à maior parte dos professores acontece ficar, num ou noutro assunto) pela evidente obtusidade ou estupor mental de seus pretensos pupilos. Em geral, os alunos (enquanto continuam alunos) não podem alcançar as habilidades de seus mestres, ao mesmo tempo que os prosélitos (enquanto ainda não iniciados) não podem competir com a fé dos missionários — e, desse modo, havia um constante suprimento de motivos para ficar com raiva. Mas, verdadeiramente aterrados e horrorizados os modernistas se sentiam naquelas (e raras) ocasiões em que as lições pareciam ser demasiadamente fáceis e pouco exigentes, visto que suas proposições contavam com a aprovação comum e seus trabalhos adquiriam popularidade: a própria distinção entre professores e alunos, a vanguarda e o resto, esmorecia, então, sob a ameaça da rasura. Se os que estavam sendo educados no meio de seu processo aplaudiam alegremente os educadores em vez de resistir a seus esforços, se deixavam de se sentir chocados e perplexos, isso podia ter sido o resultado

A arte pós-moderna, ou a impossibilidade da vanguarda   147

de um radicalismo insuficiente, falta de vigilância, imperdoável compromisso com o gosto (ou, antes, com a falta de gosto) que devia ter sido combatido até a morte. Seja qual fosse a razão, a identidade vanguardista da vanguarda seria contestável — junto com sua habilitação para a liderança espiritual, para descompor o presumido, e assumir a postura missionária.

O paradoxo da vanguarda, portanto, é que ela tomou como sucesso o signo do fracasso, enquanto a derrota significasse, para isso, uma confirmação de que estava certa. A vanguarda sofria quando o reconhecimento público era negado — mas ainda se sentia mais atormentada quando a sonhada aclamação e o aplauso surgiam finalmente. A justeza de suas próprias razões, e o caráter progressista dos passos que estava dando, a vanguarda media pela profundidade do seu isolamento e pelo poder de resistência de todos os que ela planejava converter. Quanto mais era vituperada e atacada, mais se assegurava de que a causa estava certa. Aguilhoada pelo horror da aprovação popular, a vanguarda febrilmente sempre encontrava mais difíceis (por isso, possivelmente menos digeríveis) formas artísticas. O que não devia ser senão um meio para um fim e uma condição temporária era, desse modo, imperceptivelmente transformado no objetivo último e num estado de permanência. Como resultado, e numa gritante oposição às francas declarações modernistas, ela dá a impressão (como John Carey recentemente observou em seu *Intellectuals and the Masses* que provocou unânime clamor entre seus cultos leitores que gostam do manto da vanguarda) de que os mais avançados destacamentos das classes intelectuais europeias empreenderam um esforço combinado de excluir as massas da cultura; de que a função essencial da arte moderna era dividir o público em duas classes — a que pode compreender e a que não pode. Não há nenhuma outra baliza, como sugere Carey (endossando inconscientemente descobertas não citadas de Bourdieu), exceto manter a distância e reafirmar a superioridade do que é culto e criativo: a significação da minoria era calculada para ser diretamente proporcional à sua habilidade de maltratar e confundir as massas.

Nesse paradoxo, lançava-se a semente da perdição (foi com boas razões que Benjamin escreveu, sobre a modernidade, que nasceu sob o signo do suicídio). A ruína estava por chegar provindo, simultaneamente, de dois lados.

Para começar, a aceleração não ajuda: por mais fortemente que a vanguarda tentasse, ela não podia separar-se inteiramente da "populaça", que ela temia e tentava esclarecer ao mesmo tempo. O mercado rapidamente farejou o enorme potencial estratificante que as "artes incompreensíveis" levavam consigo. Logo se teve conhecimento de que todo aquele que desejasse informar seus pares sobre seu progresso no mundo e tivesse meios adequados para sustentar o seu desejo podia fazê-lo facilmente decorando sua residência com as últimas invenções das artes da linha de frente, que desafiavam e amedrontavam os mortais comuns e não refinados. Em prova disso, podia-se simultaneamente exibir o seu próprio bom gosto e sua distância do resto feito de incultos e sem gosto. Na opinião de Peter Bürger, foi seu assombroso sucesso comercial que desferiu o golpe mortal na arte de vanguarda, agora "incorporada" pelo "mercado artístico". Devido a seu caráter endemicamente controverso, essa arte veio manifestar a distinção social: foi nessa qualidade que a arte de vanguarda encontrou clientes entre os empreendedores, os *arrivistes* de classe média, incertos de sua posição social e ávidos de se armar com infalíveis símbolos de prestígio. Em sua capacidade estética e principal, a arte de vanguarda, como antes, podia desconcertar seus espectadores, chocar e espantar; em sua outra capacidade, de conferir distinção e estratificar, ela atraiu sempre um número crescente de admiradores acríticos e, o que é mais importante, de compradores. O aplauso que a vanguarda simultaneamente desejava e temia finalmente de fato apareceu (não o aplauso justo — uma piedosa adoração e um culto) — mas, inesperadamente, pela porta dos fundos: ele se materializou não tanto como o cobiçado triunfo da missão modernizadora, não como uma manifestação tangível da conversão bem-sucedida, mas como uma consequência imprevista da procura febril de símbolos portáteis e compráveis de posição superior num mundo que desarraigou as identidades herdadas e tornou a construção da identidade a tarefa dos desarraigados. A arte de vanguarda foi absorvida e assimilada não pelos que (sob sua influência nobilitadora) se voltaram para o credo que ela ensinava, mas por aquelas pessoas que desejavam aquecer-se na glória refletida do recôndito, exclusivo e elitista.

Por outro lado, parecia, aos poucos, que a fuga à armadilha do consentimento e da aceitação popular tinha seus limites. Mais cedo ou mais tarde, tinha-se de alcançar o muro: o fornecimento de fronteiras para a transgressão e de modelos para a violação era tudo menos infinito. Seguindo a sugestão de Umberto Eco, pode-se dizer que o limite natural para a aventura da vanguarda foi atingido na tela em branco ou queimada, nos desenhos raspados de Rauschenberg, na galeria vazia de Nova York quando do vernissage de Yves Klein, no buraco desencavado por Walter de Maria em Kassel, na composição silenciosa para piano de Cage, na "exibição telepatética" de Robert Barry, com páginas vazias de poemas não escritos. O limite das artes vivido como uma permanente revolução foi a autodestruição. Chegou um momento em que não havia nenhum lugar para onde ir.

O fim, por conseguinte, veio tanto de fora como de dentro da arte de vanguarda. O universo do mundano se recusou a ser mantido à distância. Mas o fornecimento de locais para sempre novos refúgios de um outro mundo estava finalmente esgotado. Pode-se dizer que as artes de vanguarda demonstraram ser *modernas em sua intenção, mas pós-modernas em suas consequências* (suas imprevistas, mas inevitáveis, consequências).

No cenário pós-moderno do presente, falar de uma vanguarda não faz sentido. Um artista ou outro pode agora assumir uma atitude recordada dos tempos do *Sturm und Drang* da alta modernidade — mas, sob as circunstâncias presentes, isso seria mais uma pose do que uma posição. Despido da significação do passado, não predizendo nada e não impondo nenhuma obrigação — um símbolo mais de bravata do que de rebeldia, e certamente não de fortaleza espiritual. A expressão "vanguarda pós-moderna" é uma contradição em termos.

A multiplicidade de estilos e gêneros já não é uma projeção da seta do tempo sobre o espaço da coabitação. Os estilos não se dividem em progressista e retrógrado, de aspecto avançado e antiquado. As novas invenções artísticas não se destinam a afugentar as existentes e tomar-lhes o lugar, mas a se juntar às outras, procurando algum espaço para se mover por elas próprias no palco artístico notoriamente superlotado. Num cenário em que a sincronia toma o lugar da diacronia, a copresença toma o lugar da sucessão e o presente perpétuo toma o lugar da história, a competição domina desde as cruzadas. Já não se fala de missões, de advocacia, de profetização, de uma e única verdade firmada para estrangular todas as pseudoverdades. Todos os estilos, antigos e novos sem distinção, devem provar seu direito de sobreviver aplicando a mesma estratégia, uma vez que todos se submetem às mesmas leis que dirigem toda a criação cultural, calculada — na frase memorável de George Steiner — para o máximo impacto e obsolescência imediata. (Num mercado com excesso de oferta, a tarefa mais urgente é atrair a atenção do cliente; uma segunda, bem perto, vem a ser a tarefa de desocupar as prateleiras do mercado para novos produtos que rapidamente chegam.) E, quando a competição domina, há pouco espaço ou tempo deixado para ação de grupo, confraria de ideias, escolas disciplinadas e disciplinadoras — todas essas "forças de associação e alinhamentos confinantes" tão característicos dos tempos de guerras santas. Há pouco espaço, portanto, para normas e cânones coletivamente negociados e coletivamente proclamados. Toda obra de arte recua diante do quadrado e não pensa em criar família, esquecida do preceito de Baudelaire de que as invenções modernas devem ser as clássicas *in spe*.

Conceitos tais como filisteíssimo, pedantismo, vulgaridade soam estranhos e estrangeiros no meio da cacofonia da publicidade comercial dos nossos dias. Como traçar a linha divisória, se a novidade já não se liga à revolução, as inovações não equivalem ao progresso e a rejeição da novidade não se liga necessariamente

A arte pós-moderna, ou a impossibilidade da vanguarda 151

ao obscurantismo e à reação? A visão do progresso, se universalmente aceita, permitiu respostas aparentemente objetivas às perguntas como "O que é e o que não é a arte?" ou "O que é arte boa, e má?" — e emprestou inabalável autoridade aos julgamentos proferidos em seu nome. Uma vez que a visão seja rejeitada ou posta em dúvida, uma pessoa está fadada (como, por exemplo, pressentem Howard Becker ou Marcia Eaton) a se fiar, nos seus julgamentos, em indicações tão clamorosamente não objetivas como o relativo prestígio das galerias ou casas de concerto, e os respectivos preços das obras que elas vendem. (Com demasiada frequência, os dois critérios se fundem num só.) O poder estratificante pertence, hoje, não tanto às criações artísticas quanto ao local em que são contempladas ou compradas. A esse respeito, porém, as obras de arte não diferem de outras utilidades mercáveis. Onde buscar, portanto, a condição característica das artes no universo pós-moderno e pós-vanguarda?

O legado da era da vanguarda (e, mais comumente, dos tempos dos movimentos modernistas) é a imagem das artes e dos artistas como as tropas de assalto da história que se faz avançar. A vanguarda artística vivia seus trabalhos como uma atividade revolucionária. (A intensa simpatia, com pretensão de parentesco espiritual e identidade de propósito, que a maior parte dos artistas de vanguarda sentiu pela política revolucionária igualmente da esquerda e da direita, tanto mais profunda e mais entusiástica quanto mais radicais e mesmo totalitárias fossem estas, é bem documentada e conhecida. Essa simpatia, no entanto, em retrospecto parece uma história de amor não correspondido; os revolucionários políticos desconfiavam, é claro, de todos os que apresentavam princípios e cânones acima das exigências da disciplina do partido: além disso, as predisposições elitistas dos artistas só podiam pôr em perigo a solicitação, por parte dos políticos, de apoio maciço, mais parecido com o elogio do "gosto popular", que a vanguarda julgava demolir.) Esperava-se que a arte metesse a realidade social num molde em que, por si própria e sem ajuda, a realidade fosse de assunção improvável.

As artes dos nossos dias, ao contrário, não se mostram inclinadas a nada que se refira à forma da realidade social. Mais precisamente, elas se elevaram dentro de uma realidade sui generis, e de uma realidade autossuficiente nesta. A esse respeito, as artes partilharam a situação da cultura pós-moderna como um todo — que, como Jean Baudrillard o exprimiu, é uma cultura de *simulacro*, não de *representação*. A Arte, agora, é uma entre as muitas realidades alternativas (e, inversamente, a chamada realidade social é uma das muitas artes alternativas), e cada realidade tem seu próprio conjunto de presunções tácitas, de procedimentos e mecanismos abertamente proclamados para sua autoafirmação e autenticação. É cada vez mais difícil indagar, e mesmo mais difícil decidir, qual é primário e qual é secundário, qual deve servir como ponto de referência e critério de correção ou adequação para o resto. Mesmo se perguntas como essas continuam sendo feitas por força do hábito, não é claro onde dar início à busca de uma resposta. (A simulação, como insiste Baudrillard, não é falsificadora ou falsa pretensão; é, antes, parecida com a doença psicossomática, em que as dores do paciente são inteiramente reais e a pergunta sobre se sua moléstia também é real não faz muito sentido.)

As artes pós-modernas alcançaram um grau de independência da realidade não artística com que seus antecessores modernistas só podiam sonhar. Mas há um preço a ser pago por essa liberdade sem precedentes: o preço é a renúncia à ambição de indicar as novas trilhas para o mundo. Não se trata, para as artes, de perder a sua "utilidade social", genuína ou putativa. Schoenberg radicalizou a divisa de Gautier da "arte por amor à arte", afirmando que nada que seja útil pode ser arte — mas mesmo nessa forma radical a declaração não apreende completamente a situação das artes no cenário pós-moderno, em que a verdadeira noção de "artes úteis" é destituída de sentido claro, uma vez que no reino das artes é obscuro como a presença ou ausência da utilidade podia ser averiguada: enquanto a questão da utilidade versus nocividade a respeito da realidade não artística se tem tornado altamente controversa.

Em outras palavras, a liberdade do tipo conquistado pelas artes no cenário pós-moderno dificilmente preenche o postulado de Gautier. Independência não significa necessariamente autonomia, enquanto a divisa "a arte por amor à arte" reclamava precisamente autonomia: o direito ao autogoverno e à autoafirmação, sem cortar os laços com a vida social e renunciar ao direito de influenciar o seu curso. Como sugere Baudrillard, a importância da obra de arte é medida, hoje, pela publicidade e notoriedade (quanto maior a plateia, maior a obra de arte). Não é o poder da imagem ou o poder arrebatador da voz que decide a "grandeza" da criação, mas a eficiência das máquinas reprodutoras e copiadoras — fatores fora do controle dos artistas. Andy Warhol tornou essa situação uma parte integral de sua própria obra, inventando técnicas que deram cabo da própria ideia do "original" e produziram unicamente cópias desde o início. O que conta, afinal, é o número de cópias vendidas, não o que está sendo copiado.

A vanguarda não reconheceria em tudo isso a realização de suas ideias. Um sociólogo, porém, pode reconhecer nela a consequência (não antecipada, sem dúvida) de seus feitos.

· 8 ·

O significado da arte
e a arte do significado

Dois notáveis analistas e profissionais da cultura contemporânea, Michel Foucault e Pierre Boulez, se encontraram em 1983 para debater o sentido da nova música e sua recepção pública.[1] Disse Foucault:

> Não se pode falar de uma única relação da cultura contemporânea com a música em geral, mas de uma tolerância, mais ou menos benevolente, com relação a um grande número de músicas. A cada uma é concedido o "direito" à existência e esse direito é sentido como uma igualdade de valor.

Boulez admitiu que de fato a reticência atual em tomar uma posição, a aceitação incondicional do pluralismo e certa generosidade liberal que caracterizam o nosso tempo criam uma situação em que "tudo é bom, nada é ruim; não há nenhum valor, mas todos são felizes". E assim, disse ele, "esse discurso, tão liberalizante quanto pode querer ser reforça, ao contrário, os guetos, consola a consciência das pessoas por estar num gueto, especialmente se de quando em quando elas excursionam nos guetos das outras". A intolerância pode matar, mas a tolerância, mesmo se reconhecidamente menos cruel, isola: uma espécie de música da outra, um artista do outro, a música e o artista de sua plateia.

O que quer que o significado da nova música possa trazer não é facilmente captado por aqueles que a ouvem. E Boulez explica por que acontece isso:

Na música clássica e romântica [...] há esquemas a que se obedece, que podem ser seguidos independentemente da própria obra. [...] Elas têm a eficiência e segurança dos sinais: estes voltam de uma peça para outra, assumindo sempre a mesma aparência e as mesmas funções. Progressivamente, esses elementos reanimadores desapareceram da música "séria". [...] As obras musicais tenderam a se tornar eventos únicos, que [...] não são redutíveis a qualquer esquema orientador reconhecido por todos, a priori.

Boulez prossegue até sugerir que a formação musical — que, observemos, é sempre uma formação de atendimento das normas e identificação dos padrões — é uma desvantagem, mais do que um trunfo, para a compreensão. Pode-se falar aqui de um fenômeno similar à "incapacidade treinada" na prática das grandes organizações, notórias pela promoção de padrões de conduta regulares. Paradoxalmente (ou não tão paradoxalmente, afinal), são os recém-chegados, os "estrangeiros" na música, os amadores que se acham menos inibidos e, assim, mais capazes de ouvir atentamente... Foucault concordou com essa explicação:

[...] cada audição se apresenta como um evento. [...] Não há nenhuma deixa que permita [ao ouvinte] esperá-lo e reconhecê-lo. Ele ouve o que acontece. É uma modalidade muito difícil de atenção, que se contradiz com a familiaridade elaborada por uma repetida audição da música clássica.

Reconhecidamente, a nova música "séria" apresenta o caso mais extremo e radical do "ruído de canal" — a dificuldade encontrada em transmitir a mensagem. Mas esse caso só exacerba e estende o problema amplamente reconhecido da arte contemporânea em geral. Ludwig Wittgenstein demonstrou de maneira convincente a impossibilidade de uma "linguagem privada". É a aceitação social de conexões necessárias entre os signos e certos significados que faz uma linguagem. Mas a arte contemporânea parece preocupar-se, mais do que qualquer outra coisa, em desafiar, reptar e derrubar tudo o que a aceitação social, o aprendizado e a formação solidificaram em esquemas de "necessária" conexão; é como se todo artista, e toda obra de arte, lutasse para construir uma nova obra de arte privada, esperando e desesperando convertê-la numa linguagem consensual e genuína, isto é, dentro de um veículo de comunicação — mas retrocedesse em pânico num novo deserto, ainda não domesticado pela compreensão, no momento em que o sonho chega perto de sua realização... Como François Lyotard o exprimiu, se desde o começo da modernidade as artes procurassem os caminhos da representação do "sublime", o que por sua natureza desafia a representação, a procura do sublime pelos artistas modernos moldaria uma "estética nostálgica": eles postulariam o não representável apenas como um "conteúdo ausente". Os artistas pós-modernos, por outro lado, lutam por incorporar o não representável na própria apresentação. Mas esse esforço tem as suas consequências:

> Um artista ou escritor pós-moderno está numa situação de um filósofo: o texto que escreve e a obra que apresenta não estão, em princípio, norteados por regras estabelecidas, e eles não podem sujeitar-se a determinado julgamento pela aplicação de categorias conhecidas. São essas regras e essas categorias que o texto ou a obra procura. O artista e o escritor, portanto, trabalham sem regras, com o fim de estabelecer as regras do que terá sido feito. Por isso, a obra e o texto têm a característica de um evento; surgem tarde demais para seus autores ou — o que equivale à mesma coisa — sua realização sempre começa cedo demais. O pós-moderno precisa ser compreendido através do paradoxo do tempo futuro anterior.[2]

As normas pelas quais a obra foi construída podem ser encontradas, caso possível, só *ex post facto*: no fim do ato da criação, mas também no fim da leitura ou exame — uma vez que cada ato de criação é único e sem precedentes, não se referindo a nenhum antecedente, a não ser citando-o, isto é, arrancando as citações de sua situação original e, assim, arruinando, em vez de reafirmar, seu significado original. As regras estão perpetuamente se fazendo, sendo buscadas e encontradas, cada vez de uma forma analogamente única e como um evento analogamente único, em cada sucessivo encontro com os olhos, os ouvidos e a mente do leitor, espectador, ouvinte. Nada da forma em que acontece tais regras ser encontradas foi de antemão determinado pelas normas ou hábitos existentes, autorizadamente sancionadas ou aprendidas a se reconhecer como sendo corretas. Nem tais regras, uma vez encontradas ou compostas ad hoc, se tornarão obrigatórias para leituras subsequentes. A criação e a recepção, do mesmo modo, são os processos da descoberta permanente e nunca será provável uma descoberta descobrir tudo o que há para ser descoberto, ou descobri-lo de uma forma que frustre a possibilidade de uma descoberta inteiramente diversa... A obra do artista pós-moderno é um esforço heroico de dar voz ao inefável, e uma conformação tangível ao invisível, mas é também (obliquamente, através da recusa a reafirmar os cânones socialmente legitimizados dos significados e suas expressões) uma demonstração de que é possível mais do que uma voz ou forma e, desse modo, um constante convite a se unir no incessante processo de interpretação, que também é o processo de criação do significado. Como Maaretta Jaukkuri o exprimiu uns poucos meses atrás no seminário de Bodo, o significado da obra de arte reside no espaço entre o artista e o espectador.

Pode-se rastrear essa nova liberdade interpretativa, com que as pinturas ou esculturas da atualidade acenam diante dos olhos de seus espectadores, até o corte do cordão umbilical que ligava as artes plásticas à "realidade" que supostamente representavam — ou, mais precisamente, que as ligava à série de normas e símbolos convencionais que, quando observados, garantiam o status representativo da criação artística. Está certo: a arte moderna desde o berço devastou as regras e símbolos herdados, rejeitando com insolência a autoridade de toda tradição, depreciando os herdados instrumentos da representação, incansavelmente buscando novos códigos e novas técnicas, desafiando a maneira convencional e costumeira de ver o mundo — e forjando novos elos entre o objeto e o que quer que deva ser reconhecido como sua imagem. O que ela não fez, contudo, foi contestar o valor da representação como tal; o que quer que os artistas modernos tenham feito foi sob os auspícios de uma representação melhor do que antes, e motivados pelo impulso de chegar sempre mais perto da "verdade", só temporariamente desfigurada ou escondida pelas convenções existentes. Cada sucessiva ruptura na era da revolução permanente disparou uma rajada de agudas e estridentes manifestações e declarações de fé, todas proclamando a descoberta e a iminente norma da nova verdade e os novos princípios que de agora em diante guiarão o que procura a verdade. A arte contemporânea, por outro lado, já não tem nada a ver com a "representação": ela já não admite que a verdade que precisa ser captada pela obra de arte se ache em ocultação "exterior" — na realidade não artística e pré-artística — esperando ser encontrada e receber expressão artística. Tendo sido, assim, "liberada" da autoridade da "realidade" como juiz genuíno ou putativo, mas sempre supremo do valor da verdade, a imagem artística reclama (e desfruta!), no agitado processo da elaboração do significado, o mesmo status que o resto do mundo humano. Em vez de refletir a vida, a arte contemporânea se soma a seus conteúdos. Como Jean Baudrillard o exprimiu, "não há nenhum objeto privilegiado. [...] a obra de arte cria seu próprio espaço". As imagens não representam, mas *simulam* — e a "simulação se refere ao mundo sem referência, de que toda referência desapareceu". A arte cria não exatamente as imagens, mas também seus significados: ela "dá um significado ou um sentido de identidade a algo que não é significativo, que não tem nenhuma identidade".[3]

Assim, a arte e a realidade não artística funcionam nas mesmas condições, como criadoras de significado e portadoras de significado, num mundo notório por ser simultaneamente afortunado e flagelado pela insuficiência e pelo excesso de significados. Já não há uma posição vantajosa, se elevando acima do território inteiro de experiência da vida, cuja totalidade podia ser avistada, mapeada e copiada, de modo que alguns significados pudessem ser concedidos como reais e outros desmascarados como errôneos ou espectrais. Num mundo como esse, todos os significados são sugestões, permitindo convites ao estudo e demonstração, à interpretação e reinterpretação. Nenhum significado é produzido explicitamente e nenhum é explicitado depois de produzido. Pode-se dizer que, nesse nosso mundo, os signos flutuam em busca de significados e os significados se deixam levar em busca dos signos, enquanto os escritórios de registro matrimonial foram dissolvidos e as funções do juiz de paz, desregulamentadas. Sob tais circunstâncias, as taxas tanto de casamento quanto de divórcio alcançaram proporções inauditas. E o papel do agente de casamento na unificação de sinais e significados em seu — já não sagrado — matrimônio precisa ser reavaliado.

Uma sutil polonesa que é analista e intérprete da arte contemporânea e pós-moderna, Anna Jamroziak, tem a seguinte e apropriada indicação: as imagens artísticas, diz ela,

> prontas para absorver sentidos e significados, enfrentam o espectador contemporâneo como fantasmas: intrigantes e intensas, embaraçosas e sedutoras pelo que elas próprias são e pelas cadeias em que podem ser colocadas e em que aparecem graças a seus criadores e a seus receptores inclinados à interpretação. [...]
>
> O autor de imagens pós-modernas é um animador ou apresentador, mais do que criador. [...] A autoria consiste no ato de montar o processo em movimento, enquanto o processo assim originado não tem em mira algum ponto de objetivação final numa forma reificada, funcionando, em vez disso, de maneira livre e desabrida, através de muitos caminhos — e continua incompleto e aberto...[4]

O significado da arte pós-moderna, pode-se dizer, é estimular o processo de elaboração do significado e defendê-lo contra o perigo de, algum dia, se desgastar até uma parada; alertar para a inerente polifonia do significado e para a complexidade de toda interpretação; agir como uma espécie de anticongelante intelectual e emocional, que previna a solidificação de qualquer invenção a meio caminho para um cânone gelado que detenha o fluxo de possibilidades. Em vez de reafirmar a realidade como um cemitério de possibilidades não provadas, a arte pós-moderna traz para o espaço aberto o perene inacabamento dos significados e, assim, a essencial inexauribilidade do reino do possível. Pode-se mesmo dar um passo adiante e sugerir que o significado da arte pós-moderna é a desconstrução do significado; mais exatamente, revelando o segredo do significado, o segredo que a moderna prática teórica tentou firmemente esconder ou deturpar. Esse significado só "existe" no processo da interpretação e da crítica, e morre completamente com ele.

É isso que transforma a arte pós-moderna numa força subversiva — em sentido oposto às acusações muitas vezes enunciadas (especialmente por Habermas) de conservadorismo. Tais acusações revertem à moderna concepção do progresso, orientada por Tânatos, como sendo essencialmente a introdução de uma ordem de plano mais alto, uma autorizada seleção de possibilidades e exclusão das outras, não selecionadas, como se estendendo na direção de um estado em que toda mudança posterior ou não seja vista com bons olhos, ou seja ilegal. À luz dessa concepção, a arte pós-moderna, que recusa bravamente o compromisso com qualquer solução autorizada e insiste em fazer do barulho o próprio intuito de cada canal de comunicação, pode ser considerada conservadora; está, afinal, ridicularizando toda esperança de encerrar a dissidência e de assegurar a regra do consenso onde a polifonia e a infinidade de possibilidades uma vez viveram e continuam a viver. Mas o conservadorismo, somos tentados a dizer, existe unicamente aos olhos dessa concepção...

Uma vez que a liberdade toma o lugar da ordem e do consenso como critério da qualidade de vida, a arte pós-moderna de fato ganha muitos pontos. Ela acentua a liberdade por manter a imaginação desperta e, assim, manter as possibilidades vivas e jovens. Também acentua a liberdade ao manter os princípios fluidos, de modo que não se petrificassem na morte e nas certezas enceguecedoras. Como uma dedução da experiência de arte contemporânea, Piotr Kawiecki, filosofo estético polonês, inclui o desafio ao saber habitual na própria definição da atividade artística:

> Indubitavelmente, no reino da cultura artística, entra esse fragmento cujas criações não podem ser sensivelmente compreendidas em função da consciência simbólico-estética atual, e é para esse fragmento que se reserva o nome de "arte". Por assim decidir, admitimos que a totalidade da arte constitui precisamente esse fragmento da cultura artística cujo significado, para a percepção estética comum, é obscuro.[5]

Kawiecki desenvolve aqui a observação de Hans Gadamer de que é incriminador para um objeto de arte simplesmente evocar nos espectadores os cânones de sua educação estética, ou fazer-lhes recordar outros artistas, em vez de enfrentá-los com nova e original "energia de ordenação espiritual" que tanto desafia os cânones que eles aprenderam como os hábitos memorizados da visão. Sobre René Magritte, o pintor que ela corretamente chama de "o precursor" (ele antecipou, como ressalta ela, "os problemas que preocuparão sucessivas gerações"), Susan Gablik diz que, para ele,

> todos os atos possíveis da mente […] são indiferentes, a menos que evoquem mistério, diretamente. Pintar manifesta esse momento de lucidez, ou de gênio, em que o poder da mente se declara pela revelação do mistério das coisas que parecem, até aquele momento, familiares. Esse momento de lucidez é algo que, segundo Magritte, nenhum método pode pôr em execução.[6]

Não exatamente a ausência de esquemas a serem reproduzidos e reafirmados, dos caminhos já traçados por outros artistas e que se podem seguramente seguir, ou das convenções, que ficaram habituais, de expressar significados e de interpretá-los — mas, em acréscimo, métodos não aceitos e dignos de confiança de chegar a novos significados e aos modos de expressá-los. Os artistas pós-modernos estão condenados a viver, pode-se dizer, a crédito. A prática produzida por suas obras ainda não existe como um "fato social", deixa intocado o "valor estético", e não há nenhum modo de decidir antecipadamente que algum dia haverá de tornar-se isso. Afinal, só se pode acreditar no futuro dotando o passado da autoridade que o presente é obrigado a obedecer. Não sendo isso verdade, só resta aos artistas uma possibilidade: a de *experimentar*.

A experiência que é o seu destino, porém — como Anna Zeidler-Janiszewska, importante filósofa da arte polonesa, mostrou admiravelmente —, partilha a sorte dos significados, dos meios de expressão e dos métodos: ela desafia e vira de cabeça para baixo a ideia da experimentação herdada e institucionalizada. Tradicionalmente, as experiências foram construídas sob a orientação de uma teoria que se esperava provar: serviam ao propósito de confirmar ou corrigir essa teoria e eram, por isso, períodos bem incorporados e necessários de ação contínua e coletiva. Nada mais, nada menos do que passos seguidos pela multidão, ao longo da estrada claramente marcada por placas de sinalização legíveis para todos. O que hoje se entende por experimentação é uma atividade totalmente distinta. O artista que experimenta age no escuro, esboçando mapas para um território de existência ainda não comprovada e que não se garante se emerge do mapa ora esboçado. Experimentação significa admissão de riscos, e admitir riscos em estado de solidão, sob sua própria responsabilidade, contando apenas com o poder de sua própria visão como a única chance de a possibilidade artística obter o controle da realidade estética. Nas próprias palavras de Zeidler-Janiszewska, é ainda a tarefa da arte pós-moderna, como era a tarefa dos artistas modernos, resistir ao mundo exterior, quebrar o consenso e ampliar, através da experimentação, as possibilidades que a razão de informação linguística e instrumentalizada, junto com a "política cultural" feita sob sua medida, não pode antecipar, [mas] a esperança do consenso futuro é substituída pelo elogio da final e irredutível diferenciação: a justiça para com a diferença só pode ser preenchida negativamente e assim é obrigada a se fazer sem a visão da totalidade; a cultura emancipada da prisão da metafísica e suas extensões ideológicas, elas próprias aspirantes a prisões.[7]

A tarefa permanece tão formidável como o foi através da era do modernismo e da vanguarda, mas agora ela requer ainda mais coragem e determinação da parte do artista. Os atos de dissensão solitária têm de ser empreendidos sem a esperança de ser recompensados pela nova coletividade. Os artistas pós-modernos são, como os seus predecessores, uma "vanguarda", mas num sentido inteiramente diverso de como os modernistas pensavam sobre seu papel e de como desejavam que este fosse considerado. Em poucas palavras, pode-se dizer que se a vanguarda modernista se ocupava de marcar as trilhas que levavam a um consenso "novo e aperfeiçoado", o vanguardismo pós-moderno consiste não exatamente em desafiar e debilitar a forma existente e reconhecidamente transitória de consenso, mas em solapar a própria possibilidade de qualquer acordo futuro, universal e, desse modo, sufocante.

Michel Foucault distinguiu duas espécies de estratégia crítica e potencialmente emancipadora: "Pode-se optar por uma filosofia crítica que se apresentará como uma filosofia analítica da verdade em geral, ou pode-se optar por um pensamento crítico que tomará a forma de uma ontologia de nós mesmos, uma ontologia do presente".[8] Quero sugerir que os artistas pós-modernos, por força da situação cultural, se não necessariamente por sua própria escolha deliberada, se acham simultaneamente envolvidos nas duas estratégias críticas. Sua obra se situa no ponto de convergência em que a discussão da verdade e a discussão do presente subjetivamente vivido se encontram, se animam e se reforçam uma à outra.

Deixem-me dar uns poucos exemplos, todos extraídos do maravilhoso *Artscape*, iniciativa assumida e executada por Maaretta Jaukkuri, seus amigos e os artistas a que ela fez encomendas, em Norland, na Noruega.

Tomemos primeiro os enormes blocos de pedra lançados em meio da acidentada e áspera paisagem da baía Bodo, por Tony Cragg. Cada pedra foi perfurada em muitas direções entrecruzadas, com brocas de diferentes diâmetros; olhemos para dentro da pedra, em qualquer das trilhas deixadas conforme os combinados efeitos da perfuração, e veremos as mais emocionantes paisagens, com cadeias de montanhas, vales, picos e desfiladeiros. Paisagem por dentro, paisagem por todos os lados... Arte em paisagem, paisagem em arte? Como uma paisagem é conhecida para ser uma paisagem? É a obra do olhar humano que é diferente, em sua obra, da obra da mão humana? A ontologia da verdade e a ontologia de nós mesmos se acham aqui reconciliadas. Duas questões se fundem numa, nenhuma pode ser atacada sem se encarar a outra. A verdade do mundo e a obra do seu residente (ou é o seu transportador? seu invocador?) se misturam: também exigem ser enfrentadas em sua indivisível unidade.

Ou tomemos o enorme, pesado, imóvel *Protractor* (Transferidor) de Kristjan Gudmundsson, que domina soberbamente o lago e as colinas de Skjerstad. Um transferidor, como até uma criança sabe, é um instrumento para medir os ângulos entre as linhas, as superfícies, os aclives e declives das coisas no mundo "exterior"; cada ato de utilização do transferidor confirma que as coisas têm suas qualidades, que as qualidades são atributos inalienáveis das coisas, e que a única tarefa deixada para nós, os usuários de transferidores, é descobrir o que elas são. O transferidor de Skjerstad apresenta todas essa tarefas, e com a sólida, imponente autoridade da pedra em que foi cortado. Mas vejamos: há um estreito conduto perfurado através da base do transferidor, tão pequenino que só pode acomodar um olho humano. Se olhamos através dele, vemos que uma pintura é criada pelo nosso olhar, pré-selecionada e pré-moldada pela nossa visão e a atenção

O significado da arte e a arte do significado 165

que se lhe segue... Dessa maneira, de onde vêm as qualidades das coisas que olhamos? Na verdade, não muito espaço foi deixado para as expedições dos nossos olhos, em parte pela sufocante e impenetrável gravidade do transferidor de pedra. E, apesar disso, um pequeno furo trespassado através dessa gravidade é bastante para lançar dúvida sobre seu caráter soberano, ridiculariza sua realeza, devolve ao cadinho toda a questão da autoridade e da autoria... Novamente, a ontologia da verdade leva à ontologia do sujeito. Desse encontro nasce a percepção crítica.

Ou tomemos as *Four Expositions* (Quatro exposições), de Gediminas Urbonas, escavadas numa encosta de colina perto de Saltdal. Quatro contêineres haviam sido colocados uns quatro metros acima do nível da estrada. Os carros param, intrigados motoristas galgam a colina para ver o que se acha dentro deles. Eles encontram objetos dentro dos três — um *objet d'art* deliberadamente feito, um *ready-made* e um objeto encontrado; o quarto contêiner está vazio. Os embaraçados exploradores passam a maior parte do tempo contemplando o vazio. Obviamente, não há nada dentro dele, mas esse nada está transbordante de significado, de um significado talvez mais profundo e surpreendente que o dos outros contêineres: ele contesta, reavalia, revê os outros significados. Sabemos agora que as outras coisas, exatamente como a vacuidade do quarto contêiner, devem seus significados ao fato de estar numa exposição; sabemos que penetraríamos em seus significados, se esquecêssemos os atos de convertê-los em exposição e de contemplá-los como exposição. A ontologia da verdade e a ontologia do motivo e da vontade humanas piscam uma para a outra, cada uma abraça a outra e em seu abraço nenhuma delas se sente a salvo...

Deixem-me repetir: a arte pós-moderna é uma força crítica e emancipadora até compelir o artista, então despojado de esquemas enceguecedores e métodos infalíveis, e o espectador ou ouvinte, então deixado sem os cânones de ver e a consoladora uniformidade do gosto, a se empenharem no processo de compreensão, interpretação e elaboração de significado que inevitavelmente reúne as questões da verdade objetiva e os planos subjetivos da realidade. Mas, assim fazendo, ela liberta as possibilidades da vida, que são infinitas, da tirania do consenso, que é — deve ser, não pode senão ser — excludente e incapacitante. O significado da arte pós-moderna, sugiro eu, é abrir amplamente o portão às artes do significado.

Deixem-me concluir essa reflexão citando Foucault de novo:

> Uma crítica não é uma questão de dizer que as coisas não estão certas como estão. É uma questão de ressaltar em que espécies de suposição, em que espécies de modo de pensar familiares, não discutidos, irrefletidos se baseiam as práticas que aceitamos. [...]
>
> A crítica é uma questão de fazer jorrar esse pensar e tentar mudá-lo: mostrar que as coisas não são evidentes por si mesmas quanto se acreditava, perceber que o aceito como sendo por si mesmo já não será aceito como tal. Praticar a crítica é uma questão de fazer gestos difíceis se tornarem fáceis.[9]

Cerca de quarenta anos antes de serem escritas essas palavras de Foucault, Magritte observou, em seu esboço autobiográfico publicado em abril de 1940 pela revista belga *L'Invention collective*:

> Esse nosso mundo contraditório e desordenado permanece mais ou menos unido à força de explicações perifrásticas, complexas e engenhosas alternativamente, que parecem justificá-lo e desculpar os que infortunadamente prosperam nele. [...]
>
> Essa experiência pictórica que põe à prova o mundo real me dá a crença na infinidade de possibilidades até agora desconhecidas da vida. Sei que não estou sozinho ao afirmar que sua conquista é o único propósito e a única razão válida para a existência do homem.

É por isso, presumo, que Suzi Gablik escreveu sobre René Magritte como o Precursor. E é pelo que soa tão verdadeiro e evidente tão logo ela o escreveu.

· 9 ·

Sobre a verdade, a ficção e a incerteza

Como expressou William James em 1912,[1] o verdadeiro é "somente um expediente na nossa maneira de pensar". Na interpretação de Richard Rorty, o papel que James atribuiu a esse "expediente" consistia em elogiar — e, por meio do elogio, endossar — as crenças aceitas. Segundo esse ponto de vista, que compartilho, a palavra "verdade" simboliza nos nossos usos determinada atitude que adotamos, mas acima de tudo desejamos ou esperamos que outros adotem, para com o que é dito ou acreditado — em vez de uma relação entre o que é dito e determinada realidade não verbal (como Locke primeiro sugeriu — entre ideias e os objetos que elas correta ou insatisfatoriamente *representam*). É necessário salientar, contudo, que a forma específica de endosso efetuada pelo "expediente da verdade" consiste precisamente em asseverar que, em determinadas crenças, existe mais do que a nossa aprovação — sendo esse "mais", na maioria dos casos, a suposta identidade entre o que as crenças asseveram e esse algo sobre que nos informam, ou uma coesão exemplar entre a crença em questão e outras crenças comumente incontroversas; que existem, em outras palavras, razões para aprovação mais sólidas e fidedignas do que o caprichoso e instável acordo entre os crentes — de modo que as crenças em questão possam não ser simplesmente *aprovadas*, mas *aprovadas com confiança e segurança*, e adotadas com firmeza suficiente para *rejeitar* outros pontos de vista alternativos ou francamente contrários sobre o assunto.

Nesse comentário sobre James, Rorty acrescenta outras funções do conceito de verdade: além da função de endosso, são especificadas uma função admonitória e uma função oposta à da citação.[2] No entanto, embora aumentada, a lista de Rorty das funções do conceito de verdade está ainda desprovida de um uso que, afirmo eu, sustenta, condiciona e endossa todas as outras funções, dentre elas a "função de endosso" — a saber, a função de *controvérsia*.

A noção de verdade pertence à retórica do poder. Ela não tem sentido a não ser no contexto da oposição — adquire personalidade própria somente na situação de desacordo, quando diferentes pessoas se apegam a diferentes opiniões, e quando se torna o objeto da disputa de *quem está certo e quem está errado* — e quando, por determinadas razões, é importante para alguns ou todos os adversários demonstrar ou insinuar que é o *outro lado* que está errado. Sempre que a veracidade de uma crença é asseverada é porque a aceitação dessa crença é contestada, ou se prevê que seja contestável. A disputa acerca da veracidade ou falsidade de determinadas crenças é sempre simultaneamente o debate acerca do direito de alguns de *falar com a autoridade* que alguns outros deveriam *obedecer*; a disputa é acerca do estabelecimento ou reafirmação das relações de superioridade e inferioridade, de dominação e submissão, entre os detentores de crenças.

A *teoria* da verdade, segundo essa avaliação, trata de estabelecer superioridade sistemática e, portanto, *constante e segura* de determinadas espécies de crenças, sob o pretexto de que a elas se chegou graças a determinado procedimento confiável, ou que é assegurado pela espécie de pessoas em que se pode confiar que o sigam. Necessita-se de uma teoria da verdade em uma ou duas situações: ou as posições de diversos participantes ativos, supostos ou potenciais do debate são desiguais e sua desigualdade tem de ser justificada a fim de ser defendida e preservada, ou a dominação deve ainda ser estabelecida e a competência de determinados agentes que no momento afirmam falar com autoridade tem de ser, para esse objetivo, contestada e desacreditada.

Teorizar acerca da verdade desenvolveu-se numa arte refinada e na vocação da vida de pensadores qualificados por Nietzsche como *sacerdotes ascéticos* — absorvidos em sua busca de "algum procedimento purificador que possa torná-los aptos para a comunicação com algo Totalmente Outro" e, assim, perseguindo "uma linguagem inteiramente desembaraçada da atividade da tribo".[3] Se existe alguma substância na afirmação de Whitehead de que os filósofos continuam a escrever notas de pé de página para Platão, ela certamente se aplica aos teóricos da verdade, que prosseguem esforçando-se para sair da caverna escura e cheia de fumaça de Platão, povoada por mortais comuns, para o inteiramente distinto universo das ideias puras e bem iluminadas. Não menos importante do que abrir caminho à força até aquele universo inteiramente distinto é que a trilha desbravada não é suficientemente larga e satisfatória para acomodar a multidão — e, portanto, só permanece acessível aos poucos escolhidos. Toda teoria da verdade segue o modelo de Platão, em ser uma teoria sobre por que e como os poucos escolhidos *conseguem* emergir da caverna e enxergar as coisas como elas verdadeiramente são, mas também, e talvez acima de tudo, uma teoria sobre por que todos os outros *não conseguem* fazer o mesmo sem ser guiados e por que tendem a resistir à direção e permanecer dentro da caverna, em vez de explorar o que é visível somente à luz do sol, no lado de fora. Se os teóricos da verdade desenvolvem uma receita inteligível para sair da caverna (como eles o exprimem, o modo de procurar a verdade metodologicamente, a *metodologia* de alcançar a verdade), eles se apressam a acrescentar, como fez Husserl no caso de sua redução transcendental e da *epoché,* que as perguntas que fazem não são do tipo das perguntas que surgiriam da experiência dos mortais comuns — e eles elevam o bastante as apostas e o preço dos bilhetes de saída, para garantir que os mortais comuns se conformem com esse veredicto.

Nisso eles seguem a fatal decisão de Kant, de fixar a razão no papel de um "tribunal" que "se pronuncia contra todas as ambições e pretensões infundadas", para anunciar "o dever da filosofia de destruir as ilusões que tiveram origem em concepções errôneas" — e proclamar a *opinião* — definida como um ponto de vista que não apresenta cunho de razão — como "completamente inadmissível". "São somente os princípios da razão que podem conferir a fenômenos concordantes a validade de leis." Negar a vantagem positiva ao serviço prestado pela razão, salientou Kant, "seria tão absurdo quanto asseverar que o sistema de polícia não produz nenhum benefício positivo, uma vez que sua atividade principal é impedir a violência que o cidadão tem de recear do cidadão [...]. O posto supremo de censor, que ela ocupa, assegura [à filosofia] a mais elevada autoridade e importância".[4] Dos veredictos da razão cujas leis Kant procurou explorar, não haveria nem poderia haver apelo: "A metafísica, tal como aqui apresentada, é a única ciência que admite acabamento [...] de modo que nada restará às futuras gerações, exceto a tarefa de ilustrá-la e aplicá-la *didaticamente*".[5]

Reconhecidamente, a visão de Kant da verdade filosófica, concebida no limiar da época moderna, era democrática: essa tinha de ser uma espécie de verdade de que se poderia assenhorear, e manejar, qualquer ser dotado de faculdades racionais — e a maioria dos seres humanos é composta, de fato, de tais seres. "A ideia do poder legislativo [do filósofo] reside na mente de todo homem" e, nesse aspecto, a metafísica é dirigida ao "acabamento da *cultura* da razão humana." Mais uma vez ouvimos falar de "acabamento": a indagação, nas leis da razão, limita-se a um só esforço; uma vez levada a seu fim, seus frutos serão reconhecidos pelo requintado valor, absorvidos e assimilados por todos os seres racionais, e, então, não será necessário nada, se não uma força policial, um gabinete de censura e seus porta-vozes ou funcionários de relações públicas, para recolher ao aprisco a eventual ovelha desgarrada. Em sua forma finalmente descoberta, a metafísica está fadada a se livrar em breve de uma tarefa, abolindo a própria necessidade: não só a filosofia surgirá vitoriosa da guerra de atrito empreendida contra "meras opiniões", como subsequentemente as substituirá no papel de senso comum universal.

Na outra extremidade da era moderna, não resta muito da animada autoconfiança de Kant. A jovem ambição da filosofia moderna, de conquistar e seduzir mentes não filosóficas com a própria racionalidade e extinguir completamente o tosco e caprichoso senso comum, deu lugar à triste e sensata reflexão acerca da surdez da mente comum, ou da consciência corrente, à voz da razão filosófica universal e sua sólida resistência à reforma. A filosofia pode ainda estar à procura da certeza, mas uma certeza que evidente e inexoravelmente lhe falta é a de vencer o debate. As apostas talvez até tenham sido invertidas. E, assim, Martin Heidegger pergunta:

> Não é a questão da essência [da verdade] a mais não essencial e supérflua que pode ser indagada? [...] Ninguém pode esquivar-se à evidente certeza dessas considerações. Ninguém pode levianamente negligenciar sua imperiosa seriedade. Mas o que é que fala nessas considerações? Senso comum "judicioso". Ele repisa a exigência de utilidade tangível e invectiva contra o conhecimento da essência de seres, cujo conhecimento essencial há muito tem sido denominado "filosofia" [...]
>
> [...] a filosofia não pode nunca refutar o senso comum, pois este é surdo à linguagem da filosofia. Nem pode sequer desejar fazê-lo, uma vez que o senso comum é cego ao que a filosofia expõe à sua visão essencial.[6]

Assim é, porque o passatempo da vida cotidiano — a revelação de seres (des Seiende), de cada ser separadamente e por si só — é sempre, e simultaneamente, o ocultamento do "ser como um todo" (Sein). Para o Dasein imerso em suas atividades diárias, "ser como um todo" permanece oculto. É somente o esforço do filósofo, liberto da escravidão da cotidianidade, que pode permitir a perscrutação desse ocultamento para alcançar o autorrevelador *Sein*. "A fuga do homem do mistério em direção ao que está facilmente disponível, adiante de uma coisa usual para a seguinte, passando pelo mistério — isto é *errado* (*irren*)." E o "homem situado e em harmonia", o único homem que existe, não pode deixar de errar dessa maneira. "O homem erra. O homem não se extravia meramente no erro. Ele está sempre extraviado no erro, porque, como *ex-sistente*, ele participa e, desse modo, já está apanhado em erro. [...] o erro pertence à constituição interna do *Dasein* em que o homem histórico é admitido." E, sendo o erro "a contraessência essencial à primordial essência da verdade",[7] o senso comum e a filosofia estão fadados a falar a partir de duas essências separadas e contraditórias, em linguagens incompreensíveis e impenetráveis uma para a outra, quase nunca se encontrando em conversa, e raramente sequer se acenando ao passar.

Portanto, o que compete ao teórico da verdade fazer? Uma vez que o tipo de erro previamente apresentado como o alvo da barragem filosófica, sob o codinome de senso comum, é considerado além do alcance do debate filosófico e além dos limites do âmbito legítimo da ascendência filosófica, são cada vez mais *as teorias da verdade de outros filósofos* que fornecem a causa para afiar as próprias lâminas e refinar o próprio arsenal retórico. Essa outra linha de frente não é necessariamente nova. Os modernos teóricos da verdade quase nunca se esquecem de fortificar essa outra fronteira e dispor ali parte de suas tropas — embora na maioria das vezes, como no caso de Kant, por sua preocupação com os efeitos desagradáveis que as altercações inconvenientes entre filósofos possam exercer sobre *oi polloi* que a filosofia se destinava a converter — "para evitar o escândalo que infalivelmente as controvérsias metafísicas, cedo ou tarde, provocarão mesmo nas massas". Se a retirada das massas do atoleiro do erro se manteve no alto da agenda filófica, Kant nunca se esqueceu de salientar que desenvolveu sua crítica da razão também para

Sobre a verdade, a ficção e a incerteza

desferir um golpe na raiz do materialismo, fatalismo, ateísmo, livre-pensamento, fanatismo e superstição — bem como do idealismo e ceticismo. [...]

Não se deve esperar que concedamos qualquer apoio à loquaz superficialidade que se arroga o nome de popularidade, tampouco ao ceticismo, que liquida rapidamente toda a ciência da metafísica. [...]

Aqueles que rejeitam [...] o método da *Crítica da razão pura não podem ter outro objetivo senão livrar-se dos grilhões da ciência*, transformar a labuta em diversão, a certeza em opinião e a filosofia em filodoxia.[8]

Ao mesmo tempo que retrocederam as esperanças e a determinação de converter as massas à doutrina dos filósofos, a preocupação com altercações internas moveu-se lenta mas inexoravelmente para o centro da atenção dos filósofos. Ela nunca permaneceu por muito tempo distante do centro — mas então poderia obter cada vez mais horas de expediente, vagas devido ao decrescente interesse pela reforma do senso comum (então nobilitado com nomes de som agradável e livres de opróbrio como *doxa* ou *phronesis,* para não mencionar as denominações, de carga extremamente positiva, de "tradição" ou "identidade comunal"). Atualmente, raras vezes se ouvem filósofos anunciando a sua intenção de corrigir os erros do homem ou da mulher comum. Ouvimo-los, no entanto, proclamando ruidosamente erros uns dos outros e a urgência de repará-los. As mais ferozes batalhas são hoje travadas ao longo das linhas de frente interuniversitárias e interdepartamentais.

Há uma modificação sutil, mas fecunda, nas apostas das batalhas. Se a aversão e a cólera contra outras teorias da verdade continuam inabaladas — e muitos filósofos repetiriam a advertência de Kant acerca das calamitosas consequências de ignorar suas próprias proposições —, o mesmo já não se pode dizer acerca da ferocidade com que opiniões filosoficamente não endossadas e autoconstituídas eram condenadas e sentenciadas à pena capital. Pode-se dizer que os filósofos hoje lutam — paradoxalmente, se se pensa a respeito — não tanto acerca da única e verdadeira (única *porque* verdadeira) teoria da verdade, mas acerca da verdadeira, e por conseguinte única, teoria das *verdades* (no plural); e porque a pluralidade das verdades deixou de ser considerada um irritante temporário, logo destinado a ser deixado para trás, e porque a possibilidade de que diferentes opiniões podem ser não apenas simultaneamente *julgadas* verdadeiras, mas ser de fato simultaneamente *verdadeiras* — a teoria das verdades atualmente no centro da atenção dos filósofos parece ser privada de muito da sua função de disputa no tocante ao status de conhecimento não filosófico.

A tarefa da razão filosófica parece estar se deslocando de legislar acerca do modo correto de separar a verdade da inverdade para legislar acerca do modo correto de traduzir entre línguas distintas, cada uma gerando e sustentando suas próprias verdades. Assim, Hilary Putnam[9] desenvolve sua teoria a partir da suposição da impossibilidade de se obter, por meios humanos, uma "visão do olho de Deus", da qual o único sentido dos fenômenos poderia ser contemplado; ao passo que Donald Davidson fala da verdade relativamente a "crenças inatas", encara a atividade dos etnógrafos como o meio fácil para a descoberta de sentidos e põe-se a responder à pergunta: "Como, supondo que nós 'não podemos escapar das nossas crenças e da nossa língua para encontrar um teste diferente da coerência', podemos, não obstante, ter conhecimento e falar sobre um mundo público objetivo que não é de nossa criação?".[10]

Observe-se, por favor, que a impossibilidade de "escapar de nossas crenças e língua" é aqui tida como certa, como um "dado"; que a possibilidade de "falar sobre", em vez de "atingir a verdade" do "mundo público objetivo" é explicada como o alvo da indagação filosófica e o âmbito da arbitragem filosófica; que o qualificativo "público" aparece ao lado do atributo de "objetividade", quando o "mundo" como o objeto de cognição e fala é mencionado — aludindo, assim, à natureza artificial, forjada e mediada pelas crenças desse mundo; e que a "objetividade" *onto-*

lógica não é aqui tomada pela condição suficiente da objetividade epistemológica (muito menos por sua equivalente), nem garante mais sua viabilidade prática.

A obra de Richard Rorty pode ser interpretada como uma vigorosa afirmação no sentido de que a "visão liberal-conservadora da história" (essa descrição da história como a marcha irrefreável do erro para a verdade e da insensatez e superstição para o império da razão, a descrição que era, explícita ou implicitamente, adotada e colocada em ação por todos os filósofos modernos, independente de seu entusiasmo ou desesperança quanto a ela) foi pintada com as pinceladas do "sacerdote ascético". Tomando de empréstimo a Milan Kundera, Rorty fala sobre as "tapeçarias" tecidas pelos teólogos, filósofos e homens cultos, a fim de encobrir a ilegível confusão do transe humano com uma limpa e inteligível aparência de sentido. Esse costume de tecer tapeçarias foi igualmente compartilhado por filósofos modernos, como os que tomaram o partido da utopia do progresso, e por seus diretos opositores, que escreveram sobre sinistras distopias modernas. Exprimiu-se na combinação, por parte de Horkheimer e Adorno, de Candide e Auschwitz no mesmo modelo de legado do Iluminismo, mas veio também à tona na redução de Heidegger da história da civilização à ascensão da tecnologia — impulsionada pela ânsia de poder, e resultando no irrefreável crescimento do dessecado e árido deserto onde o "quê" é arrancado do "esse", e onde essência e acaso, realidade e aparência, objetivo e subjetivo, racional e irracional, científico e não científico separaram seus caminhos para sempre.

Em oposição a esse ímpeto sacerdotal ascético de limpar e simplificar o histórico da civilização ocidental, Rorty apresenta outra visão mais complexa da vida ocidental que estaria perfeitamente no seu direito se repetisse, segundo Goethe: *"Zwei Seelen wohnen Ach! in meiner Brust, die eine will sich von der anderen trennen..."*. Sim, houve todas essas coisas que os filósofos sacerdotais ascéticos observaram na aventura moderna, mas elas não eram as únicas coisas a ser ali assinaladas. Sim, houve a ausência de vida provocada pela tecnologia no deserto, trilhado por seres emaciados e enquadrados, no entanto houve também o protesto moral, a esperança de liberdade e igualdade — e estes foram e ainda permanecem, assim assevera Rorty, "o mais importante legado do Ocidente". Sim, a cultura ocidental tem sido merecidamente censurada por ser racista, sexista e imperialista, mas é também "uma cultura que está muito preocupada por ser racista, sexista e imperialista, bem como por ser etnocêntrica, provinciana e intelectualmente intolerante". É precisamente esse outro legado, ou parte de um legado complexo, que hoje cada vez mais se põe em evidência, enquanto a parte de que os sacerdotes ascéticos se proclamavam guardiães e executores é criticada e refutada. Tendemos hoje a "abandonar os últimos vestígios da tentativa do sacerdote ascético de nos considerar atores em uma peça já escrita antes de entrarmos em cena". Parecemos estar adquirindo a capacidade de "estar à vontade com uma multiplicidade de diferentes espécies de pessoas" e avançando em direção a uma unicidade em que "ninguém julga possível pensar que Deus, ou a Verdade, ou a Natureza das Coisas, está do seu lado".[11]

Essa é uma parte do legado ocidental, assim nos assegura Rorty, que os filósofos sacerdotais ascéticos fizeram o máximo para minimizar ou menosprezar. Exilada do discurso filosófico, ela necessitava, para sobreviver, de outro abrigo. Adotando o exemplo de Kundera, Rorty afirma que ela de fato encontrou outro abrigo: nessa grande invenção ocidental — o *romance,* a *obra de ficção.* Se assim for, então um dos grandes paradoxos de uma civilização empenhada na eliminação de paradoxos é que a *verdade* do Ocidente, a verdade da modernidade, achou refúgio na mesmíssima obra de *ficção* que combateu com unhas e dentes.

A autoinfligida redução de visão da filosofia ocidental originou-se do ascetismo sacerdotal dos filósofos que buscavam o manto de cientistas, como a mais requintada recompensa por seu autossacrifício, e consideravam a autoimolação o meio mais garantido de consegui-la. Eles retratavam a realidade que des-

Sobre a verdade, a ficção e a incerteza

creviam — a realidade da sua descrição — por *arremedo*. Declararam guerra à irreverência e espontaneidade, negaram direitos domiciliares a qualquer coisa que não pudesse comprovar, ou não comprovasse, as bases convenientemente atestadas para sua presença, e tapavam firmemente os ouvidos ao som de riso que ecoava nos obscenos, suspeitos ou indecorosos grupos artísticos. Eram representantes legais da meia verdade que se esforçavam para provar seu título de propriedade à total e única verdade que existe. A outra metade, contudo, sobreviveu ao julgamento e conservou o vigor muito depois de o litígio perder a força e esgotar o prazo. Como exprimiu Kundera:

> A arte inspirada pelo riso de Deus não serve, por natureza, a convicções ideológicas: ela as contradiz. Como Penélope, desfaz a cada noite a tapeçaria que os teólogos, filósofos e homens cultos teceram no dia anterior. [...]
> O século XVIII não é somente o século de Rousseau, de Voltaire, de Holbach; é também (e talvez acima de tudo) o período de Fielding, Sterne, Goethe, Laclos.[12]

Depreende-se da descrição de Kundera das tarefas da arte, descrição que Rorty endossa, que eram — e são — a vocação da ficção artística servir de irônica e irreverente contracultura à cultura tecnológico-científica da modernidade, essa cultura de paixão ordenada, divisões nítidas e disciplina retesada. No mundo que jurou buscar e alcançar a certeza e vai ao outro extremo para transformar a palavra em carne, a ficção artisticamente concebida de mundos alternativos impede que os projetos sejam encerrados em gaiolas e as estruturas planejadas sejam ossificadas em esqueletos mortos. Num mundo dominado pelo medo mortal de tudo o que é contingente, opaco e inexplicável, a ficção artística é uma contínua sessão de treinamento para viver com o ambivalente e o misterioso. Ela ensaia a tolerância e equanimidade para com o inconstante, o contingente, o não inteiramente determinado, o não inteiramente compreendido e o não inteiramente previsível. Incentiva a reconciliação com a contingência da vida e a polifonia de verdades.

Considere-se, porém, outra descrição bastante diferente, na verdade oposta, da ficção artística — uma descrição proposta por outro ilustre profissional literário, Umberto Eco.[13] Lemos romances, afirma Eco, porque eles nos oferecem a agradável impressão de habitar mundos em que a noção de verdade é inabalável. Por comparação, o mundo real parece ser uma terra extraordinariamente incerta e traiçoeira...

Pode-se desfrutar de uma desanuviada satisfação de certeza no tocante ao fato de que Scarlett O'Hara se casou com Rhett Butler — uma certeza de uma magnitude e de um grau de impassibilidade raramente atingíveis no "mundo real". Quer eu aceite a verdade do romance, ou a verdade do mundo real, o faço — como salientaria Willard van Orman Quine — porque em ambos os casos já aceitei (consciente ou inconscientemente, tão só por me abster de perguntar) um total e amplo conjunto de suposições encadeadas. As suposições que preciso aceitar a fim de concordar que o casamento entre Scarlett e Rhett efetivamente ocorreu são poucas, convenientemente simples e incontestes: suspensão da descrença, confiança na exclusiva e indivisa autoridade de Margaret Mitchell sobre o destino de suas personagens bastarão perfeitamente. As razões por que confio nos historiadores que me asseguram que Napoleão morreu em 1821 são, por comparação, muito mais complexas e embaraçosas, afirma Eco. Para descobrir o que, no mundo real, é verdadeiro e o que é falso, tenho de tomar muitas decisões difíceis e nunca efetivamente garantidas a respeito da confiança que eu investiria em algumas comunidades, mas negaria a outras — direta ou indiretamente, dizendo-o explicitamente, ou endossando tacitamente as suposições que confirmam suas opiniões e, assim, atestam a correção da crença em pauta. É na ficção, afirma Eco, que procuramos a espécie de certeza e segurança intelectual que o mundo real não pode oferecer... Lemos romances a fim de localizar uma forma na informe quantidade de experiências terrenas. Participamos de um jogo, mas dele participamos a fim de instilar sentido na desordenada profusão de fenômenos terrenos — procuramos abrigo contra a *Angst*, essa profunda ansiedade que nos acossa sempre que desejamos dizer algo a propósito do mundo, com segurança.

Depreende-se das proposições de Eco que os pontos dos mundos real e ficcional no jogo da certeza são inversamente relacionados: quanto mais profunda a incerteza que exaspera o mundo real, mais elevado o valor de certeza da ficção, explicado por Umberto Eco. Podemos pressupor que o oposto também ocorre: quanto mais o mundo real oscila sob a pressão indômita de genuínas ou supostas certezas, mais tocante e atraente se torna esse outro aspecto da realidade imaginada e ficcional do romance, que foi enfocada por Milan Kundera — o desmanchar das tapeçarias do mundo real ou a revelação do que são: apenas tapeçarias, tecidos urdidos, algo que pode ser desenredado tão facilmente, ou talvez ainda mais facilmente, quanto se houvesse sido costurado.

É tentador explicar a diferença de ênfase nas abordagens do mesmo tema, por parte de Kundera e de Eco, não segundo escolas filosóficas, mas segundo as diferenças de geração entre eles. Por intermédio da teoria do romance de Kundera, fala a experiência da geração que cresceu à sombra do estado totalitário — essa mais radical e, por conseguinte, mais sinistra encarnação do sonho moderno de ordem pura e de pureza ordenada. Foi esse estado, intolerante para com toda diferença e toda contingência, que impregnou o enredo do romance de poder emancipador e liberador, pela exclusiva razão de ser *contingente* e retratar uma *diferença*. Eco, de outro lado, fala por uma geração que cresceu no cada vez mais desregulamentado e polifônico mundo da pós--modernidade. Dificilmente o romance pode acrescentar liberdade a um mundo já aturdido pela infinidade de possibilidades em que oscila. Mas pode, ao contrário, oferecer um ponto de apoio para pernas que procuram, em vão, amparo na areia movediça dos estilos mutáveis, das identidades que não sobrevivem à própria construção e das histórias sem passado e sem consequência.

Contrariamente a algumas descrições da cena pós-moderna, não é apenas a obstinada companhia da diferença, nem a contínua, talvez ainda mais permanente, coabitação de diversas formas de vida, que se acha na origem do desafio pós-moderno ao entendimento — à certeza, como exprimiu Ludwig Wittgenstein, de "como prosseguir" — e, portanto, à forma caracteristicamente pós-moderna da ansiedade. Não existe nada de novo acerca de viver em meio à diferença, enfrentar a diferença diariamente e ser obrigado a aceitar-lhe a permanência. Nem o mundo moderno, nem o pré-moderno, eram homogêneos, e sequer é certo se a pluralidade das formas de vida conhecidas e experimentadas por homens e mulheres pré-modernos e modernos era menos pungente, ou quantitativamente mais limitada, do que a levada diariamente por seres humanos pós-modernos. Mas os homens e mulheres pré-modernos e modernos encontraram e puseram em prática suas próprias maneiras (diferentes das nossas) de lidar com os desafios propostos pela pluralidade.

José Ortega y Gasset encontrou, na crônica da cidade espanhola de Briviesca, uma viva descrição da acolhida que os moradores prepararam para doña Blanca de Navarra, que percorria as ruas de Briviesca para seu casamento com o filho do rei Juan II. Guilda após guilda de artesãos desfilou diante da princesa, cada uma adornada com os uniformes característicos de sua profissão, conduzindo as insígnias das corporações — e atrás delas marcharam os judeus, conduzindo os seus pergaminhos sagrados, e os árabes, com o Corão. Para os habitantes da Espanha do século xv, afirma Ortega y Gasset, "todos os seres tinham o direito e o dever de ser o que eram — dignificados ou humildes, abençoados ou malditos. O judeu ou o árabe era, para as pessoas do século xv, uma realidade, dotada do direito de ser, com uma posição social só sua e seu próprio lugar na pluralidade hierárquica do mundo". Não muito depois, já no limiar do século seguinte, os judeus e mouros de Briviesca e de outras cidades espanholas foram obrigados a sair do reino governado pelo monarca espanhol. Mas isso era já, aventa Ortega y Gasset, a realização da "primeira geração moderna. De fato, é o homem moderno que pensa ser possível excluir determinadas realidades e construir um mundo segundo as próprias preferências, à semelhança de determinada ideia preconcebida".[14]

Os homens e as mulheres pré-modernos foram preparados para encarar a diferença com equanimidade e aceitar a predeterminada pluralidade dos seres como parte integral da criação de Deus. Examinados da nossa atual perspectiva, eles parecem ter sido tolerantes com a diferença — mas essa era a espécie de tolerância que se expressava, na maioria das vezes, em desejar e incitar a todos para "se ater à própria classe", se manter à distância, reduzir o encontro entre as classes a padrões estritamente institucionalizados ou ritualizados, e, quanto ao mais, suprimir toda curiosidade mórbida acerca de outras formas de humanidade, por mais fortemente distintas que viessem a ser. Mas observemos que tal atitude só podia ser preservada enquanto subsistissem classes mais ou menos claramente definidas a que uma pessoa pudesse "ater-se". Com o advento do tumulto moderno, a fragmentação das tradições e comunidades, colocando à deriva as categorias outrora rígidas e "desencaixando" as identidades individuais, a solução pré-moderna para o problema da pluralidade logo se revelou inadequada para prevenir ou mitigar a resultante ansiedade nascida da confusão.

Para o homem ou mulher pré-modernos, verdade e realidade, combinadas numa só, eram o produto da intenção de Deus, encarnada de uma vez para sempre na forma da Criação de Deus. Fora concedida desde o momento da criação e, portanto, não requeria nada além de respeitosa contemplação, quando muito um estudo cuidadoso. A determinação, a obviedade, a natureza atribuída e imutável do lugar de cada homem ou mulher na cadeia do ser, tudo sugeria tal entendimento do mundo — como a consumação de uma intenção supra-humana, divina. Não ocorre assim no mundo moderno, de "criação permanente" (expressão de Ilya Prigogine).[15] Com um lugar no mundo transformando-se na tarefa do indivíduo, em algo a ser conseguido, fortificado e defendido, era cada vez mais difícil encarar a realidade como concedida, como surgida de uma vez para sempre da intenção supra-humana. O que costumava ser autenticado antecipadamente pela forma do mundo criado devia, então, ser submetido ao processo de autenticação no decorrer da criação do mundo. A legitimidade de diferenças encontradas "entre classes" — diferenças que já não ligam os indivíduos modernos "desencaixados" e, portanto, experimentadas diariamente como flexíveis e maleáveis — não era então automaticamente assegurada; e novas diferenças eram localizadas em volume sempre crescente, como os projetos concebidos de uma ordem homogênea reservada para ser superposta à realidade heterogênea e confusa. A destruição da diferença era então a condição da ordem: essa era a nova e moderna variedade de destruição — uma *destruição coletiva*, destruição indiscernível do esforço positivo de estabelecimento da ordem. Em seu edito de expulsão, o rei Fernando da Espanha foi pioneiro numa estratégia que seria aplicada, com mais ou menos zelo e com maior ou menor êxito, ao longo da história moderna e em todas as partes do globo afetadas pelo "processo de modernização".

Seja qual for a sorte das batalhas, a guerra moderna contra a diferença e a pluralidade tem sido, pelo menos até agora e de um modo geral, perdida. A história moderna resultou, e a prática moderna continua resultando, na multiplicação de divisões e diferenças; longe de se amalgamar numa uniformidade global, as ordens regionais e parciais, invocadas com incomparável perícia adquirida pela prática moderna, contribuem para a pluralidade total. Enquanto o moderno modo de vida continuar, a prática moderna não parece desnortear-se, e não é provável que pare; o método moderno de lidar com a ambivalência ocasionada pela diferença resistente à ordem projetada provavelmente prosseguirá inabalado, embora de um modo desregulamentado e localizado, em vez de na forma de um esforço intensificado para levar a cabo programas de ação grandiosos, totais e totalitaristas. Todavia, existe algo na forma contemporânea da diferença e pluralidade que nem a prática pré-moderna nem a prática moderna confrontaram; a nenhuma, por conseguinte, foi dada a oportunidade de forjar e afiar as armas destinadas a repelir a confusão que tais aspectos da heterogeneidade podem gerar.

O aspecto novo, caracteristicamente pós-moderno e possivelmente inaudito, da diversidade dos nossos dias é a fraca, lenta e ineficiente institucionalização das diferenças e sua resultante intangibilidade, maleabilidade e curto período de vida. Se desde a época do "desencaixe" e ao longo da era moderna, dos "projetos de vida", o "problema da identidade" era a questão de como *construir* a própria identidade, como construí-la coerentemente e como dotá-la de uma forma universalmente reconhecível — atualmente, o problema da identidade resulta principalmente da dificuldade de se manter fiel a qualquer identidade por muito tempo, da virtual impossibilidade de achar uma forma de expressão da identidade que tenha boa probabilidade de reconhecimento vitalício, e a resultante necessidade de não adotar nenhuma identidade com excessiva firmeza, a fim de poder abandoná-la de uma hora para outra, se for preciso. Não é tanto a copresença de muitas classes que é a fonte de confusão, mas sua fluidez, a notória dificuldade em apontá-las com precisão e defini-las — tudo isso revertendo à central e mais dolorosa das ansiedades: a que se relaciona com a instabilidade da identidade da própria pessoa e a ausência de pontos de referência duradouros, fidedignos e sólidos que contribuiriam para tornar a identidade mais estável e segura.

Observemos, porém, que a evidente natureza "inventada" das personagens, sua condicionalidade e status convencional, sua contingência inerente, são características definidoras da obra de arte em geral e da ficção artística em particular. Pode-se, por conseguinte, dizer que, sob a condição pós-moderna, o "mundo lá fora", o "mundo real", adquire em grau cada vez maior os traços tradicionalmente reservados ao mundo ficcional da arte. O mundo "lá fora" afigura-se ao indivíduo como um jogo, ou antes uma série de jogos finitos e episódicos, sem nenhuma sequência definida e com consequências que não vinculam necessariamente os jogos que se seguem; e um jogo em que o próprio mundo é um dos jogadores, em vez de o supremo legislador ou árbitro, e um jogador que, exatamente como os demais jogadores, mantém suas cartas junto ao peito e adora jogadas de surpresa. A vida é vivida por seus usuários (frase memorável de Georges Perec) como um fluxo de acontecimentos nem inevitáveis, nem inteiramente acidentais. O resultado depende exclusivamente do valor das cartas recebidas e da habilidade ou astúcia revelada na jogada seguinte. O mundo dá a impressão de uma contínua interação entre os artistas do jogo da vida, diversamente habilidosos e diversamente inteligentes.

Em tal mundo, diariamente experimentado tanto como convencional quanto como contingente, um mundo povoado pelos artistas do jogo da vida — a exposição, pelo romancista, da imanente fragilidade e subdeterminação do destino humano dificilmente surge como uma revelação e, assim, perde muito do poder emancipador ou redentor que lhe atribui Kundera. Esse poder era produto da espécie de mundo que não é mais experimentado pelos homens e mulheres pós-modernos — o mundo de leis duras, severas e ostensivamente inabaláveis, que deixa ao indivíduo exclusivamente o dever de se ajustar e se conformar. Nesse mundo, a arte do romance fornecia o escape para aflições e ansiedades do tipo descrito por Freud no livro intitulado *Das Unbehagen in der Kultur* (*O mal-estar da cultura*): para os mal-estares típicos de um gênero de sociedade que oferecia aos indivíduos um pouco de segurança à custa de um pouco de sua liberdade. *Das Unbehagen in der Postmoderne* — os mal-estares, aflições e ansiedades típicos do mundo pós-moderno — resulta do gênero de sociedade que oferece cada vez mais liberdade individual ao preço de cada vez menos segurança. Os mal-estares pós-modernos nascem da liberdade, em vez da opressão. São as outras características da ficção artística, aquelas explicadas por Umberto Eco — a capacidade de simplificar a desnorteante complexidade, selecionar um grupo finito de atos e personagens na infinda multiplicidade, reduzir o infinito caos da realidade a proporções intelectualmente manejáveis, compreensíveis e evidentemente lógicas, apresentar o contraditório fluxo de aconte-cimentos como uma narrativa com um enredo interessante de se ler —, que parecem talhadas sob medida para os desconten-tamentos pós-modernos: das aflições e sofrimentos dos homens e mulheres pós-modernos, aturdidos pela escassez de sentido, porosidade dos limites, incongruência das sequências, volubili-dade da lógica e fragilidade das autoridades.

No mundo moderno, a ficção do romance desnudava a absurda contingência oculta sob a aparência de realidade ordena-da. No mundo pós-moderno, ela enfileira unidas cadeias coesas e coerentes, "sensatas", a partir do informe acúmulo de aconte-cimentos dispersos. Os status da ficção e do "mundo real" foram, no universo pós-moderno, invertidos. Quanto mais o "mundo real" adquire os atributos relegados pela modernidade ao âmbi-to da arte, mais a ficção artística se converte no refúgio — ou será, antes, na fábrica? — da verdade. Mas — que seja enfatiza-do com toda a veemência possível — a verdade admitida de seu exílio tem, além do nome, pouca semelhança com aquela que se obrigou a emigrar. Essa verdade não tem função de endosso e pouca utilidade para o debate — e, além do mais, está ciente de suas limitações e nem um pouco preocupada. As verdades da arte nascem num grupo de outras verdades e, desde o princípio, acostumam-se a apreciar tal grupo. Não encaram a presença de outros sentidos/interpretações como uma afronta, um desafio, uma ameaça ao próprio sentido. Alegram-se em contribuir para a sua profusão.

"Na obra de arte", afirma Heidegger, "a verdade do ser pôs mãos à obra."[16] Para Heidegger, como sabemos, a verdade do ser está sendo *desvendada*. *"Seinde"* é a capa, o ocultamento do *Sein*, sempre mais uma vez consumado na existência — e compete à arte, está somente no poder da arte, arrancar a cobertura e colocar em exibição o que tem sido escondido. No mundo da existência, "um ser surge, mas se apresenta diferente do que é. Esse ocultamento é dissimulador. [...] Que um ser seja capaz de enganar como aparência é a condição para podermos ser enganados, não o inverso". "A beleza é um modo pelo qual a verdade é essencialmente encontrada como desvendamento." "A arte abre à força um espaço aberto, em cuja abertura tudo é diferente do habitual." Tome-se a obra da arte arquitetônica, o templo, como um exemplo: "Ele não é um retrato cujo propósito seja facilitar o compreender como o deus parece ser; é, antes, uma obra capaz de permitir que o próprio deus esteja presente e, assim, é o próprio deus. O mesmo se aplica à obra linguística". "O ato de dizer projetivo é o ato de dizer que, ao preparar o dizível, traz simultaneamente o indizível como tal ao mundo."

Ora, o que é esse indizível que as artes expressam? O que é essa verdade (ou, antes, as verdades) do Ser, que a obra de arte torna acessível, desvenda?

Como salientou perspicazmente Jean Baudrillard, para o habitante do mundo pós-moderno, todos os seres surgem na modalidade de simulacros. O simulacro é a obra da simulação, mas simulação não deve ser confundida com fingimento, com aparentar que estão presentes certos atributos que, de fato, não estão (como no caso de um homem saudável que, para se esquivar a uma tarefa desagradável, aparenta estar doente). "Fingir ou dissimular deixa intato o princípio da realidade: a diferença é sempre clara, está apenas mascarada; ao passo que a simulação ameaça a diferença entre 'verdadeiro' e 'falso', entre 'real' e 'imaginário'." A simulação é mais como uma doença psicossomática; uma vez que o paciente apresenta e experimenta todos os sintomas esperados da enfermidade — "Ele (ou ela) está doente ou não?".[17]

Pode-se dizer, utilizando a linguagem heideggeriana, que a forma especificamente pós-moderna de "ocultamento" consiste não tanto em esconder a verdade do Ser por trás da falsidade dos seres, mas em obscurecer ou apagar inteiramente a distinção entre verdade e falsidade dentro dos próprios seres e, desse modo, tornar os temas do "cerne da questão", de sentido e de significado absurdos e inexpressivos. É a própria realidade que agora necessita da "suspensão da descrença", outrora a prerrogativa da arte, a fim de ser apreendida, encarada e vivida como realidade. A pró-

Sobre a verdade, a ficção e a incerteza 187

pria realidade é agora "arremedo", embora — exatamente como o mal psicossomático — faça o máximo para encobrir os sinais.

Tal como antes, é destino das artes opor-se à realidade e, por meio dessa oposição, compensar a vida do que lhe foi despojado pela realidade e, assim, indiretamente, tornar a realidade suportável, protegendo-a contra as consequências de sua cegueira autoinfligida. Mas agora o significado da oposição mudou, as frentes de batalha foram retraçadas. Resta agora, à obra de ficção, desvendar essa variedade particularmente pós-moderna de ocultamento, colocar em exibição o que a realidade tenta socialmente, e com afinco, esconder — esses mecanismos que retiram da agenda a separação entre verdade e falsidade, tornam a busca de sentido irrelevante, improdutiva e dia a dia menos atraente. Num mundo permeado de ironia, é a vez de a arte se tornar séria, defender essa seriedade que o mundo socialmente produzido transformou em quase ridículo. Depois de desmascarar as solenes e melífluas simulações dos modernos legisladores da verdade, a ficção artística, essa grande escola da imaginação, empatia e experimentação, pode então prestar serviço inestimável aos solitários, frequentemente confusos e aturdidos intérpretes pós-modernos do significado e do sentido. Banidas da realidade, as verdades só podem esperar encontrar sua "segunda morada," exilada na morada da arte. Mais sábias após a amarga experiência das aventuras modernas, rejeitando a perniciosa herança de seu "único" antepassado, plenamente cientes da própria contingência e, assim, livres da imodesta bravata que tornou seu antepassado tão adequado a ser empregado como a arma do instinto totalitário moderno, não mais visando o monopólio como sua realização ideal e não mais procurando o consenso como a medida e a fundamental confirmação de sua validade, as verdades nascidas na obra da ficção artística, e por meio dela, podem — apenas podem — preencher a deficiência, na existência humana, deixada pela espécie de realidade que faz todo o possível para tornar a busca de significado redundante e irrelevante para a própria autoperpetuação, assim como um objetivo indigno dos esforços de uma vida.

· 10 ·

A cultura como consumidor cooperativo

À medida que se desenvolvem e amadurecem, os conceitos começam a se mover por conta própria e, às vezes, alcançam territórios
bastante distantes de seu local de origem. Eles vagueiam pelo
passado, que os ignorava na época em que era ainda presente.
Ou fazem uma incursão ao futuro, que — quem sabe? — pode,
de igual modo, ignorá-los quando sobrevier, uma vez que não os
julgará úteis. Dá a impressão de que os conceitos nasceram como
plantas, firmemente enraizados no solo e sorvendo suas seivas
— mas, à medida que o tempo passou, desenvolveram pernas e
principiaram a busca de alimento mais farto e variado.

Na fase inicial de sua vida, semelhante à das plantas, os
conceitos são o que o solo e as circunstâncias da germinação
lhes permitiram ser. Impregnam-se do conteúdo do solo de que
brotaram. (Os especialistas não teriam dificuldade em determinar exatamente a localização de sua origem: encontrarão em seu
tecido os minerais típicos do lugar, ou os traços duradouros das
condições climáticas sob as quais ocorreu a germinação.) Depois
que os conceitos se desenvolvem, a direção e a extensão de sua
viagem dependem inteiramente de outras coisas; no entanto, para
onde quer que se dirijam, carregarão consigo os seus sinais de
nascença. Afinal, vieram à luz só uma vez e somente num lugar.

A cultura como consumidor cooperativo   189

Em nenhum outro lugar e em nenhum outro momento poderiam ter nascido.

O que para a planta é o teor mineral, a umidade e a insolação do solo, é para o conceito *a experiência* dos seres humanos, em cujas mentes foi concebido e em cujas conversas adquiriu uma forma reconhecível por todos. Por "experiência" não queremos dizer apenas os acontecimentos que se deram durante a vida das pessoas em questão — mas também (ou, antes, primeiramente) como essas pessoas viveram durante esses acontecimentos, como enfrentaram o desafio, que tipo de meios escolheram para lidar com eles. E isso inclui os recursos de que dispunham ou tinham conhecimento na época, e de que naturalmente tendiam a lançar mão, para pegar pelos chifres o seu touro particular. Para exprimir resumidamente, mesmo as mais *universais* das noções nascem e adquirem forma na experiência *particular* das pessoas vinculadas a lugar e tempo específicos.

A noção de *cultura*, nascida e configurada no terceiro quartel do século XVIII (nos fecundos anos denominados por Koselleck "o desfiladeiro da montanha" — quando a filosofia da história, a antropologia e a estética, todas reordenando em harmonia a visão do mundo em torno de ideias e atividades humanas, igualmente nasciam), nos países que se achavam então no limiar da modernidade, não foi uma exceção a essa regra geral. Destinada a uma carreira universal, foi, todavia, concebida de uma experiência específica de pessoas específicas que, por casualidade, viviam em épocas específicas.

O francês *civilisation*, o alemão *Bildung*, o inglês *refinement* (as três correntes discursivas destinadas a desembocar conjuntamente no leito do rio do discurso cultural supranacional) eram todas denominações de *atividades* (e, além disso, atividades *intencionais*). Informavam acerca do que tem sido feito e do que devia ter sido feito ou deverá ser feito; falavam sobre um esforço civilizador, sobre educação, aperfeiçoamento moral ou elevação do gosto. Todos os três termos transmitiam o sentimento de ansiedade e o ímpeto de fazer algo acerca de suas causas.

Todos os três termos continham a mesma mensagem, clara ou oculta: se deixarmos as coisas à sua sorte e nos abstivermos de interferir no que as pessoas fazem quando se deixa que ajam como entenderem, ocorrerão coisas demasiadamente horripilantes de se contemplar; mas, se abordarmos as coisas com a razão e submetermos as pessoas ao tipo correto de processo, temos todas as possibilidades de construir um mundo excelente, nunca antes conhecido por seres humanos. (Como resumiu Diderot, o teórico: ensinar às pessoas meios de se civilizar; retire-se o conhecimento e as pessoas reduzir-se-ão ao estado de barbárie primitiva. E, como expressou incisivamente Saint-Just, o praticante: as pessoas são eternamente crianças.) Tem-se de fazer algo, imediatamente, sem demora — e tem-se de continuar a fazê-lo sem parar —, nem por um único momento a vigilância pode dar um cochilo. A ação, uma ação combinada e ciente dos objetivos, é o único quebra-mar que protege as pessoas da maré do caos. Somente por meio da "ação civilizadora" se pode domar a besta do homem, tornar as pessoas diferentes do que são em seu atual estado inferior e daquilo em que se transformariam, caso suas inatas predisposições instintivas não fossem orientadas ou mantidas em xeque — se não fossem instruídas ou preparadas para se conduzir diversamente do que são.

As ideias de tal ação, sua urgência e a determinação de empreendê-la, fundiram-se na noção de *cultura* (para salientar novamente o sentido "ativista" do termo, nítido na época em que foi cunhado, mas agora em grande parte embotado e atenuado, seria melhor falar atualmente de "refinamento", "parcimônia" ou "civilidade"; o termo "cultura" entrou na linguagem moderna por intermédio da comparação de Cícero de *cultura animi* com *agricultura*). A necessidade externa de ação e a determinação interna de agir proporcionaram conjuntamente a estrutura em que o mundo era apreendido. A estrutura seccionou a visão do mundo, dividindo os seres humanos em aqueles que fazem e aqueles que "são feitos", os escultores e os esculpidos, professores e alunos, os treinadores e os treinados, os guias e os guiados. Tal divisão constituiu "as pessoas", alternativamente, como a turba selvagem açulada por instintos vis e incapaz de se controlar, sendo por esse motivo tanto desnorteada quanto perigosa, ou como um diamante não lapidado à espera das mãos hábeis do lapidador especializado, um minério sem valor de que o professor ainda irá extrair o metal precioso que contém. A mesma divisão constituiu os pensadores, os cultos, os instruídos como professores, educadores e mentores morais — simultaneamente, os domadores de animais selvagens e ourives magistrais. Por fim, constituiu o mundo como o teatro do seu encontro: o reino da socialização, educação, ensino e aprendizado.

A vida como o aprendizado de regras e a feitura do dever de casa, o mundo como uma escola. Como mostrou Michel Foucault, contudo, somente por sua função designada, e não por sua organização, estrutura e valores presumidos, a escola (na sua forma moderna) diferiu da fábrica, prisão, quartel militar, asilo para pobres, instituição de correção, albergue ou hospital. Todas essas invenções modernas, a despeito de suas funções designadas, eram também (e talvez acima de tudo) *fábricas de ordem*, instalações industriais produzindo situações em que a regra substitui o acaso e a norma ocupa o lugar da espontaneidade; situações em que alguns acontecimentos têm elevada probabilidade, enquanto outros são virtualmente impossíveis. Para exprimir resumidamente, eram as fábricas de situações *previsíveis* e, por conseguinte, *controláveis*. Todas essas invenções modernas, além disso, empreenderam a tarefa de estabelecer a ordem mais ou menos do mesmo modo: todas elas colocavam os pupilos sob a mira do diretor e supervisor, de quem se esperava que punisse as más ações e recompensasse as boas; todas elas expunham os pupilos a pressões e estímulos cuidadosamente escolhidos, ao mesmo tempo que tentavam com empenho neutralizar todas as outras influências, não planejadas e desintegradoras. Todas elas, portanto, cuidavam da coerência e da coesão das condições, na esperança de que a unidade das circunstâncias resultasse na uniformidade da conduta dos pupilos.

Podemos, portanto, ampliar mais a nossa sugestão: a noção de cultura foi cunhada segundo o modelo da *fábrica de ordem*. Como no caso de qualquer outra fábrica de ordem, o estado máximo que se considerava que a cultura atingiria era o de um *sistema*, em que cada elemento tem uma função a cumprir, em que nada é deixado ao acaso, nenhum elemento é deixado sozinho, mas se ajusta, se combina e coopera com outro; em que um choque entre os elementos só pode provir de um erro no planejamento ou na construção, de desatenção ou deficiência; e que só tem lugar para normas de conduta que desempenhem uma função útil na manutenção do modelo de ordem concebido. A necessidade detém aí a prioridade incontestada: em primeiro lugar surge a necessidade, depois a prescrição. É possível, portanto, pelo menos em princípio, selecionar as regras (isto é, as normas e padrões culturais) de maneira que melhor atendam às necessidades já apresentadas e especificadas. É possível, além disso, aperfeiçoar as regras existentes, considerando-se o conhecimento progressivo dos professores.

Esses eram os notórios pontos principais da noção de cultura na época em que foi cunhada, assim como as tácitas, mas incontestáveis, pressuposições que a dotavam de sentido. Nem todos os pontos do inventário acima passaram ilesos pelo teste do tempo. Relativamente cedo, soçobrou a pressuposição de que somente um portão e uma única trilha conduzem da "selvageria" à "condição civilizada". A concepção *hierárquica* original de cultura (a satisfação das necessidades humanas só pode ser aperfeiçoada de um modo; a história humana é a narrativa desse aperfeiçoamento; o termo "cultura" deve, portanto, ser usado somente no singular) ainda não caiu inteiramente em desuso, mas aparece agora na companhia de outro conceito *diferencial* (necessidades humanas semelhantes devem ser satisfeitas de modos diferentes, não sendo um forçosamente melhor do que os outros; cada cultura é, até certo ponto, um produto da escolha arbitrária entre muitas possibilidades; é necessário, portanto, empregar o termo "cultura" no plural). De outro lado, porém, o que se revelou

A cultura como consumidor cooperativo 193

radicalmente imune à passagem do tempo não foram tanto as afirmações francas, quanto as pressuposições silenciosas que as corroboravam. Em especial:

- que a cultura (no sentido de refinamento, aculturação) é uma entidade ou processo estabelecedor de ordem;
- que, portanto, as normas promovidas ou instaladas por meio da cultura são (ou pelo menos deviam ser) coerentes e não contraditórias, tal como a própria ordem; se acontece de não o serem — essa é uma situação anormal e mórbida, que necessita de corretivo e retificação;
- que, sendo a cultura um sistema coerente de prescrições e proscrições, somente podem pertencer ao sistema as normas e artefatos culturais que sejam indispensáveis à autorreprodução do sistema; se deparamos com uma norma ou um artefato, temos então o direito a perguntar que papel isso desempenha no sistema; se não conseguimos determinar-lhe uma função, devemos presumir que a norma ou o artefato em questão é um resíduo de um estado anterior do sistema, agora inútil e destinado a desaparecer — ou uma inserção estranha, desintegradora da engrenagem do sistema;
- que o sistema cultural possui uma "estrutura", sendo uma variedade impessoal da estrutura encontrada em todas as "fábricas de ordem": analogamente à mesa de controle ou aos "objetivos da organização", deve haver um "sistema de valores centrais" no topo do sistema cultural — e tudo no sistema, até a base, deve ser considerado a particularização e a aplicação de tais valores.

É assim que tendemos a pensar na cultura até hoje: como num dispositivo de antialeatoriedade, um esforço para estabelecer e manter uma ordem; como numa guerra contínua contra a aleatoriedade e esse caos que a aleatoriedade ocasiona. Na luta eterna entre ordem e caos, o lugar da cultura é inequivocamente no lado da ordem. Ao defrontar com a incoerência das normas, o estado de ambivalência comportamental, a profusão de produtos culturais sem uso óbvio "para o sistema", pensamos em um *conflito* entre culturas, ou em uma *crise* cultural. Em qualquer dos casos, consideramos a situação anormal ou nociva. Ficamos alarmados e esperamos uma alteração mórbida dos acontecimentos.

É cada vez mais difícil, porém, pensar na cultura dessa maneira. Enquanto nos apegamos às noções herdadas, a crise parece ser uma condição cotidiana, a anormalidade transforma-se em uma norma, a doença torna-se crônica. Thomas Kuhn diria que o discurso cultural contém atualmente todos os sintomas da "crise de paradigma" — uma situação em que os conceitos que organizam as nossas percepções impelem-nos a tratar as ocorrências mais típicas e frequentes como exceções, tornando a "norma" uma noção cada vez mais nebulosa... Talvez ele também dissesse que essa é uma situação tipicamente propícia à revolução: é provável que domine primeiro uma premonição, em seguida uma convicção, de que o erro não reside nas nossas observações ou na maneira como as temos registrado, mas em nossas pressuposições tácitas, que nos dizem para esperar algo diferente do que realmente vemos. Começamos a suspeitar de que as noções que transmitem tais pressuposições não explicam o que está acontecendo, mas ao contrário: elas obstruem a visão e tornam o entendimento mais difícil, se não impossível; de que tais noções são mais um passivo do que um ativo cognitivo; e de que não temos probabilidade de ir longe se não nos livrarmos do lastro que elas se tornaram. Em outras palavras, chegou o momento de se desfazer do velho paradigma e encontrar um novo, que fará a "normalidade" voltar ao que parece, à luz do velho paradigma, anormal e excepcional, de modo que aquilo que é verdadeiramente excepcional será mais uma vez marginal, e os fenômenos marginais, mais uma vez, se tornarão somente exceções...

Não é inequivocamente nítido de onde surgiu essa "crise dos paradigmas". Os fenômenos culturais mudaram tão drasticamente, desde a época em que foi cunhado o conceito de cultura, que a antiga noção não se aplica mais a eles? Ou a culpa deveria ser antes atribuída às mudanças na nossa maneira de encarar o

A cultura como consumidor cooperativo 195

mundo, na torre de observação construída com nossos novos interesses e experiências, no ponto de apoio da vida cotidiana, de onde iniciamos nossas viagens exploratórias? Ou talvez o colapso do poder ordenador *cognitivo* das noções ortodoxas tenha seguido na esteira da queda de sua potência ordenadora e *prática*, uma vez que as sugestões sobre como ordenar o *conhecimento* do mundo não possuem autoridade se não são secundadas pelos poderes para ordenar o próprio *mundo*? Pode-se imaginar que todas as três causas desempenharam certo papel na atual crise paradigmática. Mas igualmente pode ser que os três fatores sejam separados um do outro, cada um sendo dotado da própria lógica.

O habitual, o cotidiano, o familiar, o "mundo próximo", o "conhecimento pré-reflexivo" — tudo o que não intriga e não requer indagação e exame minucioso — são simultaneamente o ponto de partida e o porto seguro de todo entendimento. "Entender" significa adaptar a percepção dos fenômenos experimentados a esse mundo comum, que é entendido sem o esforço para entendê-lo e sem o esforço para entender o que significa entender. Daí o papel cognitivo da metáfora: ela justapõe o obscuro ao óbvio; sugere assim uma afinidade (sempre eletiva!) entre os dois; salienta que, em certos aspectos, "lá" não é distinto de "aqui" e, desse modo, permite-nos empregar linguagem destinada ao transparente "aqui" (a que torna esse "aqui" transparente) para referir o opaco, e anteriormente inexprimível, "lá". Para a noção ortodoxa de cultura, tal "empurrão metafórico" foi fornecido pelas imagens conhecidas de uma fábrica, escola ou outros estabelecimentos geradores de ordem semelhantes (sempre sistêmicos em suas intenções). Outra metáfora — talvez crucial — foi proporcionada pelo Estado moderno, com seu projeto de uma cultura nacional homogênea, uma língua nacional, um currículo de história nacional, um calendário unificado de festividades e comemorações. (No relato sociológico ortodoxo, as imagens tanto de "sociedade" quanto de "cultura" foram incluídas, aberta ou sub-repticiamente, na estrutura do território submetido ao poder soberano do Estado. Sua "inteireza" era somente um reflexo da integridade desse poder.) Pode-se discutir infindavelmente sobre se, na época em que as noções ortodoxas dominavam praticamente incontestadas todo o pensamento acerca de cultura, as metáforas relacionadas eram convenientemente selecionadas e, assim, dirigir o olhar para coisas verdadeiramente cruciais e decisivas, ou se elas sempre, desde o início, desviaram os olhos do que era a real natureza dos fenômenos culturais. Muito mais importante, contudo, do que essa disputa infrutífera é reparar que as metáforas tradicionais perderam atualmente (ou estão perdendo depressa) muito de sua capacidade cognitiva original e isso porque os fenômenos a que se referem ocupam, na experiência contemporânea, um lugar continuamente reduzido e mais marginal.

Poder-se-ia argumentar que os primeiros sinais da iminente rebelião contra o ortodoxo paradigma da cultura "estabelecedora da ordem" surgiram na obra de Claude Lévi-Strauss. (O real significado revolucionário e verdadeiro dessa obra foi erroneamente menosprezado pela sua apresentação como uma versão sucessiva — não a primeira e obviamente não a última — do "estruturalismo".) Três ideias orientadoras de Lévi-Strauss, em particular, afiguram-se fecundas na busca contemporânea do novo arcabouço do estudo cultural.

1. Não existe "estrutura" global da cultura "como um todo" (nem da "sociedade como um todo"). As culturas, como as sociedades, não são "totalidades". Em vez disso, existem processos de estruturação contínuos e perpétuos em diversas áreas e dimensões da prática humana, raramente coordenados e submetidos a um plano abrangente. A contribuição cultural à natureza, ou "superestrutura" cultural sobre a natureza, não consiste na provisão de um modo de viver artificialmente produzido e reproduzido, total e normativamente regulado, mas no incessante impulso para diferenciar, separar, dividir, classificar; para a evocação de novos sentidos mediante a prática diacrítica.

2. A estrutura que surge das práticas acima (isto é, o privilégio conferido a determinadas probabilidades com relação às outras; como exprimiu Pierre Boulez, a cultura consiste em

A cultura como consumidor cooperativo   197

transformar o inacreditável no inevitável) não é uma entidade estacionária, mas um processo (posteriormente, Anthony Giddens daria a esse processo o nome de "estruturação"), algo assemelhado ao vento, que não é senão o soprar, ou a um rio, que não é senão o fluir. A cultura não é senão uma atividade perpétua e a "estrutura" não é senão a constante manipulação de possibilidades. A atividade diacrítica é "estruturada" na medida em que existe um conjunto finito de permutações possíveis (realísticas) — mas qual das permutações possíveis ocorrerá não é de modo algum "determinado estruturalmente".

3. Pode-se (e deve-se) relatar a prática cultural sem fazer referência a "necessidades" que a cultura deve supostamente satisfazer, ou "sentidos" preestabelecidos a que deve dar expressão. Pode-se (e deve-se) dispensar o presumir uma prioridade de necessidades sobre usos e de sentidos sobre sinais. As necessidades vivem e morrem junto com os usos, os sentidos junto com os sinais... Eles passam a existir juntos e juntos deixam o palco. A cultura não serve a nenhum propósito, não é uma função de nada, não há nada que ela possa avaliar "objetivamente" com seu sucesso ou "correção", não há nada (exceto o seu impulso e dinâmica internos) que lhe possa explicar a presença.

Juntas, essas três ideias geram uma visão da cultura inteiramente diferente daquela petrificada no paradigma ortodoxo: visão de uma ação perpetuamente inquieta, insubordinada e rebelde, ordenadora, porém ela mesma não ordenada, desconsiderando profanamente a sacrossanta distinção entre o substantivo e o marginal, o necessário e o acidental (uma atitude desconcertante, se encarada da perspectiva instaladora da ordem). Reconhecidamente, essa é uma visão muito menos atraente e animadora do que a ortodoxa: ela destrói a esperança de algum dia atingir uma semelhança completa e autorizada de qualquer "cultura" determinada e, assim, de algum dia completar a tarefa empreendida pelo estudioso dos fenômenos culturais. Na realidade, essa não é de forma alguma uma visão da cultura, mas um conjunto de linhas gerais heurísticas para relatar-lhe as obras.

198 O mal-estar da pós-modernidade

Mas essas linhas gerais são suficientes para engendrar um novo paradigma de discurso cultural?

Estive procurando uma metáfora que desembaraçasse o caminho que conduz a um novo paradigma, uma metáfora que captasse precisamente a inquietação, a adaptabilidade, a subdeterminação endêmica e a imprevisibilidade das atividades culturais. Após apreciar e rejeitar diversas possibilidades, escolhi o modelo da *cooperativa de consumidores*.

Para afastar inevitáveis vozes de protesto, desejo esclarecer desde o início que, ao falar em cooperativa de consumidores, não me refiro à Cooperativa da atualidade, a organização completamente burocratizada e estritamente hierárquica muito semelhante a outras instituições comerciais, somente (em seu próprio detrimento) em maior grau. Reporto-me ao modelo ideal, assemelhado ao que inspirou os pais espirituais da Sociedade de Pioneiros Equitativos quando, em 1844, inauguraram sua primeira loja em Toad Lane, em Rochdale. Vale a pena recordar que a loja, destinada a ser administrada pelas mesmas pessoas que a utilizavam, foi inventada como um protesto (e um recurso) contra a lógica da arregimentação esmagadora e desalmada, muitíssimo conhecida pela experiência da vida de fábrica, que era a forma de os Pioneiros ganharem o sustento diário. Essa liberdade, de que haviam sido despojados do papel de produtores, os Pioneiros desejavam reaver no papel de consumidores. Para evitar novas objeções, admito que o sonho dos Pioneiros não se realizou inteiramente na distante descendente da loja de Toad Lane, a imensa instituição nacional da cooperativa. Como explicar isso? Talvez os Pioneiros tenham sonhado cedo demais, num mundo em que praticamente todas as partes da realidade investiam e avançavam em direção oposta àquela que eles sonhavam seguir; ou talvez uma fatal tendência à petrificação esteja inerradicavelmente presente em todo ato livre, e todo regato livre escave a tempo um leito seguro... Se a segunda explicação é apropriada, a capacidade cognitiva da nossa metáfora talvez até aumente em volume...

A cultura como consumidor cooperativo 199

Mas que traços do ideal do consumidor cooperativo a tornam adequada como metáfora da cultura nessa forma, a qual a nossos olhos desponta das ruínas do paradigma ortodoxo? Comecemos com uma observação de que, em suas premissas, a cooperativa de consumidores cancela ou priva de sentido (exatamente como faz a cultura na prática) as próprias distinções que constituem a espinha dorsal da noção "estabelecedora de ordem" da cultura. As coisas que ocorrem no interior da cooperativa de consumidores ideal não são administradas, nem fortuitas. Movimentos não coordenados encontram-se e vinculam-se em diversas partes da armação total, apenas para se libertarem de novo de todos os nós previamente atados. A espontaneidade aí não exclui, mas, ao contrário, exige uma ação organizada e intencional, todavia essa ação não se destina a abrandar, mas a fortalecer a espontaneidade da iniciativa. Muito à maneira do plasma prigoginiano, de quando em quando as atividades difusas se reúnem e se condensam, estabelecendo concentrações locais ou estruturas, mas somente para que seus caminhos em breve se separem de novo e se dispersem. As ações não são determinadas inequivocamente — ou de forma causal, por causas precedentes, ou, de forma teleológica, por metas presumidas. O que ocorre, de fato, é uma interação de ambos os fatores, o estado de coisas que por si mesmo coloca um ponto de interrogação na própria ideia de "determinação". Sob tais circunstâncias, é difícil decidir se a ação foi inevitável ou acidental. É melhor falar da *contingência* dos acontecimentos.

A mesma observação pode ser comunicada de outro modo: o território social "cooperativo", muito semelhante ao âmbito da cultura, não é monocentricamente administrado, nem o sítio da anarquia. É algo diferente de ambos: um território de *autogoverno*. Permitam-me advertir imediatamente o leitor de que esse conceito também perdeu muito do seu sentido original, em consequência do desgaste durante a longa história de seu uso excessivo e impróprio. Sentimo-nos atualmente autorizados a falar de "autogoverno" sempre que os legisladores e os que mandam são eleitos pelos que lhes são inferiores, em vez de nomeados pelos que lhes são superiores — sem levar em conta a extensão de poder concentrado em suas mãos, ou o grau de monocentralidade do mando. Permitam-me declarar, portanto, que o termo "autogoverno" é aqui utilizado em outro sentido mais forte. Ele inclui a exigência de poder policêntrico, porém igualmente algo ainda mais crucial: o requisito de que as fontes de mando devam ser não só plurais e não hierárquicas como, além disso, móveis. Sua quantidade e localização devem ser mutáveis. Num verdadeiro autogoverno, o poder deve portar-se segundo o modelo de Prigogine: ele não flui, para se solidificar em cargos nomeados ou cargos a serem nomeados, mas se desloca ao longo de rotas impossíveis de se prever de antemão, na crista da autoridade — isto é, de uma espécie de influência que, para se implementar como influência, deve ser sempre negociada mais uma vez e sempre sustentada e aceita mais uma vez. É precisamente essa emancipação da autoridade do entrelaçamento de cargos institucionalizados, e da dispersão das possibilidades de exercer influência, que reside no cerne do verdadeiro autogoverno. Numa entidade autogovernada, não há como decidir de antemão em que lugar nascerá a autoridade, assim como com que poder e de que maneira moldará o rumo dos acontecimentos.

Depreende-se do que até aqui se disse que, numa cooperativa de consumidores, exatamente como na cultura, não é fácil distinguir em seus padrões emergentes de interação o "autor" do "agente". Espera-se que cada membro seja tanto autor quanto agente. A condição de autor e a condição de agente são dois aspectos da ação (aspectos presentes, embora com diferente intensidade, em *toda* ação humana) —, não características de categorias humanas distintas. As ações atingem raramente, se alguma vez, esse radical e puro caráter repetitivo que a tecnologia moderna alcançou em alguns dos seus artefatos produzidos em massa. Nenhum ato humano é uma imitação completa e exata, cópia fiel, reprodução precisa de um modelo ou papel redigido de antemão. (Nos termos de Derrida, todo ato é uma *iteração*, e não uma *reiteração*.) Em todo ato, os modelos são mais uma vez reproduzidos, em formas nunca totalmente idênticas. Todo ato é, até certo ponto, uma *permutação* original, uma versão única do modelo. Os modelos não existem de nenhum outro modo, a não ser no processo de contínua e inescapável transformação. Com a passagem do tempo, as transformações atingem diversos graus de visibilidade, mas as mudanças são esparsas — e, no momento em que adquirem proeminência, assim como a novidade que se torna proeminente, elas são imprevisíveis, já que emergem de uma profusão de minúsculos, imperceptíveis e esparsos desvios. Na prática da cultura, ao contrário da teoria social, não existe separação entre "estática" e "dinâmica", "continuidade" e "mudança".

Todos os traços acima relacionados distinguem qualquer cooperativa genuína. Até esse ponto, não é nítido por que a cooperativa de *consumidores,* em vez de outras formas de cooperação, deveria ajustar-se melhor ao papel de metáfora da cultura. Uma característica da cooperativa inventada particularmente pelos Pioneiros de Rochdale fala, contudo, em favor dessa escolha: a decisão de que o quinhão de cada membro no empenho comum é calculado pelas proporções do seu consumo, não pela sua contribuição produtiva. Quanto mais o membro consome, maior é o seu quinhão na riqueza comum da cooperativa. A distribuição e a apropriação, não a produção, são portanto o eixo da atividade cooperativa. Os esforços para aumentar o consumo e obter consumidores em maior número (e mais ávidos) são a principal fonte da sua dinâmica (permitam-nos recordar que, segundo Danto e Becker, os "mundos das artes" que regem a vida das artes consistem primordialmente nos consumidores de arte e naqueles que incitam e satisfazem o seu consumo). A verdadeira linha de produção das cooperativas de consumidores é, em princípio, a *produção de consumidores* (cada vez mais numerosos, cada vez mais exigentes, experientes e perspicazes).

Essa não é uma questão secundária. Todos os modelos ortodoxos de cultura eram concentrados no criador. Mesmo quando não construídos diretamente em torno da categoria de criadores de cultura, eles eram organizados em torno do correlato espiritual dessa categoria — "valores centrais", "fórmulas filosóficas" ou "éthos", cuja concepção e defesa eram consideradas a tarefa e a realização de uma classe particular de "produtores culturais". Mesmo na estratégia de Clifford Geertz de "descrição cerrada", sob outros aspectos original, pode-se discernir um tributo rendido a essa tradição: ao exigir a passagem da conduta observada para "camadas mais profundas da cultura", Geertz insinua que a verdade ou essência da cultura reside em suas "pressuposições fundamentais", que dão sentido a tudo o mais, e de que tudo o mais é uma expressão ou aplicação. A metáfora da cooperativa de consumidores sugere, de outro lado, uma alteração decisiva na ênfase: é precisamente nos atos de consumo, nas cotidianas condições de autor e de agente de "consumidores comuns" (eles são, afinal, "consumidores comuns" somente na medida em que são vistos a partir dos gabinetes de pensadores, dos estúdios de artistas e torres de controle dos administradores culturais), que tudo o que é cultural adquire sentido. É aí que as carapaças vazias dos signos se enchem de significado; aí os signos (já tornados significativos) ganham ou perdem valor, que repercute nas oscilações da procura. A pressuposição de que o criador, e unicamente o criador, é o autor e o juiz do significado e valor levou os estudiosos da cultura a apresentar a transformação sofrida pelos significados e valores, no decurso de movimentos transculturais dos signos, como casos de "distorção de sentido". Mas todo uso de um sinal cultural contém certo grau de autoria: cada um é, portanto, uma "distorção" exatamente no mesmo sentido.

A metáfora da cooperativa de consumidores é complementada de forma bastante neutra pela metáfora do mercado. (Só no ambiente do mercado pode conceber-se o modelo de uma cooperativa de consumidores.) O mercado, por sua vez, pode ser mais bem visualizado não como um sistema, mas como um campo de esportes — o local do jogo de oferta e procura. Ostensivamente, a venda de mercadorias é o interesse do jogo — porém, na realidade, algo mais ocorre aí: é somente no decurso do jogo que sinais são transformados em mercadorias. A oferta fornece entidades destinadas a se tornar mercadorias — mas é a procura que as converte nisso. Além disso, o processo de "mercadorização" é simultaneamente o ato de nascimento do consumidor: mercadorias potenciais e compradores potenciais realizam-se juntos. É útil pensar na cultura, tal como no mercado, como um campo de esportes, um local do jogo de oferta e procura. O local é percorrido por signos em busca de significados e por significados que buscam signos. Se, para seu "funcionamento normal", o mercado requer determinado excesso de oferta sobre a procura existente e se somente no momento da compra o potencial de mercadoria dos bens de mercado é satisfeito, na cultura pode-se observar um contínuo excesso de signos, que somente na atividade de seu uso e consumo têm uma probabilidade de satisfazer o seu potencial significativo, ou seja, de transformar-se em *símbolos culturais*. Os significados são escolhidos pelos sinais, em vez de o contrário. Nessa circunstância, a *não instrumentalidade* essencial, o caráter imotivado dos fenômenos culturais revela-se. Tais fenômenos culturais não servem a nada, certamente nem no momento do seu nascimento. Se passam posteriormente a servir a algo na vida social, essa relação inventada não pode explicar-lhe as origens.

Como aconteceu com tanta frequência anteriormente, os artistas intuíram essa complexa dialética de signos e significados bem antes de ela ser identificada e observada pelos teóricos da cultura. Antes de ser descrita na prosa científica, ela havia sido dramatizada no teatro da vanguarda artística. Foi, porém, expressa não como drama, mas como tragédia — no sentido clássico, euripidiano, raciniano ou ibseniano da palavra: como o entrechoque de desejos incompatíveis, como salvação e perdição se abraçando estreitamente, da pureza extraindo o seu aroma de conspurcação, da vida encontrando sua realização somente na morte, de uma epopeia destituída da esperança de catarse, do retorno ao porto seguro da ordem normativa e normas ordenadas... Nada aterrorizava mais a vanguarda do que a perspectiva da realização de seu sonho legislativo, a perceptível proximidade de seu sucesso legislativo — e nada provocava um pânico maior do que o som do aplauso público e o espectro da unanimidade. A brutalidade da vanguarda punha a nu o inato vazio dos signos, definindo a própria liberdade como o direito de preenchê-los com significado — mas também (talvez inadvertidamente) revelava que a liberdade consiste nos *direitos*, não em sua satisfação. A liberdade diz respeito à satisfação, mas a liberdade somente pode durar enquanto permanecer irrealizada. Abarrotados até a borda de significados, signos pesados e inertes não mais perambularão e pairarão livremente. A liberdade, a aparente infinidade de possibilidades criativas, acompanha unicamente o excesso de signos, sua redundância, falta de função e finalidade — essa é uma situação sabidamente desagradável, suportável apenas graças à esperança de que será superada: de encontrar os fins e usos presentemente negados. Mas a liberdade criativa não sobreviverá à realização dessa esperança...

No entanto, o que foi apresentado como tragédia pseudointelectual no palco vivamente iluminado da arte de vanguarda pode ser, afinal, apenas o relato da vida diária da cultura, do comum e da rotina... A vanguarda conseguiu fazer surgir um lamento veemente e um gesto heroico da calma e silenciosa prática da cotidianidade humana. O abismo entre a aventura da vanguarda e a experiência da cultura comum pode ser muito mais estreito do que os porta-vozes e autores de textos da vanguarda desejavam que seus espectadores e ouvintes acreditassem. A vanguarda interpretava o comum, o usual, "o vulgar" como um oposto de si mesma. Apresentava a espécie de cultura que combatia (aquela que denominava "popular" quando de humor benévolo, "de massa" quando desesperada e furiosa) como uma entidade imóvel e inabalável, semelhante a um rochedo, entrincheirada contra todo novo e insólito, petrificada em seus hábitos e hostil a tudo o que se movia e mudava. Essa imagem era, porém, uma ficção em todas as épocas. Quando examinada atentamente e sem antolhos, a atividade diária da cultura revela-se surpreendentemente semelhante à da vanguarda, sendo a única diferença significativa a falta de representações teatrais. Joanna Tokarska-Bakir, uma destacada antropóloga polonesa, encontrou na área rural próxima a Przemysl, uma pequena cidade polonesa, práticas de forma alguma distintas das mais avançadas experiências de um Andy Warhol: manjedouras construídas com latas de cerveja vazias, por exemplo. Toda cultura, inclusive o tipo menos complexo segundo os padrões da vanguarda, está diariamente envolvida naquilo a que Lévi-Strauss deu o memorável nome de *bricolage*: ela infere continuamente novos signos de qualquer coisa que, por acaso, se ache à mão e verte continuamente novos significados em tudo o que, por acaso, se ache próximo, à espera de se tornar um signo...

Jean-François Lyotard escreveu que os seres humanos atingem a mais plena e verdadeira humanidade na infância (as crianças vivem em um mundo repleto de possibilidades, ainda não bloqueadas, trivializadas ou desacreditadas, sedutoras graças a seu mistério e aparente infinidade) —, mas os seres humanos tomaram o abandono das características infantis como sinal de amadurecimento e, em consequência, esforçaram-se ao máximo para se livrar de suas essências mais humanas... Proponho que essa concepção de Lyotard não seja menosprezada como mais uma versão da imagem maniqueísta do *homo duplex*: de um ente dilacerado por duas essências incompatíveis, duas "naturezas" ou origens distintas, empenhadas na infindável guerra de atrito. (A versão mais famosa, durkheimiana, de *homo duplex* apresenta os seres humanos como o campo de batalha entre o legado da evolução biológica e as influências civilizadoras, entre natureza e cultura, entre a esmagadora força dos instintos e o impacto emancipador das normas de coabitação socialmente impostas.) O ser humano de Lyotard não é um agrupamento de naturezas heterogêneas e contraditórias, enfurecidas por sua indesejada proximidade. O oposto está aí em jogo: essa contradição que satura a vida humana provém, inteiramente, da lógica coerente da existência especificamente humana e não necessita de outras explicações. Tanto a liberdade quanto a dependência, tanto a alegria da criação quanto a amargura da submissão, nascem da mesma condição humana, demasiado humana, de autoconstituição, autoconstrução e autoafirmação, que a noção de cultura tenta de diversos modos captar. Ambas provêm do mesmo tronco. Além do mais, não são ramos distintos desse tronco, mas uma se torna a outra — sendo uma um prolongamento, um desenvolvimento da outra: a liberdade realiza-se na exposição a dependências; a sujeição, no ato da emancipação...

A tragédia dos signos que vivem da procura de significado e expiram no momento em que o encontram, apesar de haver sido representada no exclusivo teatro da arte de vanguarda, pode ser lida em termos mais amplos. Pode-se interpretar essa tragédia como uma narrativa acerca do destino da cultura em geral, acerca de sua infindável autorrealização no ato de autoaniquilamento, acerca do sucesso que parece estranhamente um revés, acerca da liberdade que pode completar-se unicamente na abnegação. A esse destino, não existe fuga. A cultura não é uma gaiola nem a chave que a abre. Ou, antes, ela é tanto a gaiola quanto a chave simultaneamente.

A imagem da cooperativa de consumidores pode também ajudar a apreender essa aporia da cultura. A *escolha* é o atributo do consumidor e a natureza cooperativa da comunidade de consumidores significa *liberdade* de escolha. A escolha é, contudo, um epítome de tudo o que dissemos anteriormente acerca do destino da cultura. A escolha é um tubo de ensaio da vida individual, em que se pode observar o processo ocorrendo no grandioso universo da cultura. A liberdade de escolha assenta na multiplicidade de possibilidades. No entanto, seria uma liberdade vazia que negasse o direito de colocar uma possibilidade acima das outras — de reduzir a multiplicidade de perspectivas, de bloquear e rejeitar as possibilidades indesejadas em outras palavras, de podar ou cancelar totalmente a escolha. Tal como no caso dos signos repletos de possibilidade enquanto permanecem livres de significados, a essência da livre escolha é o esforço para abolir a escolha.

A cultura como consumidor cooperativo   207

Nisso, na minha opinião, pode ser encontrado o segredo da perpétua não satisfação do desejo de mais ampla escolha dos consumidores (e, de modo mais geral, da eterna não satisfação do desejo de liberdade). O ímpeto de consumo, exatamente como o impulso de liberdade, torna a própria satisfação impossível. Necessitamos sempre de mais liberdade do que temos — mesmo que a liberdade de que achamos que necessitamos seja liberdade para limitar e confinar a liberdade atual. A liberdade é sempre um postulado e expressa-se numa constante reprodução e regulamento de sua força postulativa. É nessa abertura em relação ao futuro, na ultrapassagem de toda situação encontrada e preparada de antemão ou recém-estabelecida, nesse entrelaçamento do sonho e do horror da satisfação, que se acham as raízes mais profundas do turbulento, refratário e autopropulsor dinamismo da cultura.

· 11 ·

Sobre a redistribuição pós-moderna do sexo: a *História da sexualidade*, de Foucault, revisitada

A "revolução educacional" que acompanhou o nascimento da sociedade moderna teve lugar na Europa ocidental, entre os séculos XVI e XVIII, embora precisasse de um século mais para que seus frutos amadurecessem plenamente. A revolução consistiu em três desvios fundamentais: primeiro, em separar certa parte do processo da vida individual como o estágio da "imaturidade", isto é, uma fase repleta de perigos, mas também caracterizada por necessidades especiais e que requer, assim, um ambiente, um regime e processo todo seu; segundo, na separação espacial daqueles que precisam de tal tratamento peculiar e na sua submissão ao cuidado de especialistas deliberadamente instruídos; e, terceiro, em conferir à família especiais responsabilidades de supervisão no processo de "amadurecimento".

Como foi observado por Philippe Ariès,[1] não exatamente as telas populares de Bruegel, mas todos os testemunhos iconográficos salientam que, até aproximadamente o século XVI, as crianças, na Europa, eram tratadas de modo não muito diferente do que "adultos de tamanho menor". Diferiam do resto das pessoas meramente por terem os músculos e o juízo mais fracos. Não havia nenhuma noção de acomodações para as crianças ou de separação dos quartos dos pais; nem havia jogos especificamen-

Sobre a redistribuição pós-moderna do sexo 209

te de criança ou de adulto: a vida adulta não detinha nenhum segredo para as crianças. A cegueira peculiar para com as distinções de geração também se expressava simbolicamente: não havia nenhum sinal culturalmente reconhecido quanto à roupa, demarcando um especial "status da infância" — em regra, as crianças usavam roupas grandes demais ou abandonadas por irmãos mais velhos ou pelos pais, e, mesmo se novos trajes eram encomendados para elas, seguiam as modas dos adultos da época.

Tudo isso começou a mudar com a aurora do século XVII. Primeiro no topo, e depois gradualmente — através da osmose, um efeito obtido gota a gota, por emulação ou competição de status —, também em estratos sociais sempre mais baixos. Partes das casas familiares foram separadas e reservadas para as atividades dos adultos e declaradas "áreas proibidas" às crianças abaixo de certa idade; um regime separado e atividades especiais foram concebidos para as crianças; e, para marcar isso simbolicamente, seus trajes foram desenhados para acentuar-lhes o status inferior ou "incompleto", a princípio imitando as roupas usadas pelas classes mais baixas ou, no caso dos meninos, os trajes das mulheres.

Segundo Ariès e outros estudiosos dos hábitos populares,[2] a mudança no tratamento das crianças veio junto com a "descoberta" da criança como uma criatura por si mesma e de um tipo um tanto diferente, dotado de atributos peculiares. Essa descoberta estava intimamente ligada à nova — e moderna — percepção da realidade social, que apresentava a carreira dos indivíduos humanos como o processo de "amadurecimento", algo que não aconteceria por si mesmo, sem ajuda e não supervisionado, não podendo ser deixado à mercê da sabedoria da natureza. Para assistir ao processo e assegurar-lhe o fluxo regular, é preciso um ambiente especial e orientado para a criança, isolado dos rombos acidentais do mundo dos crescidos. Quanto mais tempo durasse o fechamento das crianças nesse ambiente especial, melhor: junto com a ideia positiva do amadurecimento, uma ideia negativa da "criança precoce" apareceu, trazendo um aroma decididamente patológico. A criança era considerada um ser frágil, que requer estreita e constante vigilância e interferência; um ser inocente mas que, pela própria razão de sua inocência, vivia sob uma constante ameaça de ser "estragada", incapaz de evitar e combater os perigos por sua conta. O que para os adultos era um desafio a combater ou arrostar, para a frágil criança era um engodo a que ela não podia resistir ou uma armadilha em que ela só podia cair. A criança precisava da orientação e do controle do adulto: uma supervisão refletida e cuidadosamente planejada, calculada para desenvolver a razão da criança como uma espécie de fortificação deixada pelo mundo do adulto dentro da personalidade da criança. As necessidades de orientação e controle convergiram para a ideia de um ambiente especialmente projetado em que o processo de crescimento devia acontecer. Idealmente, cada etapa do desenvolvimento da criança devia ter seu ambiente próprio e feito sob medida.

Joseph Kett[3] descobriu que, exceto para a aristocracia e para os mais ricos das classes médias empreendedoras, as condições ambientes das crianças de todos os estratos sociais, no começo do século XIX, eram ainda acidentais e destituídas de estrutura, em vez de planejadas e reguladas. Esse estado de coisas veio a ser compreendido, contudo, como de frouxidão inadmissível, potencialmente perigoso e que exigia urgentes reformas. Colocar previamente crianças "não supervisionadas" (isto é, crianças das classes mais baixas) sob o olho vigilante de capatazes de fábrica foi amplamente considerado, sob tais circunstâncias, um desvio educacional salutar; a única tarefa que restava era excogitar os meios de controlar o comportamento das crianças durante as horas em que estivessem fora do alcance da vista do capataz. Daí a força rapidamente mobilizadora do movimento pelas escolas paroquiais de domingo, introduzidas em todo o país com o fim, ostensivo, de proporcionar de outra maneira a instrução que faltasse, mas inspirada, em primeiro lugar, pelo desejo de manter a criança longe da travessura durante seu tempo "livre", isto é, não supervisionado.

Havia uma categoria de adultos que ocupava uma posição potencialmente capaz de facilitar o controle contínuo, ubíquo e meticuloso de cada aspecto da vida das crianças — os pais. A responsabilidade dos pais pelo desenvolvimento das crianças está hoje na boca de todo o mundo, e seu papel essencial no "amadurecimento" da criança parece ser um fato da natureza. Mas, no começo do século XIX, isso estava longe de ser óbvio: não era uma realidade, mas uma sonhada solução para os problemas da realidade, tarefa para legisladores, para os defensores e pregadores da moral. Afinal, em tempos ainda não muito distantes, quando a corporação — a paróquia, a casa senhorial, a propriedade ou a guilda — cuidava da integração social e da ordem, enquanto a ubíqua vigilância dos vizinhos era o meio mais importante (e suficiente) de controle social, não se confiava particularmente na família. As crianças da nobreza eram iniciadas nas habilidades secretas da vida nobre servindo em cortes de outros nobres, enquanto os filhos dos artesãos passavam seus dias de aprendizado nas casas de outros amos, frequentemente muito afastadas da residência dos pais. A partir do século XVIII, professores contratados, academias para os jovens nobres e colégios internos para os filhos dos endinheirados começaram a tomar o lugar das cortes de outras pessoas, oficinas e escritórios, mas essa mudança de outro modo dramática ainda não dispunha a família no centro do esforço educacional. E havia outros desvios, paralelos, que pressionavam numa direção precisamente oposta: a separação da casa dos negócios mantinha os pais longe do lar por uma parte maior do dia e, mais adiante, empobreceu os contatos face a face das crianças com os pais. Enquanto para as classes mais baixas, pobres ou necessitadas, dificilmente se podia falar de qualquer vida familiar. Tanto o pai como a mãe passavam a maior parte do tempo longe da casa familiar (se havia uma casa familiar), ganhando a vida; o mesmo se esperava das próprias crianças, que principiavam a partir de uma idade mais tarde considerada tenra e de modo algum adequada às rudes condições do trabalho assalariado.

O fechamento da família na casa familiar — afastando a residência da vigilância dos vizinhos, tecendo uma rede intricada de ligações intensas, mútuas, emocionalmente saturadas com os pais e irmãos — e a elevação da família à posição de controladora no processo da educação da criança não eram o resultado de um processo natural e espontâneo. O desenvolvimento das famílias no papel dos "canais capilares" do sistema societário de controle mediante vigilância, descrito pormenorizadamente por Michel Foucault, carecia de um profundo esforço legislativo, de ação social coordenada e intensa propaganda dos novos padrões de coabitação íntima. A reorganização do espaço social e a remodelação das relações sociais movimentaram muitos fatores não coordenados anteriormente, numerosos demais para ser aqui relacionados. Concentrar-me-ei, portanto, justamente num dos muitos fatores da reorganização total (embora indubitavelmente um dos mais eficientes): na redefinição do sexo e das práticas sexuais. Em sua introdução à *História da sexualidade*, Michel Foucault sustentou convincentemente que, em todas as suas manifestações, quer aquelas conhecidas desde tempos imemoriais, quer as que foram descobertas ou denominadas pela primeira vez, o sexo serviu à articulação dos novos — e modernos — mecanismos do poder e do controle social.

Os discursos médico e educacional do século XIX também construíram, entre outras noções, o fenômeno da sexualidade infantil, a ser convertido mais tarde, *ex post facto,* na pedra angular da psicanálise. O papel central, nessa articulação, foi desempenhado pelo pânico criado em torno da propensão da criança a se masturbar — considerada simultaneamente uma inclinação natural e uma doença, um vício impossível de se erradicar e um perigo com incalculável potencial de dano. Era tarefa dos pais e professores defender as crianças desse perigo, mas, com o fim de tornar a proteção eficaz, era necessário abrir os olhos da criança para o problema, espreitar sua presença em toda mudança de comportamento, todo gesto e expressão facial, submeter toda a ordem da vida das crianças à necessidade de

Sobre a redistribuição pós-moderna do sexo

tornar impossível a mórbida prática, interpretar todos os direitos e deveres das crianças com referência a sua fatal inclinação. Em torno da luta interminável contra a ameaça da masturbação, foi construído um sistema completo de fiscalização e vigilância dos pais, médica e pedagógica. Nas palavras de Foucault, o "controle da sexualidade infantil esperava atingi-la através de simultânea propagação do seu próprio poder e do objeto sobre o qual se aplicava". O inabalável e impiedoso controle dos pais precisava ser justificado em função da universalidade e insistência do vício infantil.

> Onde quer que houvesse a oportunidade [de a tentação] poder aparecer, mecanismos de vigilância eram instalados; eram preparadas armadilhas para confissões irresistíveis; discursos incansáveis e corretivos eram impingidos; pais e professores eram alertados, deixados com a suspeita de que todas as crianças são culpadas e com o medo de estarem eles próprios errados se suas suspeitas não fossem suficientemente fortes; eram mantidos em prontidão diante do perigo que se repetia; sua conduta era prescrita e sua pedagogia recodificada; um completo regime médico-sexual se apoderava do meio familiar. O "vício" da criança não era tanto um inimigo como um apoio...

Permitam-nos observar que o tipo de poder de supervisão posto em prática e continuamente revigorado pelo pânico que cercava o fenômeno da masturbação infantil trazia a ressonância da tendência geral de poder panóptico, tipicamente moderno. Sintetizava todos os traços cruciais deste último, a um grau que permite seu tratamento como um espécime clinicamente puro, através do qual as características de um padrão institucional mais amplo podem ser mais bem examinadas.

> Mais do que os antigos tabus, essa forma de poder exigia presenças constantes, atentas e curiosas para seu exercício; pressupunha proximidades; agia por meio do exame e observação insistente;

requeria uma troca de discursos, através de perguntas que extorquiam confissões, e confidências que estivessem além das perguntas que eram feitas. Isso implicava uma proximidade física e a ação recíproca de intensas sensações... O poder que, desse modo, tomava conta da sexualidade se punha a estabelecer contato com o corpo, acariciando-o com os olhos, intensificando áreas, eletrificando superfícies, dramatizando momentos agitados. Ele envolvia o corpo sexual em seu abraço.

O sexo era mais apropriado a essa finalidade do que qualquer outro aspecto do corpo e da alma humana; natural, ainda eriçado de tentações inatuais, iniludível ainda que cheio de perigos e acima de tudo onipresente e partilhado por todos os seres humanos, o sexo era como que feito sob medida para o poder total e que em tudo penetrasse, concentrado na administração do corpo e do espírito humanos — um espírito são num corpo são... Oferecia tudo o de que tal poder podia ter precisado para se estabelecer e reproduzir, simultaneamente, seu mecanismo e seu objeto. Foucault falou da "utilização" do sexo como um apoio da hierarquia do poder; às vezes, ele recorreu a uma metáfora militar, falando do "desenvolvimento" de várias noções construídas no curso do discurso médico-pedagógico, nas etapas sucessivas da articulação dos modernos poderes panópticos.[4]

O sexo foi desenvolvido na construção de numerosos segmentos da estrutura social moderna. Seu papel, no entanto, foi particularmente grande na edificação das famílias modernas, essas extensões capilares que alcançam mais longe, e que tudo penetram, do sistema de poder panóptico, total. As células da família eram reconhecidamente diminutas e não particularmente profícuas, mas decisivas para o sucesso global do empreendimento como um todo, sendo as únicas instituições que conduziam a pressão combinada do sistema panóptico até cada simples membro da sociedade. (Especialmente aqueles indivíduos que escapavam à pua disciplinadora das duas mais poderosas das instituições panópticas — a fábrica e o exército.)

Antes e acima de tudo, na verdade, a família foi o único terreno para o aprendizado e disciplina para as mulheres e as crianças; que seu papel em relação ao homem, "cabeça da família", provedor do pão e dono da casa, não fosse senão secundário confirmava o modo pelo qual a sexualidade masculina fora articulada. Se a predisposição natural das mulheres para a histeria e das crianças para a masturbação requeria seu fechamento no espaço estreitamente vigiado da casa da família, onde estariam sempre disponíveis para a inspeção, e justificavam a exigência contínua de confissão, fiscalização e cuidado médico, a noção da tendência natural do homem para a poligamia e intercurso sexual com mais de uma mulher demandava, ao contrário, um espaço mais amplo do que o da casa familiar, bem como o direito ao sigilo e a um espaço privativo não controlado por outros membros da família. Dentro dessas paredes, o papel do dono era análogo ao do capataz na fábrica ou do sargento no exército.

Segundo a sugestão contida em *Making of the Modern Family*, de Edward Shorter, em alguma fase do meio deste século, o mundo ocidental entrou na "segunda revolução sexual". Essa segunda revolução consiste, aproximadamente, no desmantelamento de tudo o que a primeira revolução, resumida acima, construiu. Testemunhamos hoje uma gradual, mas aparentemente inexorável, desintegração (ou, ao menos, considerável enfraquecimento) do outrora sacrossanto e imperturbável "ninho familiar". O correlato cultural desse processo é o descascar do envolvimento romântico do amor erótico e que lhe desnuda a substância sexual. Permitam-nos observar, porém, que, ao contrário das crenças populares incutidas à medida que essa mudança é apresentada e discutida, tal transformação indubitavelmente profunda não é, de modo algum, equivalente à "emancipação sexual" — à libertação da atividade sexual das respectivas funções sociais que constrangiam, com resultados muitas vezes nocivos, o impulso libidinal. Ela pressagia, em vez disso, uma sucessiva "redisposição" do sexo a serviço de um novo padrão de integração social e reprodução. Como antes, o sexo "tem uma função"; como antes, é "instrumental"; só a função mudou, assim como a natureza do processo em que o sexo "redisposto" desempenha seu papel instrumental.

Como na era da primeira revolução sexual, as transformações atuais não são uma aventura histórica que acontece só ao sexo, mas parte integrante de uma mudança social muito mais ampla e completa. Se há duzentos anos profundas mudanças nos padrões sexuais associaram-se à construção do sistema panóptico de integração e controle social, hoje, mudanças igualmente profundas acompanham a dissimulação desse sistema: um processo de *desregulamentação* e *privatização* do controle, da organização do espaço e dos problemas de identidade. A segunda revolução sexual também pode ser vista como intimamente relacionada com a passagem da produção social do "produtor/ soldado" para o cultivo do tipo do "acumulador de sensações" (descrito no capítulo "Um catálogo dos medos pós-modernos" do meu *Life Fragments*).

Se, no curso da primeira revolução sexual, o sexo converteu-se num maior material de construção das estruturas sociais duráveis e das extensões capilares do sistema global de construção da ordem, hoje o sexo serve, antes e acima de tudo, ao processo da atomização em andamento; se a primeira revolução relacionava a sexualidade com a confissão e preservação das obrigações, a segunda transferiu-a para o reino da coleção de experiências; se a primeira revolução dispunha a atividade sexual como a medida de conformidade com as normas socialmente promovidas, a segunda a predispunha como o critério de adequação individual e aptidão corporal — os dois maiores mecanismos de autocontrole na vida do acumulador e colecionador de sensações.

Um lado da transformação dos nossos dias é o desemaranhamento do sexo do denso tecido de direitos adquiridos e deveres assumidos. Nada retém melhor esse aspecto do que os conceitos de "sexualidade plástica", "mero relacionamento" e "amor confluente", todos cunhados por Anthony Giddens.[5] Nada resulta do encontro sexual, salvo o próprio sexo e as sensações que acompanham o encontro; o sexo, pode-se dizer, saiu da casa familiar para a rua, onde apenas os transeuntes acidentais encontram quem — enquanto encontram — sabe que mais cedo ou mais tarde (antes mais cedo do que mais tarde) seus caminhos são obrigados a se separar novamente. Como Henk Kleijer e Ger Tillekens resumiram a nova situação, "as práticas sexuais não unidas pelo dever, mas pelo prazer, são exportadas para o domínio entre a casa e o local de trabalho".[6] Somos tentados a tomar por hipótese que testemunhamos, atualmente, o divórcio entre o sexo e a família, semelhante ao divórcio entre a família e o negócio, detectado por Max Weber como um dos principais processos constitutivos do início da modernização. Como os Beatles cantaram profeticamente em 1965, "Não estou querendo dizer que ando infeliz com você/Porém, a partir de hoje, bem, conheci uma pessoa nova/Não sou boboca nenhum: não aceito o que não quero/pois achei outra garota".

Desse "lado único" da presente mudança, ouve-se mais. É o aspecto da revolução sexual em curso mais amplamente discutido na imprensa comum e nos estudos acadêmicos do mesmo modo, frequentemente representado como a essência da transformação atual dos costumes sexuais. Na maioria das vezes, também é aclamado como o estágio indispensável no processo da emancipação individual. E esse, porém, não parece ser o único aspecto da redisposição do sexo; nem o seu aspecto mais fecundo. Enfatizar esse aspecto, e apenas esse, à custa de outros, parece ser mais uma manifestação de precária "falsa consciência". A ênfase ajuda a voltar os olhos para longe das consequências e efeitos colaterais "não antecipados" ou, antes, latentes (desde que ausentes dos cálculos dos atores) da nova sexualidade.

Acontece que o outro lado da questão é que o isolamento do sexo de outras formas e aspectos do relacionamento social e, acima de tudo, das relações maritais e com os pais é um poderoso *instrumento*, não exatamente a *consequência*, dos processos de privatização e mercantilização. Atualmente, os indivíduos são "socialmente empenhados", em primeiro lugar, através de seu papel como consumidores, não produtores: o estímulo de novos desejos toma o lugar da regulamentação normativa, a publicidade toma o lugar da coerção, e a sedução torna redundantes ou invisíveis as pressões da necessidade. Nessa espécie de contexto, as estruturas firmes e elásticas do tipo de "até que a morte nos separe", indispensáveis no sistema de poder panóptico, perdem sua utilidade: elas se tornam até "disfuncionais", se medidas pelos pré-requisitos da integração do tipo "de mercado". Desse modo, a emancipação sexual dos nossos dias faz lembrarmo-nos de chutar um adversário que já caiu. Por outro lado, porém, parece um murro mais poderoso que o derruba...

O sexo está sendo completamente purificado de todas as "poluições" e "corpos estranhos", tais como obrigações assumidas, laços protegidos, direitos adquiridos. Por outro lado, porém, todas as outras coisas das relações humanas são — afiadamente, vigilantemente, obsessivamente, às vezes de uma maneira atacada de pânico — purificadas mesmo das mais pálidas sugestões sexuais que permitam a mais leve possibilidade de condensar essas relações em permanência. As sugestões sexuais são pressentidas e farejadas em toda emoção que chegue além da escassa relação de sentimentos permitidos no arcabouço do desencontro (ou quase encontro, encontro fugaz, encontro inconsequente) — ver o capítulo "Formas de acompanhamento", em *Life Fragments)*, em todo oferecimento de amizade e toda manifestação de um interesse mais profundo do que a média, por uma outra pessoa. (Muito antes de *Oleanna* ser escrita e apresentada, um amigo meu, sociólogo eminente, contou-me que havia resolvido manter a porta de seu escritório inteiramente aberta sempre que garotas estudantes viessem consultá-lo — para evitar acusações de assédio sexual. Como ele descobriu muito depressa, a porta tinha também de ser mantida aberta durante as visitas dos rapazes estudantes.) Saudar a beleza ou o encanto de um/a colega de trabalho é provavelmente censurado como provocação sexual, e o oferecimento de uma xícara de café, como importunação sexual. O espectro do sexo, agora, assombra os escritórios das empresas

Sobre a redistribuição pós-moderna do sexo   219

e as salas dos grupos de estudo dos colégios: há uma ameaça encerrada em todo sorriso, olhar atento ou maneira de tratar. O resultado total é o rápido definhamento das relações humanas, despindo-as de intimidade e emotividade, e o esmorecimento do desejo de entrar nelas, conservá-las vivas.

O desvio do sexo, de cimentar a parceria para seu enfraquecimento, para garantir a transitoriedade de um relacionamento e sua disposição de se anular com uma pequena notícia ou sem notícia, está provavelmente no que tem de mais conspícuo e mais consequente: no reino da vida familiar. Afinal, era precisamente nesse reino que o sexo costumava proporcionar o tijolo e a argamassa essenciais para a construção da estrutura: quer em sua versão positiva, articulando os laços conjugais, quer negativamente (como a força elementar que precisa ser domada e controlada), ao articular a intimidade entre pais e filhos. Hoje, o sexo está se convertendo num poderoso instrumento de desagregação da estrutura da família, em todas as suas dimensões.

Os tribunais de um país atrás do outro legalizam o conceito de "estupro conjugal"; os serviços sexuais já não são direitos e deveres conjugais, e insistir neles pode ser classificado como crime punível. Visto que é notoriamente difícil interpretar com "objetividade", de forma não ambígua, o comportamento do parceiro de uma pessoa, como consentimento ou recusa de cada um (sobretudo se os parceiros dividem uma cama à noite), e visto que definir um evento como um estupro requer a decisão de um único parceiro, virtualmente cada ato sexual pode, com um pouco de boa (ou melhor, má) vontade, ser apresentado como o ato de estupro (que certas autoras feministas radicais se apressaram a proclamar como "a verdade da questão"). Os parceiros sexuais precisam lembrar-se, pois, em cada ocasião, que a discrição é a melhor parte do valor. A obviedade ostensiva e o caráter não problemático dos direitos conjugais, que outrora se destinavam a encorajar os parceiros a preferirem o sexo conjugal ao sexo fora do casamento, um caso supostamente mais arriscado, são agora cada vez mais frequentemente considerados uma armadilha. Como resultado, os motivos para associar a satisfação das necessidades sexuais com o casamento se tornam cada vez menos evidentes ou convincentes — em particular quando as "relações puras", no sentido giddensiano, são de tão fácil obtenção alhures.

A sexualidade manifesta ou latente, despertada ou adormecida da criança também costumava ser um poderoso instrumento na articulação das modernas relações de família. Proporcionava a razão e o ímpeto para a interferência compreensiva e impertinente dos pais na vida das crianças. Ela solicitava dos pais estar constantemente "em contato", manter as crianças constantemente sob os olhos, travar conversas íntimas, estimular confissões, exigir confidência e partilha de segredos. Hoje, a sexualidade das crianças está se tornando, ao contrário, um fator igualmente poderoso na separação entre pais e filhos e na "manutenção da distância duma pessoa". Os medos de hoje provêm do desejo sexual dos pais, não das crianças: não é no que as crianças fazem com o seu próprio impulso, mas no que fazem ou podem fazer a mando dos pais, que tendemos a desconfiar de sugestões sexuais; é o que os pais gostam de fazer com (e a) seus filhos que assusta e requer vigilância — só que esta é uma espécie de vigilância a que se recomendam cautela, afastamento e reticência dos pais. As crianças, agora, são consideradas principalmente *objetos* sexuais e vítimas potenciais de seus pais como *sujeitos* sexuais e, visto que os pais são por natureza mais fortes do que os filhos e colocados na posição do poder, a sexualidade dos pais pode facilmente levar ao abuso desse poder, a serviço dos instintos sexuais dos pais. O espectro do sexo, portanto, também assombra as casas de família. Para exorcizá-lo, precisamos manter as crianças à distância — e, acima de tudo, abstendo-se de intimidade e manifestação tangível, aberta, do amor dos pais...

Algum tempo atrás, a Grã-Bretanha presenciou uma virtual epidemia de "exploração sexual das crianças". Numa campanha amplamente divulgada, assistentes sociais, em cooperação com médicos e professores, acusaram dezenas de casais (principalmente pais, mas também um crescente número de mães) de

Sobre a redistribuição pós-moderna do sexo

investidas incestuosas contra os filhos. As vítimas infantis eram forçosamente retiradas das casas dos pais, enquanto os leitores da imprensa popular eram obsequiados com histórias pavorosas acerca dos antros de devassidão em que se haviam convertido os quartos e banheiros da família. Os jornais trouxeram notícias sobre abuso sexual dos tutores de criança numa casa de custódia ou reformatório após outro.

Apenas alguns dos casos publicamente discutidos eram levados a julgamento. Em certos casos, os pais acusados conseguiam provar sua inocência e tinham os filhos de volta. Mas o que aconteceu aconteceu. A ternura dos pais perdeu sua inocência. Fora levada a público a consciência de que as crianças são sempre e em toda parte objetos sexuais, de que há um fundo sexual potencialmente explosivo em qualquer ato de amor dos pais, de que toda carícia tem seu aspecto erótico e em todo gesto de amor pode esconder-se um assédio sexual. Como observou Suzanne Moore,[7] um relatório da NSPCC* noticiou que "um em cada seis de nós foi vítima de 'interferência sexual' quando era criança", enquanto, segundo o relato de Barnardo, "seis de cada dez mulheres e um quarto dos homens 'sofreram alguma espécie de assédio ou interferência sexual antes dos dezoito anos'". Suzanne Moore acrescenta que o "o abuso sexual é muito mais difundido do que estamos preparados para aceitar", porém ela ressalta, apesar disso, que "a palavra abuso, agora, é tão exageradamente empregada que quase toda situação pode ser imaginada como abusiva". Nos outrora não problemáticos amor e cuidado dos pais, um abismo de ambivalência vem sendo revelado. Nada mais é claro e óbvio: tudo é atirado com ambiguidade — e de coisas ambíguas se é aconselhado a lhes passar ao largo.

Num caso amplamente divulgado, Amy, de três anos de idade, foi encontrada na escola fazendo objetos, com massa de modelar, em forma de linguiça ou de cobra (que o professor iden-

---

* National Society for the Prevention of Cruelty to Children (Sociedade Nacional de Prevenção da Crueldade contra as Crianças), instituição inglesa. (N. T.)

tificava como pênis) e falava de coisas que "esguichavam substância branca". A explicação dos pais, de que o misterioso objeto que esguichava substância branca era um borrifador contra congestão nasal, enquanto as coisas em forma de linguiça eram imagens dos doces de gelatina preferidos por Amy, não ajudou. O nome de Amy foi colocado na lista das "crianças em perigo", e os pais entraram numa batalha para limpar seus nomes. Como Rose Waterhouse[8] comenta sobre esse e outros casos,

> Apertar nos braços, beijar, dar banho, e mesmo dormir com os seus filhos são padrões naturais de comportamento dos pais ou são atos de abuso inapropriados, exageradamente sexuados?
>
> E o que são passatempos infantis normais? Quando as crianças fazem pinturas de feiticeiras e cobras, isso significa que são símbolos de acontecimentos assustadores e abusivos? São estas perguntas fundamentais com as quais os professores, os assistentes sociais e outros profissionais envolvidos no cuidado das crianças frequentemente têm de enfrentar.

Permitam-me observar que mesmo os casos de masturbação e de interesse das crianças pelos seus próprios órgãos genitais são agora constantemente redefinidos de maneira mais ampla como o produto da sexualidade dos pais, mais do que as próprias inclinações sexuais das crianças, e interpretados como indicadores de abuso sexual.

Para resumir: no discurso dos nossos dias, a criança aparece como o objeto, em vez de sujeito, do desejo sexual. Se o lançamento da criança no molde do sujeito sexual justificava a proteção compreensiva e íntima dos pais, a criança como objeto sexual requer reticência, distância e reserva emocional dos pais. O primeiro fato servia ao fortalecimento (alguns diriam: estreitamento) dos laços familiares. E o segundo?

O segundo serve ao enfraquecimento dos laços, uma condição importante da "modalização" do futuro colecionador de sensações e consumidor de impressões. Como em suas outras dimensões (por exemplo, a "purificação" do sexo da contaminação de outros aspectos das relações inter-humanas — o processo destinado a garantir melhor possibilidade de explorar o potencial hedonístico do sexo), o presente discurso sexual propaga, nesse caso, o "esfriamento" da interação humana e sua libertação de todo sabor erótico (e, mais generalizadamente, afetivo) —, em suma, sua nova e mais radical "impessoalização". Se em tempos passados a separação do negócio da casa permitiu ser aquele submetido às exigências severas e serenas da competição, enquanto se conservava surdo a todas as outras normas e valores, sobretudo morais, a separação atual do sexo das outras relações inter-humanas permite-lhe ser submetido, sem restrição, aos critérios estéticos da experiência forte e da satisfação sensual. Primeiro, mediante a "purificação" da parceria, o amor erótico foi reduzido a sexo; depois, em nome da purificação das intenções sexuais impuras, a parceria é "purificada" do amor...

· 12 ·

Imortalidade, na versão pós-moderna

> Um homem livre pensa em tudo, menos na morte, e sua sabedoria é uma meditação não sobre a morte, mas sobre a vida.
>
> BARUCH ESPINOSA, *Ética*

Existe um conto extraordinário, "O imortal",[1] deixado pelo extraordinário escritor argentino Jorge Luis Borges. Nesse conto, Joseph Cartaphilus de Esmirna, após uma longa e árdua viagem, chega à Cidade dos Imortais. Perambulando pelo palácio labiríntico que era a cidade, Joseph foi dominado primeiro pela impressão de espantosa antiguidade, depois pela impressão do interminável, do estarrecedor e, finalmente, pela do "completamente insensato". O palácio "estava repleto de corredores sem saída, altas janelas inalcançáveis, imponentes portas que conduziam a um cubículo ou buraco, inacreditáveis escadas invertidas cujos degraus e balaustradas inclinavam-se para baixo. Outras escadas, unidas aereamente à lateral da monumental parede, terminavam sem conduzir a parte alguma, depois de dar duas ou três voltas na majestosa escuridão das cúpulas". E assim por diante. Nesse palácio, construído por imortais para imortais, nada parecia ter *sentido*, nada servia a nenhuma *finalidade* — mas, permitam-nos observar, em cada pormenor havia um vestígio, uma lembrança de formas concebidas nas cidades habitadas por seres mortais e, desse modo, podia expressar e brandir seu absurdo, desafiando com estardalhaço os fins para que foi originalmente inventado.

Essa deve ter sido uma cidade não de quaisquer imortais, mas daqueles imortais que primeiro passaram pela experiência de ser mortais, aprenderam as habilidades que refletiam tal experiência e então, certo tempo depois, alcançaram a imortalidade. Naquele momento, eles ainda sentiam a necessidade de expressar a chocante descoberta de que tudo aprendido antes se tornou subitamente inútil e destituído de significado. A essa altura, contudo, haviam abandonado até o palácio que construíram no momento da descoberta. Joseph encontrou-os jazendo nas covas rasas da areia: "desses lamentáveis buracos [...] emergiam homens barbudos e macilentos, de pele acinzentada e nus. [...] Não me espantou que eles não conseguissem falar e que devorassem serpentes". Não era isso que Joseph, ao se aventurar na expedição para escapar à própria e temida morte, esperava que ocorresse num mundo regido pela bem-aventurança perpétua da vida eterna. Mas então ele compreendeu:

> Ser imortal é coisa comum. Com exceção do homem, todas as criaturas são imortais, pois ignoram a morte. O que é divino, incompreensível, é saber que se é imortal. [...] Tudo, dentre os mortais, tem o valor do irrecuperável e do perigoso. Dentre os Imortais, de outro lado, todo ato (e todo pensamento) é o eco de outros que o precederam no passado, sem nenhum início visível, ou o constante presságio de outros que, no futuro, o repetirão a um grau vertiginoso. [...] Nada pode acontecer apenas uma vez, nada é preciosamente precário.

As conclusões são tão lúcidas quanto são esmagadoras: na vida humana, tudo conta, porque os seres humanos são mortais e sabem disso. Tudo o que os mortais humanos fazem tem sentido devido a esse conhecimento. Se a morte algum dia fosse derrotada, não haveria mais sentido em todas aquelas coisas que eles laboriosamente juntam, a fim de injetar algum propósito em sua vida absurdamente breve. Essa cultura humana que conhecemos — as artes, a política, a intricada teia de relações humanas, ciência ou tecnologia — foi concebida no ponto do trágico, mas fatal, encontro entre o período finito da existência física humana e a finitude da vida espiritual humana.

O ponto crucial da questão é que o conhecimento da mortalidade significa, ao mesmo tempo, o conhecimento da *possibilidade de imortalidade*. Em consequência, não se pode estar ciente da mortalidade sem encarar a inevitabilidade da morte como uma afronta e uma indignidade e sem pensar nas maneiras de corrigir o erro. Estar ciente da mortalidade significa imaginar a imortalidade, sonhar com a imortalidade, trabalhar com vistas à imortalidade — ainda que, como adverte Borges, seja somente esse sonho que enche a vida de significado, enquanto a vida imortal, se algum dia alcançada, traria somente a morte do significado. Talvez, se indagado, Freud respondesse que o nosso perpétuo impulso em direção à imortalidade é, em si, o efeito do instinto da morte... Ou poder-se-ia falar, acompanhando Hegel, da astúcia da razão: ela consola os mortais ao acenar-lhes com a perspectiva da imortalidade — mas só ao ocultar o fato de que unicamente enquanto permanecerem mortais a perspectiva de imortalidade pode afigurar-se um consolo...

É a implacável realidade da morte que torna a imortalidade uma proposta atraente, mas é a mesma realidade que torna o sonho da eternidade uma força ativa, um motivo para ação. A imortalidade é, afinal, um empreendimento — uma condição *antinatural*, que não surgirá por si mesma, a não ser engabelada ou obrigada a existir. Realizar o sonho exigiria muito esforço e estratégia inteligente. E a história humana estava abarrotada de tais esforços, ditados por duas estratégias básicas.

A primeira era coletiva. Os seres humanos individuais são mortais, mas não aquelas totalidades humanas de que eles fazem parte — a que "pertencem". A Igreja, a Nação, o Partido, a Causa — aqueles, para citar a memorável expressão de Émile Durkheim, "seres maiores do que eu mesmo" —, todos eles viverão muito mais do que qualquer de seus membros, porém viverão mais, talvez até para sempre, exclusivamente graças ao esforço de cada um e de todos os membros para assegurar-lhes a vida eterna à custa da própria vida. Desse modo, foi concedido significado à morte individual: "Não foi em vão". Mas o significado é derivativo e não augura preservação do indivíduo sob qualquer aspecto ou forma. A preocupação com a imortalidade individual dissolve-se no empreendimento de servir a imortalidade do grupo. Com isso, a própria individualidade dissolve-se, o que ajuda imensamente o grupo, em seus incessantes esforços para subordinar preocupações individuais da vida ao que for declarado do interesse da sobrevivência do grupo. Os túmulos de soldados *desconhecidos*, que ornamentam todas as capitais do mundo, sintetizam o ponto essencial dessa estratégia, visando ao mesmo tempo o seu contínuo fascínio.

A segunda estratégia era individual. Fisicamente, todos os indivíduos devem morrer — mas alguns (homens qualificados como "importantes" por essa mesma razão) podem ser preservados, como indivíduos, na memória de seus sucessores. Essa outra vida póstuma pode, em princípio, durar tanto quanto existirem homens com memória. Mas é necessário que a pessoa se faça gravar nessa memória: por intermédio dos seus feitos, inconfundivelmente feitos *individuais*, feitos que ninguém mais realizou. De um modo geral, embora não exclusivamente, dois tipos de feitos estiveram em competição por essa espécie de imortalidade — isto é, para reivindicar o direito de permanecer para sempre na memória humana. Os primeiros eram realizações de governantes e líderes de homens — reis, legisladores, generais; os segundos eram empreendimentos de autores — filósofos, poetas, artistas. Nas palavras colocadas por Platão na boca de Sócrates, "a alma é extremamente semelhante ao divino e imortal" e, em consequência, "na família dos deuses, a menos que se seja um filósofo [...] não é permitido a ninguém entrar, exceto o amante do estudo".[2]

Ao contrário da primeira estratégia, a segunda era particularmente inadequada para o consumo de massa. Ela era vinculada ao status de individualidade como privilégio, como a realização do inigualavelmente dotado, extraordinariamente meritório ou, sob outros aspectos, excepcional. Era uma tal individualidade que oferecia a chave mestra para a imortalidade, mas algumas pessoas conseguiram ascender a essa individualidade somente porque as outras, a multidão, "a massa", nunca o fizeram e nunca tiveram uma possibilidade de fazê-lo. Obter a imortalidade segundo as regras dessa estratégia significava destacar-se da aglomeração e acima do comum. (Já em Platão, o elogio dos filósofos era subscrito pelo desprezo e depreciação daqueles que alegadamente viviam só da carne.)

Não obstante as suas nítidas diferenças, nenhuma das duas estratégias poderia sair incólume da revolução moderna, que Michel Foucault descreveu como, antes de tudo, o entrincheiramento do poder *individualizante*, o poder que em princípio constituiu todos os seus objetos como indivíduos, empregando técnicas de poder que exigiam que a responsabilidade individual pela formação e exercício das identidades fosse, simultaneamente, o direito e o dever de todos e que providenciaram para que a exigência fosse cumprida.[3] A modernidade era uma força democrática (populista?) — ao transformar todos os seres humanos em indivíduos de facto ou *in spe*. Mas a fórmula da imortalidade coletiva requeria a supressão da individualidade, ao passo que a fórmula da imortalidade individual somente tinha sentido enquanto a individualidade permanecesse o privilégio dos poucos.

A democracia não era o único desafio que a ascensão da modernidade lançava aos habituais meios humanos de enfrentar o sonho da imortalidade. O humanismo moderno era outro. Como resumiu John Carroll em sua recente reavaliação do legado humanista, "ele tentou substituir Deus pelo homem, colocar o homem no centro do universo, divinizá-lo. Sua ambição era instituir uma ordem humana na terra [...] — uma ordem inteiramente humana". O novo ponto de Arquimedes sobre o qual a Terra, e com ela o universo, giraria devia ser a vontade humana, auxiliada e apoiada pela razão humana. Como se verificou, porém, "a vontade humanista atrofiou-se até o nada", de modo que o altivo e arrogante "eu sou" "degenerou naquele de um inválido crônico que acompanha a vida da janela do hospital".[4] Como isso sucedeu?

Morte, moderna e pós-moderna

Na ordem divina, a cruciante discrepância entre a intemporalidade do pensamento e a temporalidade da carne era uma indignidade, mas não uma provocação, uma causa de dor, mas não de ressentimento. Podia até, embora não sem a imaginação levada a seu limite, ser imbuída de um sentido mais profundo, ou louvada como a fonte de todo significado. Não ocorria assim na nova ordem humana. Ali, tudo devia servir aos planos e desejos humanos, e tudo o que resistisse à razão e vontade humanas, ou as desafiasse, era uma abominação. A incomensurabilidade dos períodos de tempo intelectual e físico, e a morte biológica responsável por ela, tornou-se então um desafio à inteligência e determinação humanas. Em um mundo fundamentado na promessa de liberdade para os poderes criativos humanos, a inevitabilidade da morte biológica era a mais obstinada e sinistra das ameaças que pairava sobre a credibilidade dessa promessa e, assim, sobre o fundamento desse mundo.

Ao acompanhar os meios da prática moderna, que sempre tende a dividir questões grandes e difíceis de tratar em uma série de tarefas menores e acessíveis, a apavorante e incontestável questão da morte biológica, assomando na extremidade oposta das buscas humanas, foi, na época moderna, repartida — *desconstruída* — em uma profusão de tarefas e assuntos que preenchem o período total da vida. A modernidade não aboliu a morte — somos tão mortais atualmente quanto o éramos no início da era da "ordem humana". Ela, porém, trouxe enormes avanços na arte de repelir toda e qualquer causa de morte (isto é, exceto a causa de todas as causas, que é a própria e inata mortalidade humana) — e impedir que tais causas ocorram. Ocupados como estamos, tentando observar todas as prescrições e proscrições que a medicina moderna propõe, pensamos menos, se tanto, na vaidade suprema dessa observância. O resultado da desconstrução é que o inimigo invisível, a morte, desapareceu de vista e do discurso. No entanto, o preço da desconstrução é a vida policiada do princípio ao fim pelas guarnições ubíquas do inimigo banido. Havendo recusado enfrentar com coragem a incompatibilidade da promessa moderna com o fato da mortalidade humana, tornamo-nos de fato, pelo menos temporariamente, "inválidos acompanhando a vida das janelas do hospital".

Temporariamente, ou para sempre? Este é, reconhecidamente, um problema discutível e que eu, um estranho tanto à clínica médica quanto a ousados projetos biológicos, alguém que não sabe mais sobre o atual e o esperado potencial de recentes processos biotecnológicos do que um leigo poderia ou deveria saber, não tenho credenciais para apreciar. Tenho pouco, se tanto, a dizer acerca das perguntas cruciais de que depende a resposta ao problema acima: o progresso do conhecimento biológico e da técnica médica tem probabilidade de avançar além da suspensão do processo de envelhecimento e chegar a obstar a, até então, inevitável investida dos processos de desintegração da vida? Ele é, em outras palavras, capaz de efetuar um salto qualitativo de meramente prolongar a vida — isto é, de adiar o momento em que a pessoa se depara com a morte, quanto ao mais, inelutável — para o rebaixamento da ocorrência da morte, de seu atual status de destino inevitável, para aquele de contingência (isto é, atingir a imortalidade *prática*)? Deixo essas perguntas para os especialistas. Farei uma pergunta diferente: de que forma as descobertas no campo da "imortalidade prática" têm probabilidades de se acomodarem dentro do tipo de sociedade em que estamos? E, portanto, quais são os seus prováveis significado e consequências culturais?

A nossa sociedade "moderna tardia" (Giddens), "moderna reflexiva" (Beck), "*surmoderne*" (Balandier), ou — como prefiro denominá-la — *pós-moderna* é marcada pelo descrédito, escárnio

Imortalidade, na versão pós-moderna

ou justa desistência de muitas ambições (atualmente denegridas como utópicas ou condenadas como totalitárias) características da era moderna. Dentre tais sonhos modernos abandonados e desesperançados está a perspectiva de suprimir as desigualdades socialmente geradas, de garantir a todo indivíduo humano uma possibilidade igual de acesso a tudo de bom e desejável que a sociedade possa oferecer. Mais uma vez, tal como nas etapas iniciais da revolução moderna, vivemos numa sociedade cada vez mais polarizada.

Ao longo do período moderno, tendeu-se a definir a exclusão social como um soluço temporário no progresso uniforme e implacável, sob outros aspectos, em direção à igualdade. Ela era minimizada pelo mau funcionamento ainda não corrigido, mas em princípio corrigível, do sistema social não suficientemente racionalizado. Os desempregados e sem vencimentos eram encarados como o "exército de reserva da mão de obra" — o que significava que amanhã, ou no dia seguinte, seriam sem dúvida convocados ao serviço ativo e se juntariam às fileiras de produtores que, em princípio, compreenderiam toda a sociedade. Esse não é mais o caso. Falamos hoje em desemprego "estrutural" (um termo que ainda, contrariamente aos fatos, alude ao emprego como sendo a norma e dá a entender que a atual falta maciça de emprego é uma anomalia). Aqueles sem trabalho não são mais um "exército de reserva da mão de obra": o progresso econômico não significa mais procura de mão de obra; o novo investimento significa menos, não mais emprego; a "racionalização" significa reduzir postos de trabalho e colocações. Pode-se dizer que, na extremidade oposta do espetacular avanço científico e tecnológico, o "crescimento" do PNB passa a medir a produção maciça de redundância e pessoas redundantes. Essas pessoas são mantidas vivas mediante o que a estrutura da nossa economia define, com mais do que uma insinuação da condenação que toda anormalidade merece, como "transferências secundárias" — a dependência que as estigmatiza como um fardo para os assalariados, para os ativamente envolvidos na vida econômica, para os "contribuintes". Não requeridas como produtoras, inúteis como consumidoras — elas são pessoas que a "economia", com sua lógica de suscitar necessidades e satisfazer necessidades, poderia muito bem dispensar. O fato de estarem por perto e reivindicarem o direito à sobrevivência é um aborrecimento para o restante de nós. Sua presença não poderia mais ser justificada em função da competitividade, eficiência ou quaisquer outros critérios legitimados pela razão econômica dominante. Não há emprego suficientemente significativo para todas essas pessoas vivas e não há muita perspectiva de, algum dia, equiparar o volume de trabalho com a multidão daqueles que o querem e o necessitam para escapar à rede de "transferências secundárias" e ao estigma a ela associado.

Seria insensato — talvez ingênuo, mas certamente arriscado — excluir a possibilidade de uma ligação estreita entre a premonição de redundância orgânica e os atuais sinais de reavaliação da nova vida e longa vida. Vivemos na época do temor demográfico. Se, durante a era da modernidade do *Sturm und Drang*, um elevado índice de natalidade era considerado um sinal de "saúde da nação" e "mais pessoas" significavam mais riqueza e poder, atualmente ambos são receados como uma ameaça à bem-aventurança dos consumidores e como um imposto exasperante sobre "recursos limitados". Cada vez mais, as pessoas são registradas na coluna de débito, não na de crédito, do cálculo econômico. Seria realmente estranho se não houvesse vínculo entre a desvalorização econômica dos totais humanos, com a redundância inerente da população, e a tendência cultural, cada vez mais acentuada, de recusar a vontade do direito de viver àqueles que são demasiado fracos ou insignificantes para exigir e assegurar esse direito. Para qualquer estudioso sério da cultura, seria ingênuo aceitar pelo valor nominal as justificativas culturalmente ordenadas de padrões comportamentais — que, como bem sabe qualquer estudioso sério da cultura, servem para esconder, em vez de revelar, os verdadeiros motivos e razões, a fim de atenuar as contradições entre os valores exaltados e o comportamento praticado, assim

Imortalidade, na versão pós-moderna

como tornar aceitável o que os preceitos culturais condenam explicitamente, mas a vida exige. E, assim, tendemos a defender o aborto dos ainda não nascidos em função precisamente do princípio humanitário do direito de escolher dos já nascidos; ou a eutanásia dos velhos em função do direito de escolher a morte a uma espécie de vida a que a sociedade recusou conferir significado. Mas, como nos recorda Klaus Dörner,

> *Die meistein der heute lebenden alten Menschen, die sich quantitativ inflationieren und dadurch entwerten, entwerten sich inzwischen auch qualitativ, indem sie im Falle der Pflegebedürftigkeit nicht mehr leben wollen, weil sie es nicht mehr wert seien, sich von Jüngeren abhängig zu machen und deren Genus ihrer Jugend zu beeinträchtigen. Daher auch die Anziehungskraft der "Deutschen Gesellschaft für humanes Sterben" für alte und chronisch kranke Menschen, die meinen freiwillig sich suizidieren zu müsscn.*[5]

É um paradoxo (ou talvez nem tanto um paradoxo, afinal) e ironia da história (ou talvez não uma ironia, afinal) que um oferecimento realista (de qualquer maneira, mais realista do que alguma vez antes) de imortalidade biológica seja prometido pela *ciência*, numa época em que a mensagem *cultural* é o excesso ou redundância de vida, e quando, por conseguinte, o impedimento, a prevenção e limitação da vida se transformam em valor culturalmente aprovado e incentivado. Sob essas circunstâncias, pode-se supor que o oferecimento, se enfim se tornar não só realista mas real, seja aceito seletivamente — e, assim, se torne outro fator, possivelmente o mais poderoso que já existiu, estratificador e polarizador. Ao fazê-lo, apenas acompanhará a já visível tendência à "privatização" de tudo, inclusive da possibilidade de sobrevivência ou de viver mais.

Com a tecnologia de transplante e substituição de órgãos, a ciência médica contemporânea adquiriu meios eficientes para prolongar a vida. Mas a própria natureza dessa tecnologia — acima de tudo, embora não unicamente, o seu custo exorbitante

— obsta a sua aplicação universal. O acesso à vida mais longa já está tecnologicamente estratificado. Poder-se-ia razoavelmente esperar que esses efeitos estratificadores se tornassem ainda mais acentuados — uma vez que o prolongamento da vida cruza o limiar da "imortalidade prática". Numa inversão drástica da estratégia moderna de sobrevivência "coletivizada", a imortalidade biológica tem toda possibilidade de se transformar em um fator e um atributo da individualização — a conservação dos "mais merecedores". Como outrora foi o direito de viver eternamente na memória humana, o direito à perpetuidade da existência biológica necessitaria ser obtido (ou herdado, no que diz respeito a isso). É muito provável que se transforme na aposta mais valorizada e cobiçada no jogo competitivo da autoafirmação individual.

Um exame mais atento da cena cultural pós-moderna sugere fortemente tal reviravolta nos acontecimentos. Para o consumo de massa, a nossa cultura tem uma mensagem que, se tanto, desvaloriza ou dilui o sonho da vida eterna, e isso mediante o exorcismo do horror da morte. Esse efeito é alcançado por meio de duas estratégias aparentemente opostas, porém de fato suplementares e convergentes. Uma é a estratégia de esconder de vista a morte daqueles próximos à própria pessoa e expulsá-la da memória; colocar os doentes terminais aos cuidados de profissionais; confinar os velhos em guetos geriátricos muito antes de eles serem confiados ao cemitério, esse protótipo de todos os guetos; transferir funerais para longe de locais públicos; moderar a demonstração pública de luto e pesar; explicar psicologicamente os sofrimentos da perda como casos de terapia e problemas de personalidade. De outro lado, porém, como recentemente nos lembrou Georges Balandier, a morte

> se banalise par la prolifération des images; elle s'y insinue, surgit, puis s'efface. Autrefois, la mort donnée à voir avait la qualité d'un spetacle édifiant. [...] aujourd'hui, elle devient un moment médiatique, un événement qui libère une émotion fugace, vite

Imortalidade, na versão pós-moderna

affaiblie par son "peu de réalité" pour ceux que l'observent. Cette omni-présence imagière, par quoi la mort se galvaude, fait fonction d'exorcisme; elle la montre et la dissipe dans un même mouvemeni, car il s'agit toujours d'une mort étrangère et lointane, celle des autres.[6]

A morte próxima de casa é dissimulada, enquanto a morte como um transe humano universal, a morte dos anônimos e "generalizados" outros, é exibida espalhafatosamente, convertida num espetáculo de rua nunca findo que, não mais evento sagrado ou de Carnaval, é apenas um dentre muitos dos acessórios da vida diária. Assim banalizada, a morte torna-se demasiado habitual para ser notada e excessivamente habitual para despertar emoções intensas. É a coisa "usual", excessivamente comum para ser dramática e certamente demasiado comum para se ser dramático a respeito. Seu horror é exorcizado pela sua onipresença, tornado ausente pelo excesso de visibilidade, tornado ínfimo por ser ubíquo, silenciado pelo barulho ensurdecedor. E, enquanto a morte se desvanece e posteriormente desaparece pela banalização, assim também o investimento emocional e volitivo no anseio por sua derrota...

É como se a multidão houvesse sido sub-reptícia, mas persistentemente, treinada a não desejar o que é improvável que consiga de qualquer modo, a não ambicionar a vida eterna quando — e se — ela se tornar viável. Tanto aqueles elegíveis para a imortalidade pessoal quanto aqueles deixados para trás concordariam que somente determinado tipo de vida merece ser prolongado para sempre — embora ambos os lados o aceitassem, um conjeturaria, por diferentes razões e inspirado por uma experiência de vida diferente. O tipo de sociedade com probabilidades de ser construída sobre tal consenso não é muito difícil de imaginar, mas talvez demasiado apavorante — por enquanto, isto é, em momento próximo demais às ingênuas, mas emocionantes, ambições da civilização moderna e das práticas da civilização pós-moderna.

Imortalidade, moderna e pós-moderna

Como observamos antes, foi ela a única e original obra e ato que, durante a maior parte da história humana, resultou na individualidade das condições de autor e de agente, assegurando assim, ou se esperou que assegurasse, a imortalidade do indivíduo como indivíduo — se bem que somente uma imortalidade individual, composta de recordações e ritos comemorativos. A modernidade fortaleceu e democratizou essa estratégia de imortalidade individual, outrora disponível principalmente para príncipes e filósofos, tornando-a acessível ao crescente número dos que exercem sempre novos ofícios e profissões. Contudo, o início da era nitidamente pós-moderna coincidiu com a proclamação da "morte do autor". De Roland Barthes e Michel Foucault até Jacques Derrida e Jean Baudrillard, todos os observadores mais perspicazes dos meandros da cultura contemporânea, e fornecedores de suas mais influentes autointerpretações, chamam a atenção para o anonimato dos textos que se autodesdobram, para os quais os autores perderam o seu outrora estimado acesso privilegiado, sendo privados, no caminho, do seu anterior monopólio de elaboração do significado e da interpretação.

Os mais meditativos e filosoficamente perspicazes artistas pós-modernos, ao se esforçarem para representar o espírito e a tendência de sua era em sua obra e nas técnicas com que as obras são executadas, mais do que qualquer outra coisa retratam e expressam a ausência do "original". Compositores de discos populares gravam o que já foi gravado; Andy Warhol pinta o que já foi pintado; Sherrie Levine fotografa o que já foi fotografado; eles e muitos outros citam, cotejam, rearranjam, recompõem e, acima de tudo, copiam e multiplicam as imagens já criadas, fazendo circular a questão da autoria e originalidade, e providenciando para que a questão não possa ser formulada novamente de nenhum modo significativo. Andy Warhol deu-se ao trabalho de eliminar o "original" de seu processo artístico. Desenvolveu

Imortalidade, na versão pós-moderna

técnicas que permitiam a criação de qualquer número de cópias, mas impossibilitavam que se selecionasse qualquer uma delas como a original ou a primeira.

Todos nós que confiamos nossos pensamentos a computadores, em vez de a folhas manuscritas ou datilografadas, e interagimos com a tela, incessantemente reescrevendo e reordenando o que escrevemos, sabemos muitíssimo bem que cada versão seguinte torna as versões anteriores não existentes, apagando todos os traços do caminho que nos conduziu até onde então estamos. A escrita em computador extinguiu a outrora sagrada ideia da "versão original". Os estudantes formados do próximo século sentirão muita falta dos temas prediletos das dissertações deste século: reconstituir as sucessivas etapas da luta do autor com os próprios pensamentos até o "início", até o ato original da inspiração, e assim recontar o drama da criação individual. Assim, os computadores lançam uma sombra gigantesca sobre a nossa imagem herdada do escritor como autor: o próprio nome do programa que usamos para escrever não sugere um processador de palavras em vez de um compositor de ideias, pensador e criador?

Em sua brilhante apreensão das consequências culturais da "Segunda Era dos Meios de Comunicação", que começou com o estabelecimento das redes de computadores interligados, a internet e a realidade virtual, Mark Poster salienta que as palavras e imagens "procriam com indecente rapidez, não arboreamente, [...] como numa fábrica centralizada, mas rizomicamente, em qualquer localização descentrada. A mudança para uma rede de comunicações descentralizada transforma os transmissores em receptores, os produtores em consumidores, os governantes em governados [e — permitam-me acrescentar — transforma os autores nos processadores do material cada vez mais anônimo e órfão — Z.B.], perturbando a lógica de entendimento da primeira era dos meios de comunicação". Realmente, quem "'possui' os direitos do texto dos quadros de aviso da internet e, por conseguinte, é responsável por ele: o autor, o operador do sistema, a comunidade de participantes?".[7] Ou, permitam-me acrescentar, o próprio "sistema", que certamente envolve todas essas pessoas, mas não pode ser reduzido à vontade às intenções de nenhuma delas? Os direitos de propriedade e reivindicações autorais perdem muito do seu sentido depois que a informação foi liberada para se movimentar e se multiplicar, como se por sua livre vontade e seu momento, na terra de ninguém do "espaço cibernético". Os operadores humanos não fazem parte desse momento. Eles acionam processos que não comandam e quase nunca são capazes de monitorar, quanto mais supervisionar. Ninguém controla a lógica desse impulso cultural que ocorre no interior do espaço cibernético — que *é* espaço cibernético. Como afirmou certa vez Jean Baudrillard, esse meio interage unicamente consigo mesmo... "Os signos expandem-se, eles se concatenam e *produzem a si mesmos*, sempre um sobre o outro — de modo que não existe absolutamente nenhuma referência básica que possa sustentá-los."[8]

O receptáculo em que a imortalidade dos feitos humanos individuais foi armazenada para preservação foi a memória humana. O anseio por tornar o receptáculo ainda mais seguro, e com capacidade suficiente para acomodar a democratização da imortalidade individual, deve ter proporcionado um poderoso ímpeto para a invenção e o desenvolvimento de computadores como, acima de tudo, uma "memória artificial". Mas o resultado não inteiramente previsto desse anseio foi que o ser humano, sozinho dentre as espécies (e não admira que ele esteja sozinho — uma vez que todas as outras espécies são "imortais" por omissão, não por ação, graças a não se darem conta da sua mortalidade, em vez de por realizarem a tarefa da autoimortalização), "está buscando construir seu duplo imortal, uma espécie artificial inaudita". Uma consequência foi a substituição da imortalidade dos vivos pela imortalidade de objetos mortos: "Ao visar à imortalidade virtual (técnica) e garantir a sua exclusiva perpetuação por uma projeção em artefatos, a espécie humana está precisamente perdendo a própria imunidade e especificidade, e tornando-se imortalizada *como uma espécie inumana*;

Imortalidade, na versão pós-moderna 239

está abolindo em si mesma a mortalidade dos vivos em favor da imortalidade dos mortos".[9]

Mas outra consequência foi a elevação desses "objetos mortos" a uma espécie virtual, com suas próprias leis de evolução, seus indiscriminados modelos de procriação, suas mutações, mutantes, vírus e imunidades, assim como seus tropismos e mecanismos de assimilação, metabolismo e adaptação. Ninguém controla essa nova espécie, nem mesmo a própria nova espécie: o dispositivo inventado para extinguir a mais cruciante das contingências tornou-se ele próprio, como todas as espécies, a contingência encarnada. Programado para tornar a imortalidade humana segura, ele emancipou o destino da imortalidade dos esforços humanos. Expropriou a imortalidade dos indivíduos humanos que ansiavam por tornar as suas façanhas individuais eternamente vivas. Em vez de garantir imortalidade aos autores, ele aboliu a autoria da vida eterna. A imortalidade individual de grandes atos e pensamentos seguiu o caminho da imortalidade coletivizada do *hoi polloi*. Também a imortalidade dos indivíduos como indivíduos foi então coletivizada. Entregue aos caprichos da espécie, alimenta-se da morte do indivíduo. A imortal espécie dos computadores revelou-se uma grande igualadora: não porque elevou todos às fileiras outrora reservadas exclusivamente aos "grandes homens", mas porque extinguiu a noção dos "grandes homens" como uma categoria que tinha probabilidade de um tipo de imortalidade diferente dos mortais comuns, aqueles a que era sempre oferecida a imortalidade por procuração, mediante o sacrifício de suas vidas no altar da espécie, ou de uma parte selecionada da espécie.

Com a capacidade infinita e o apetite insaciável da memória artificial, ser registrado não é mais a recompensa dos poucos eleitos, nem necessariamente o resultado do próprio empreendimento de alguém. Agora todos têm a possibilidade e a probabilidade de ter o nome e o registro de vida conservados para sempre na memória artificial dos computadores. Pela mesma razão, ninguém tem a possibilidade de obter um acesso privilegiado à comemoração perpétua. A fama, essa premonição da imortalidade, foi suplantada pela notoriedade, essa imagem da contingência, infidelidade e inconstância do destino. Quando todos podem ter um quinhão dos refletores, ninguém permanece sob os refletores para sempre, mas tampouco ninguém submerge para sempre na escuridão. A morte, a irrevogável e irreversível ocorrência, foi suplantada pelo ato do desaparecimento: os refletores movem-se para outro local, mas sempre podem voltar-se, e de fato se voltam, para o outro lado. Os desaparecidos estão *temporariamente ausentes*; não totalmente ausentes, porém — eles estão *tecnicamente presentes*, armazenados em segurança no depósito da memória artificial, sempre prontos a ser ressuscitados sem muita dificuldade e a qualquer momento.

Se a modernidade se esforçou para desconstruir a morte, em nossa época pós-moderna é a vez de a imortalidade ser desconstruída. Mas o efeito global é a obliteração da oposição entre morte e imortalidade, entre o transitório e o duradouro. A imortalidade não é mais a transcendência da mortalidade. É tão instável e extinguível quanto a própria vida, tão irreal quanto se tornou a morte transformada no ato do desaparecimento: ambas são receptivas à interminável ressurreição, mas nenhuma à finalidade.

Foi a consciência da morte que insuflou vida na história humana. Por trás da ilimitada inventiva sedimentada na cultura humana, achava-se o conhecimento da morte, que convertia a brevidade da vida numa ofensa à dignidade humana — um desafio à inteligência humana, que requeria transcendência, alargava a imaginação, incitava à ação. Sem conhecer a morte, os animais vivem na imortalidade sem realmente se esforçar por isso; os seres humanos devem merecer, conquistar, construir a sua imortalidade. Eles enfim o conseguiram, mas somente ao ceder a imortalidade a uma espécie artificial, vivendo a própria imortalidade como uma *realidade virtual*. Com as oposições entre realidade e representação, signo e significado, virtual e "real" progressivamente obliteradas, a imortalidade técnica e virtual não se apoderaria do que a imortalidade outrora possuiu como um empreendimento, como sonho irrealizado? A nova imortalidade virtual e técnica, a imortalidade por procuração, não é um desvio, um sinuoso retorno à imortalidade a priori, imortalidade por desconhecimento da espécie não humana (e inumana!)?

O conhecimento da morte é a tragédia especificamente humana. Costumava ser também a fonte imperecível da grandeza especificamente humana, o móvel das melhores realizações humanas. Não sabemos se a grandeza sobreviverá à tragédia; ainda não a experimentamos, não estivemos aqui antes. O mundo que temos habitado até aqui está salpicado pelas marcas e traços deixados pelos nossos esforços em escapar para a imortalidade. Depois que obtivemos um equivalente eletrônico do retrato de Dorian Gray, podemos ter conquistado para nós um mundo sem rugas, mas também sem paisagem, história e objetivo. Bem podemos ter achado o caminho para a Cidade dos Imortais de Jorge Luis Borges.

· 13 ·

Religião pós-moderna?

A religião pertence a uma família de curiosos e às vezes embaraçantes conceitos que a gente compreende perfeitamente até querer defini-los. O espírito pós-moderno, desta vez, concorda em suprir essa família, maltratada ou condenada à deportação pela razão científica, de uma permanente licença de residência. O espírito pós-moderno, mais tolerante (visto que mais consciente de sua própria fraqueza) do que seu antecessor e crítico moderno, está sensatamente consciente da tendência das definições a esconder tanto quanto revelam e mutilar, ofuscar enquanto aparentam esclarecer e desenredar. Ele também aceita o fato de que, com demasiada frequência, a experiência transborda das gaiolas verbais em que desejaríamos retê-la, de que há coisas sobre as quais devemos silenciar, uma vez que não podemos falar delas, e de que o inefável é uma parte tão integral da maneira humana de estar no mundo quanto a rede linguística com que tentamos (em vão, e por acaso, embora não menos vigorosamente por essa razão) captá-lo.

A chegada da serenidade pós-moderna não significa, evidentemente, ser provável que as desesperadas tentativas de "definir a religião" estejam para se reduzir a uma pausa. O espírito pós-moderno não podia viver completamente de acordo com a combativa convocação de André Breton "para lidar drasticamente com *aquele ódio do maravilhoso*, que é o exuberante em algumas pessoas".[1] O espírito pós-moderno é bastante humilde para proibir e bastante fraco para banir os excessos da ambição do espírito moderno. Ele apenas, por assim dizer, os coloca em perspectiva — expõe suas nascentes interiores, assim como sua vaidade. E, desse modo, os frenéticos esforços para "definir a religião" continuarão inabalados, tentativas há muito tempo desacreditadas mas, por ora, convenientemente esquecidas (graças à "amnésia coletiva" e ao "complexo de Colombo", que, como Pitirim Sorokin observou há bastante tempo em seu *Fads and Foibles of American Sociology* [Modas e fraquezas da sociologia americana], guardam a espécie de linguagem que para sempre qualificou as ciências sociais de vigorosas e autoconfiantes), apresentar-se-ão sob forma inteiramente nova e sem maior possibilidade do que antes de vencer a prova do tempo.

De um modo geral, "definir a religião" importa em substituir um inefável por outro — ou na substituição do incompreensível pelo desconhecido... Isso é verdade para as definições mais comuns, que servem principalmente para aplacar a consciência científica de sociólogos ansiosos por declarar a inclusão do inincluível: as definições que "definiram a religião" chamando a atenção para a sua relação com o "sagrado", o "transcendental", o "encantado" ou mesmo, nas domesticadas e por isso vulgarizadas versões de Rudolf Otto,[2] o "tremendo".

Defina e pereça

O que aflige os obsessivos elaboradores de definição é a crença de que, se não conseguimos cunhar uma "definição racional" do fenômeno religioso (isto é, uma definição que vencesse a prova dessa nacionalidade através da qual a ciência social se constitui e se legitima), entraríamos no mundo pós-moderno mal preparados para atacar os problemas declarados fundamentais pelas descrições sociológicas das tendências históricas. O mundo que habitamos é mais religioso do que costumava ser? Ou menos? Testemunhamos um declínio, uma redisposição ou renascimento da religiosidade? A maneira de resolver (ou, talvez, contornar) o problema passa pelo estratagema provado da definição sagazmente escolhida. Por essa consideração, dois tipos de definição podem livrar-nos de complicações. Uma retira o problema das tendências históricas da agenda — dissolvendo a questão da religião em alguns traços eternos e incontestavelmente universais da situação existencial humana; a outra, ao contrário, estreita de tal modo a definição que a religiosidade se torna como que precisamente mensurável, como o tamanho da cintura de alguém, e por isso a ilusória questão das tendências socioculturais é substituída por um problema totalmente administrável, de tendência estatística.

Por acaso, encontramos exemplos de ambos os tipos de estratagema nos registros da Conferência Europeia realizada em 1993, em Amalfi. Por um lado, Jeffrey C. Alexander acredita que, por um expediente de circuncisão (corte do "n" final de "*religion*"),* nós "nos afastamos do mundano e do senso comum para uma compreensão mais aprofundada da religião", e então podemos ver melhor que a religião (agora de volta a sua "forma latinizada", como "*religio*", exótica e misteriosa, contendo assim suprimentos presumivelmente intactos de iluminação) "é o nome que damos à atividade que nos permite sentir que estamos em contato com esse mundo numênico 'além de nós próprios', que indubitavelmente é um mundo da imaginação, da fantasia projetada e da sensibilidade do espírito inconsciente. Nesse sentido preciso [sic!], e em nenhum outro mais ontológico, a religião permite a transcendência". A afirmação de que a religião é "a mais onipresente das qualidades que distinguem a espécie humana" resulta, então sem nenhuma surpresa, sendo uma conclusão precipitada. A religião, na interpretação de Jeffrey Alexander, é

---

* O artifício serve para o inglês, o francês e o alemão, pelo menos, que contam com uma palavra morfologicamente idêntica, *religion*; para o português, como para o italiano e tantas outras línguas, essa sutileza é inaproveitável. (N. T.)

a mais universal das qualidades humanas simplesmente porque tudo o que é humano, da pintura ao orgasmo, ou a escrever sociologia, foi definido como um fenômeno religioso. No outro extremo, encontramos no mesmo volume a declaração, por Bernard Barber e Alan Segal, de um propósito de tornar a definição "rigorosamente analítica, proveitosa para selecionar o aspecto ou componente religioso num complexo de atividades concretas e de crenças". Se tal definição é cunhada (não muito convincentemente, por motivos antes registrados, Barber e Segal querem enriquecê-la por meio do conceito nada óbvio do "transcendental"), então podemos convencer-nos de que "muito do que ocorre nas igrejas, sinagogas e mesquitas não é religioso pela nossa definição analítica" e — podemos dizer — temos como compor um inventário de coisas religiosas com algo que se aproxima dos padrões de precisão do perito contador.[3]

Se "definimos" a religião através de coisas *transcendentais*, ou através de coisas *definitivas*, a aplicação prática da definição permanece numa ordem tão elevada e, no fim, tão controversa, quanto a própria definição. Como Thomas Luckmann ressalta, "matérias que vêm a ser de significação 'definitiva' para os representantes das últimas gerações provavelmente só devem ter coerência para uma extensão limitada de matérias que foram de significação 'definitiva' para gerações anteriores".[4] Pode-se evitar essa dificuldade tentando obter a descrição do "transcendental" ou "definitivo" dos interlocutores religiosos institucionalizados, mas então, para finalidades práticas e teóricas, termina-se numa tautologia: as igrejas ocupam-se de religião, e religião é o que as igrejas fazem. Ou se deseja caminhar sem muletas institucionais, selecionando os fenômenos relevantes segundo a interpretação pessoal ou as intuições populares do "transcendental" ou "definitivo" — e então se acaba numa rede conceitual apertada demais ou porosa demais, que capta ou exclui em demasia os pensamentos e atos humanos, no inexplorado resíduo do fundo comum da vida.

Mas permitam-me repetir: o espírito pós-moderno é inteiramente menos excitado dò que seu adversário moderno pela perspectiva (deixada ao estímulo do impulso de agir assim) de cercar o mundo com uma grade de categorias puras e divisões bem delineadas. Ficamos um tanto menos horrorizados, hoje, com o repugnante hábito das coisas que se extravasam sobre as fronteiras de suas definições, ou mesmo pela premonição de que a demarcação de tais fronteiras, com algum grau de fidedignidade duradoura, desafia os esforços humanos. Estamos também aprendendo a viver com a revelação de que não se pode articular tudo o que se sabe e de que compreender — saber como proceder — nem sempre requer a disponibilidade de um preceito verbalizado. Não estamos assim tão aterrorizados pela necessidade de nos contentar com as "semelhanças de família" em que a busca moderna de transparência nos incitou a procurar os partilhados "aspectos característicos". Proponho, pois, que, em oposição às preocupações tradicionais da "sociologia da religião", o que vem para o centro dos nossos interesses quando queremos compreender os fenômenos da religião e da religiosidade não é tanto a necessidade de "defini-los claramente" quanto a necessidade de descobrir "como até agora os mecanismos sociais podiam funcionar", "ressaltando sobre que espécies de suposições, que espécies de modos de pensamento habituais, incontestados e despercebidos, assentam as práticas que aceitamos" (Foucault).[5] Talvez no caso da religião mais do que em todos os outros casos, porque a religiosidade não é, afinal, nada mais do que a intuição dos limites até os quais os seres humanos, sendo humanos, podem agir e compreender.

Deus, ou a insuficiência de autossuficiência

Em sua clássica e, na minha opinião, insuperada análise da maneira pela qual a religiosidade é gerada pela condição existencial humana, Leszek Kolakowski sugere que a religião não é uma "uma coletânea de afirmações sobre Deus, a Providência, o céu e o inferno":

A religião, na verdade, é a consciência da insuficiência humana, é vivida na admissão da fraqueza...

A mensagem invariável do culto religioso é: "do finito ao infinito, a distância é sempre infinita".

[...] nós deparamos com dois caminhos inconciliáveis de aceitar o mundo e a nossa posição nele, nenhum dos quais pode ufanar-se de ser mais "racional" do que o outro... Uma vez feita, qualquer escolha impõe critérios de julgamento que, infalivelmente, a apoiam numa lógica circular: se não há nenhum Deus, só critérios empíricos devem guiar-nos o pensamento, e critérios empíricos não conduzem a Deus; se Deus existe, ele nos dá pistas sobre como perceber Sua mão no curso dos acontecimentos, e com a ajuda dessas pistas reconhecemos a razão divina do que quer que aconteça.[6]

A desconfiança de que há coisas que os seres humanos não podem fazer e coisas que os seres humanos não podem compreender quando entregues a seus próprios juízos e músculos, não obstante estendida pelos dispositivos que eles podem inventar usando os mesmos juízos e músculos de que foram dotados, dificilmente é afastada, algum dia, do nível da consciência; mas não muito frequentemente ela alcança esse nível. Na maior parte do tempo, nós (e esse "nós" inclui os filósofos que trabalham em tempo integral com as questões "definitivas" e insolúveis do ser) vivemos no estado do que Anthony Giddens chamou de *segurança ontológica* — "um sentido de fidedignidade das pessoas e das coisas", auxiliado e favorecido pela "previsibilidade das (aparentemente) menores rotinas da vida diária".[7] O oposto da segurança ontológica é a *ansiedade existencial*, que principia a ser confiante ou meramente despreocupada nos raros momentos em que se torna evidente que a aptidão da rotina diária para autoperpetuar-se tem limites transgredíveis no tempo. Sugiro que, em grande parte, a mais importante das realizações da rotina diária é precisamente cortar as tarefas da vida conforme o tamanho da autossuficiência humana. Tanto quanto a rotina pode continuar não perturbada, oferece pouca oportunidade para se ruminar sobre as causas e finalidades do universo; os limites da autossuficiência humana podem ser mantidos fora de foco.

Nós chegamos a acreditar nas igrejas de toda parte que, sempre que pressionadas, insistem que proporcionam o serviço de que necessita o irresistível impulso humano de obter respostas para as "questões fundamentais" da finalidade da vida e de aplacar os medos que se originam da ausência de uma boa resposta. Admiramo-nos, contudo: há pouco, na rotina diária, que incite essa investigação escatológica. O gado deve ser alimentado, a safra colhida, os impostos pagos, os jantares preparados, os telhados reparados; ou as instruções devem ser escritas ou estudadas, as cartas postas no correio, os requerimentos registrados, os compromissos cumpridos, as televisões consertadas, compradas as passagens... Antes de se ter tempo de pensar na eternidade, a hora de dormir está chegando e, depois, um outro dia transbordante de coisas a serem feitas ou desfeitas. Admiramo-nos: bem pode ser que as igrejas, como outros produtores de bens e serviços, tivessem de se ocupar, primeiro, da produção de seus próprios consumidores: tinham, se não de criar, então pelo menos de ampliar e aguçar as necessidades destinadas a ser satisfeitas pelos seus serviços e, desse modo, tornar seu trabalho indispensável.

Sobre o poder pastoral, cujas técnicas o cristianismo elaborou e levou à perfeição, Michel Foucault escreveu que

> [...] todas essas técnicas cristãs de inquirição, orientação da confissão, obediência, têm um fim: levar os indivíduos a trabalhar em sua própria "mortificação" neste mundo. A mortificação, evidentemente, não é a morte, mas uma renúncia deste mundo e de si mesmo: uma espécie de morte cotidiana. Uma morte que se supõe proporcionar a vida num outro mundo.[8]

É lógico que só uma vez que tal mortificação tenha sido implantada como o dever do indivíduo, uma vez que uma "morte cotidiana" venha a ser aceita como o preço do bom "negócio" da prometida "vida num outro mundo", o papel do pastor, de "garantir a salvação do seu rebanho",[9] pode ser reconhecido, respeitado e dotado da capacidade de gerar poder. Primeiro as pessoas têm de se preocupar com a salvação pessoal, desejar a recompensa póstuma e temer a punição póstuma, precisar do pastor — e precisar dele *nesta* vida, dotada agora de um valor acrescido do contínuo ensaio para a vida vindoura. Se é este o caso, então a "religião" devia ser *inserida* no *Lebenswelt* do indivíduo, mais do que *nascer dele* ou ser situada dentro dele desde o começo. A inquietação a respeito da eternidade não "aparece naturalmente" (mais ou menos como a inquietação filosófica a respeito dos fundamentos definitivos do conhecimento não nasce, como Husserl cansou de mostrar, da "atitude natural" em que nós estamos, diariamente e sem nenhuma interrupção, "mergulhados simplesmente", tomando as coisas como "de uma lógica comum").[10] Grande esforço é necessário para essa inquietação prevalecer sobre a gravidade das preocupações diárias voltadas para as tarefas a serem executadas e os resultados a serem consumidos nessa única vida que os homens e as mulheres conhecem diretamente, visto que a ganham com o seu próprio trabalho cotidiano.

A esperança da vida eterna, o sonho do céu e o horror do inferno não são a questão da partenogênese, embora seja disso que os filósofos da religião quase conseguiram convencer-nos. Esse martirizante terror da insuficiência, que, como sugere Kolakowski, nos deixa suscetíveis a uma mensagem religiosa, só se podia seguir à designação de tarefas que estivessem além do alcance dos instrumentos desenvolvidos para atacar as tarefas da vida diária e criassem, por isso, a insuficiência humana. Longe de sepultar a inquietação a respeito do "definitivo", traduzida agora para a questão da salvação, as igrejas trataram de fazer com que a inquietação saturasse todo recesso e greta da mente e consciência humanas, assim como presidisse a totalidade das atividades da vida.

A modernidade ou a ação sem Deus

Proponho que o caso do caráter "inato", da presença "natural" da propensão religiosa na situação humana universal, no modo de "estar no mundo" associado à espécie, não foi comprovado. Foi apenas implacavelmente insinuado: explicitamente, mediante a aceitação da forma de autolegitimação eclesiástica como a explicação da religiosidade; ou obliquamente, mediante a descrição da nova (ou, antes, novamente descoberta) escassez do interesse pela escatologia como a consequência da "secularização" (isto é, de um processo definido por seu ponto de partida, um processo de "afastamento" da "norma"). Acima de tudo, ele "fez-se plausível" pela atitude de filósofos e sociólogos de que "tem de haver religiosidade de algum modo, em algum lugar" e que procura ansiosamente o meio de redefinir as preocupações modernas e pós-modernas como religiosas "em sua essência" ou "em última instância".[11]

Proponho que nem todas as estratégias do estar no mundo dos seres humanos devem ser fundamentalmente religiosas (isto é, fundadas numa intuição da insuperável insuficiência e fraqueza dos poderes humanos) e que nem todas o foram. De maneira mais notável, a moderna fórmula da vida humana na terra foi articulada em função de uma estratégia agudamente alternativa: intencionalmente ou por omissão, os seres humanos estão sozinhos para tratar das coisas humanas e, por isso, *as únicas coisas que importam aos seres humanos são as coisas de que os seres humanos podem tratar.* Tal premissa pode ser considerada triste, e uma razão de desespero, ou, ao contrário, uma causa de animação e otimismo: os dois pontos de vista, porém, são decisivos apenas para as vidas devotadas à reflexão filosófica, ao mesmo tempo que só aparecem em raros "momentos filosóficos" das vidas comuns.

A organização da vida diária é, de um modo geral, independente da tristeza e alegria filosóficas, evoluindo em torno de preocupações que raramente, se tanto, incluem a inquietação a respeito dos limites das coisas com que os seres humanos, como tais, podiam razoavelmente (e efetivamente!) estar preocupados. A revolução moderna consistiu precisamente na rejeição desse último tipo de inquietação, ou retirando-o completamente da agenda, ou elaborando a agenda da vida de tal modo que pouco ou nenhum tempo foi deixado para cuidar de tais inquietações. Também se pode dizer que ela consistiu em tapar os ouvidos às homilias de redenção e salvação e fechar os olhos às pinturas do regozijo ou julgamento póstumos. As preocupações que têm enchido a vida humana desde o começo da modernidade se relacionam com *problemas* — e "problemas" são, por definição, tarefas que são cortadas conforme a medida das genuínas ou supostas habilidades humanas, tarefas "sobre as quais se pode fazer algo" ou "sobre as quais se pode e deve descobrir o que fazer". Foi essa estratégia moderna que Marx extrapolou em uma "lei da história", quando propôs que "nenhuma época histórica se coloca tarefas que não possa cumprir". Se essa proposição é verdadeira como um princípio intemporal, é discutível. Mas certamente ela se aplica à era moderna.

Em seu recente estudo das consequências culturais da revolução moderna, que ele denomina "humanismo", John Carroll escreveu uma pungente descrição dessa estratégia alternativa de vida:

Sua ambição era erigir a ordem humana na terra, em que a liberdade e a felicidade prevalecessem, sem quaisquer apoios transcendentais ou sobrenaturais — uma ordem inteiramente humana... Colocar o homem no centro significava que ele devia tornar-se o ponto arquimediano em torno do qual tudo girasse...

O axioma sobre o qual a rocha humanista devia ser moldada também foi expresso, por Pico della Mirandola, em 1486, como por qualquer um: "Nós podemos tornar-nos aquilo que queremos"... Assim os antepassados humanistas exprimiram seu axioma fundamental: o homem é todo-poderoso, se sua vontade for bastante forte. Pode criar-se a si próprio. Pode escolher ser corajoso, ilustre, justo, rico, influente, ou não.[12]

Acredito que a oportuna descrição de Carroll da ambição humanista se beneficiaria com um novo esclarecimento. Nesse mundo feito conforme a medida humana e guiado inteiramente pelas necessidades humanas que os humanistas se propunham criar, nem tudo devia ser submetido à vontade humana. Mas essa vontade devia ser dirigida apenas para as coisas que podiam ser dominadas, controladas, desenvolvidas por meios humanos. Ao contrário da sugestão de Carroll, de que o credo dos humanistas obteve inspiração de Arquimedes, que acreditava ter furtado os segredos dos deuses, em vez disso ele convertia a ideia de Protágoras, de que "o homem é a medida de todas as coisas", numa declaração de sentido prático. Não admira que, na lista de Carroll de todas as coisas que os homens podiam tornar-se, uma "coisa", crucial para a promessa religiosa — a da vida eterna —, esteja ausente. O humanismo não estava tão pronto para poder tornar-se tudo o quanto se pudesse querer, como pronto para querer tornar-se o que realmente se podia (dada a ampla, embora não necessariamente infinita, riqueza do potencial humano): querendo apenas essas coisas por que se pode fazer algo prático e concreto para tornar verdadeiras. A vida após a morte claramente não pertence a essa categoria de coisas. A ideia da autossuficiência humana minou o domínio da religião institucionalizada não prometendo um caminho alternativo para a vida eterna, mas chamando a atenção humana para longe desse ponto; concentrando-se, em vez disso, em tarefas que os seres humanos podem executar e cujas consequências eles podem experimentar enquanto ainda são "seres que experimentam" — e isso significa aqui, nesta vida.

O tom celebrante dos autores humanistas não foi a causa da modernidade. Foi unicamente um polimento filosófico sobre o colapso da velha ordem e a emergência de uma nova — distinguindo-se daquela de que estava prestes a tomar o lugar por ser compreendida desde o início como algo que precisa ser *construído* e *delineado* — não achado e protegido. Na ausência de qualquer ordem *dada* das coisas, estava claro que haveria tanto (e não mais) sentido e ordem no mundo quanto seus habitantes humanos conseguissem inserir nele; e que o trabalho de organização no topo devia ser repetido pelo trabalho na base — cada indivíduo tendo de modelar e dirigir a sua própria vida, que de outro modo se manteria informe e destituída de finalidade. A estratégia da vida moderna não era uma questão de escolha, sábia ou tola, mas de uma adaptação racional a condições de vida totalmente novas, jamais visitadas antes.

Nesse processo de adaptação racional, havia pouca utilidade para a religião. Como Alain Touraine ressaltou, as "utilidades" da religião são de três tipos.[13] Primeiramente, a religião pode servir à dependência e à subordinação da rotina a um ritmo de vida interpretado como natural ou sobrenatural, mas em ambos os casos experimentado como invariável e invulnerável. Tal ritmo, permitam-nos observar contudo, foi muito patentemente interrompido, e o nome "modernidade" representa o seu colapso: não restou muita coisa a que a religião, com a sua mensagem de mundo preordenado e criado de uma só vez, pudesse servir. Em segundo lugar, a filiação a uma igreja ou seita pode desempenhar um importante papel no manter sólidos e impenetráveis os muros das divisões sociais, servindo bem, assim, a uma estrutura social marcada pela baixa mobilidade e permanência dos fatores de estratificação. Permitam-me, porém, observar de novo que tal *estrutura* tão rígida foi gradualmente erodida nos processos cada vez mais vigorosos, flexíveis, difusos e descentrados da *estruturação*, e novamente a religião, com sua mensagem da "cadeia do ser divino", estava mal preparada para compreender a nova situação e os novos desafios. Pelos motivos acima expostos, pode-se concordar com a opinião de Touraine de que a "importância dos primeiros dois aspectos da vida religiosa" foi grandemente reduzida. Mas, em oposição a Touraine, ressaltar-se-ia que a redução em causa não foi consequência de "descristianização", mas daquelas profundas transformações nas condições de vida e estratégias de vida viáveis das quais a própria e alegada "descristianização" foi um dos efeitos.

A terceira utilidade da religião é descrita por Touraine como "a apreensão do destino, da existência e da morte humana". No caso desta última função, Touraine observa seu incessante "isolamento": "como a dança e a pintura, a religião se torna uma atividade de lazer, isto é, comportamento deliberado, não regulamentado, pessoal e secreto". Essa afirmação pode ser aceita com uma condição de que é o próprio "interesse pela existência e pela morte" que foi relegado a passatempos de lazer, aqueles que apresentam apenas um impacto marginal no modo como são organizadas as atividades da vida séria e cotidiana. Se as "igrejas e seitas" existentes, particularmente aquelas que se gabam de um número maior, e de crescimento mais rápido, dos seguidores podem ser similarmente marginalizadas como utilidades de lazer, é discutível. O ponto importante é que, com o fim de resistir a tal marginalização, as igrejas e seitas que conseguiram fazer exatamente isso tenham precisado assenhorear-se de outras funções que não a de abastecer a preocupação com os mistérios da existência e da morte.

A revolução antiescatológica

De maneira não diferente da recém-moderna arte modernista, que — tendo impulsionado a obsessão moderna com a forma pura e perfeita até o seu fim lógico — alcançou a beira da destruição da arte como tal e, desse modo, pavimentou o caminho para a equanimidade e tolerância formal da estética pós-moderna, a recém-pré-moderna "arte da vida devota" tinha impulsionado a obsessão inspirada na Igreja pela morte e salvação póstuma a um extremo radical além do qual a continuação da vida se tornava virtualmente impossível, produzindo desse modo alguma espécie de "neutralização" psicológica do imperativo da morte. Em seu exaustivo estudo da cultura medieval tardia e do início da cultura moderna do pecado e do medo, Jean Delumeau encontrou a fascinação e a cegueira com a vida póstuma, e as exigências da

Religião pós-moderna?

piedade orientada para a salvação, elevadas a alturas já não atingíveis por pessoas ainda empenhadas nas atividades da vida normal. Os monges, pregadores e outros "artistas da vida religiosa" fixaram padrões de piedade que colidiam não exatamente com as inclinações "pecaminosas" do povo, mas com a manutenção da vida como tal, e, desse modo, colocavam as perspectivas da "vida eterna" fora do alcance de todos que não uns poucos santos; a ânsia da salvação tornou-se rapidamente um luxo para os poucos escolhidos, capazes e dispostos tanto a optar de dentro da vida normal como a praticar o ascetismo transcendente, e pela mesma razão deixou de ser uma proposta viável para a pessoa comum que desejasse ou fosse forçada a levar adiante as ocupações de sua vida como de costume.

O macabro deriva da contemplação ascética de monges inteiramente voltados para o outro mundo e que procuram convencer-se — e persuadir os outros — do caráter ruim das nossas ilusões aqui embaixo. O discurso eclesiástico expande-se dos mosteiros através da pregação e da iconografia, isto é, através do evangelismo do medo... A insistência no macabro, no despertar do *contemptus mundi,* achou-se assim dentro da lógica de um vasto empreendimento de inflição da culpa apontado para a salvação na vida após a morte.

A vida de autoimolação, mortificação do corpo, rejeição das alegrias terrenas era o que a salvação, segundo seus profetas e profissionais da devoção, exigia: eles insistiam na "penitência e desprendimento de coisas terrenas, tais como honras, riqueza, beleza e desejo carnal". Como só se podia esperar, a simples exorbitância de tal exigência tinha efeitos que nem sempre refletiam as intenções dos pregadores. Um deles era o gosto mórbido "por espetáculos de sofrimento e morte", "culminando em cenas obstinadamente perniciosas de torturas, execuções e carnificinas. Partindo da lição moral e religiosa, havia um deslizar gradual para o prazer sádico". Dir-se-ia que o *macabre* se transformava numa arte pela arte. Por outro lado, e mais essencialmente, o *memento mori* mostrava a acentuada tendência a se converter em *memento vivere*... "Desde que a vida é tão curta, vamo-nos apressar para gozá-la. Desde que o corpo morto será tão repulsivo, vamos correr para obter dele todo prazer possível, enquanto ainda tem boa saúde."[14] Tanto mais que a conquista da salvação espiritual por meio de regras crucialmente difíceis de obedecer estava tornando-se uma perspectiva cada vez mais nebulosa para a maioria.

Como seu extremo radical, a exacerbação do medo da morte e o encorajamento do sonho da vida eterna mostravam-se, por assim dizer, contraproducentes. Davam origem a aspirações totalmente distintas, que dificilmente podiam prender-se a finalidades religiosas e eram, assim, gritantemente inadequadas à utilização no serviço eclesiástico. Mais significativamente, elas se chocavam com os pré-requisitos da vida diária e da reprodução de suas condições. Se a vida, esse lado da morte, devia continuar, preocupações com "honras, riqueza, beleza e desejo carnal" tinham de ganhar primazia sobre preocupações com a vida após a morte, que requeria a renúncia a elas, e ganhavam. A modernidade desfez o que o longo domínio do cristianismo tinha feito — repeliu a obsessão com a vida após a morte, concentrou a atenção na vida "aqui e agora", predispôs as atividades da vida em torno de histórias diferentes, com metas e valores terrenos, e, de um modo geral, tentou desarmar o horror da morte. Seguiu-se então o abrandamento do impacto da consciência da mortalidade, mas — mais essencial ainda — desligando-se esta da significação religiosa.

Esse efeito foi levado a cabo nos tempos modernos, mediante a aplicação de três estratégias não necessariamente coerentes, mas intimamente interirmanadas e, afinal, complementares.

1. Como tudo o mais na vida moderna, a morte foi submetida a uma divisão de trabalho; tornou-se uma preocupação "especializada". Quanto às outras, as não profissionais, a morte se tornou um caso um tanto vergonhoso e embaraçante, um tanto

Religião pós-moderna?

aparentado com a pornografia (como Geoffrey Gorer observou), um evento a não ser discutido em público e, sobretudo, "na frente das crianças". O morto e particularmente o agonizante foram retirados para além dos confins da vida diária, providos de espaços separados não acessíveis ao público e confiados ao cuidado de "profissionais". A cerimônia pública elaborada e espetacular dos funerais foi substituída pelo breve e, em geral, privado sepultamento ou pela cremação do corpo, sob a eficiente supervisão de especialistas.

2. De maneira semelhante a todos os outros "conjuntos", a perspectiva total e imbatível da morte foi fatiada e fragmentada em inumeráveis ameaças cada vez menores à sobrevivência. Não se pode fazer muito com essa perspectiva como tal, e seria inteiramente tolo preocupar-se com coisas a respeito das quais não se pode fazer nada. Mas as poucas ameaças podem ser combatidas de novo, empurradas para longe e mesmo derrotadas. E combatê-las de novo é uma atividade que consome tanto tempo e energia que não sobra nenhum tempo ou energia para meditar na definitiva vaidade disso tudo. A morte já não parece, aos homens e mulheres modernos, um esqueleto de veste preta brandindo a foice, que bate à porta apenas uma vez e cuja entrada não pode ser impedida. Significativamente, a modernidade não produziu outro símbolo para tomar o lugar da sinistra figura da morte; ela não tem nenhuma necessidade de um símbolo "unificado" alternativo, uma vez que a própria morte perdeu sua unidade do passado — acha-se, agora, dissolvida em minúsculas, mas inumeráveis, armadilhas e emboscadas da vida diária. Tende-se a ouvi-la batendo, agora, de quando em quando, diariamente, em comida rápida e gordurosa, em ovos contaminados de *Listeria*, em tentações ricas em colesterol, em sexo sem preservativo, em fumaça de cigarro, em ácaros de tapete que causam asma, "na sujeira que se vê e nos germes que se não veem", na gasolina carregada de chumbo e nos gases desprendidos do chumbo, e assim imundos, na água da bica tratada com fluoreto e na água não tratada com fluoreto, no exercício de mais e de menos, em

comer em demasia e fazer regime em demasia, em ozônio demais e no buraco na camada de ozônio. Mas sabe-se, agora, obstruir a porta quando ela bate, podendo-se sempre substituir as velhas e enferrujadas fechaduras, ferrolhos, alarmes, por outros "novos e aperfeiçoados".

3. Enquanto a morte do próximo e querido se tornou um evento completamente privado e quase secreto, a morte humana como tal se converteu numa ocorrência diária, bastante familiar e comum para despertar horror ou quaisquer outras emoções fortes; exatamente um espetáculo entre outros espetáculos que se combinam no *Lebenswelt* de quem vai ao cinema ou aluga fita de vídeo. Como todos os outros espetáculos, a morte, "enquanto vista na tevê", é um drama representado em *realidade virtual*, não menos mas não mais tangível e "estendida à mão" do que as façanhas dos heróis da *Jornada nas Estrelas*, dos caubóis que atiram de revólver ou dos Rambos e Exterminadores belicosos. O jogo da morte é como os outros jogos — perigoso, talvez, mas divertido, e divertido porque perigoso. Ele comporta uma considerável proporção de fascínio; como a *danse macabre* do fim da Idade Média, tende a desenvolver-se numa arte pela arte. E, exatamente como a cena de uma multidão de corpos nus não desperta paixões sexuais, que são facilmente detonadas por uma nudez solitária, as pessoas que morrem "como moscas", em bandos, subtraem o ferrão do horror da cena da morte. De maneira ainda mais impressionante do que Aldous Huxley imaginou, sua visão do "condicionamento da morte" (mostrar às crianças pessoas em agonias mortais enquanto elas comem seus doces favoritos) veio a ser praticada com efeitos não muito diferentes dos que ele tinha em vista.

O resultado total da maneira moderna de reagir à realidade da morte mediante sua domesticação *cum* alheamento, ou mediante a dissolução da *questão* da inevitabilidade da morte na pletora de *problemas* práticos relacionados com a eficiência das técnicas de proteção da saúde, foi um considerável enfraquecimento da concepção da vida como "vida para a morte" (como

Heidegger famosamente o enunciou, com retrospectiva — ou era mais póstuma? — sabedoria). A morte, disposta outrora pela religião como uma espécie de acontecimento extraordinário que, não obstante, confere significação a todos os acontecimentos ordinários, tornou-se ela própria um acontecimento ordinário — mesmo se é, supostamente, o último numa cadeia de acontecimentos ordinários, o último episódio numa série de episódios. Não mais uma ocorrência momentosa, que conduz à existência de outra, de mais longa duração e mais grave significado, mas meramente o "fim de uma história" — e as histórias só mantêm o interesse enquanto se desenvolvem e mantêm abertas as possibilidades de surpresa e aventura. Nada ocorre depois que a história acaba — e, assim, aqueles que se fazem encarregados desse *nada,* os especialistas religiosos, não têm muito a oferecer àqueles que estão absortos em viver a história...

E as histórias vividas pelos homens e mulheres modernos são de fato absorventes.

A incerteza, não ontológica

Com uma boa dose de simplificação, podemos dizer que a vida dos homens e das mulheres pré-modernos continham pouca incerteza. Num mundo virtualmente inalterável dentro do horizonte da vida individual, seus habitantes, desde o berço designados para itinerários de vida claramente catalogados, esperavam pouca surpresa enquanto viviam. A época da morte, impossível de se prever, provindo de parte alguma e não anunciada, era a única janela através da qual eles podiam achar um vislumbre de incerteza; e a incerteza que podiam ter vislumbrado, se houvessem sido conduzidos a essa janela e levados a olhar por ela, era a incerteza da existência como tal, a incerteza ontológica, apropriada unicamente a ser entendida e contada na história escatológica.

Com o progresso da medicina moderna, que forneceu virtualmente a toda situação de morte sua causa específica, "lógica" e "racional", a morte já não é um capricho do destino cego, nem tão completamente casual quanto costumava ser. Havendo se tornado uma ocorrência natural, absolutamente não misteriosa e até parcialmente administrável, ela oferece pouco terreno a ruminações escatológicas. Por outro lado, é a *vida antes da morte* que oferece percepções cercadas de incerteza. Só que o que é vislumbrado através de muitas janelas, oferecidas pelas extravagâncias da vida moderna, pela insegurança das realizações e pela fragilidade dos laços humanos, não é a variante ontológica da incerteza, e, desse modo, a história escatológica fica pouco apropriada para desvendar os mistérios e exprimir as ansiedades que tais mistérios fomentam. O quebra-cabeça mais ubíqua e assustadoramente presente em todas as atividades diárias é o curso da vida que se tem, não o momento da morte. São as marés vazante e enchente, a ascensão e queda de valores que as pessoas se acostumaram a alimentar, a excentricidade de expectativas que sempre mudam, a inconstância das normas que continuam alterando-se antes de o jogo terminar, a cacofonia das vozes em que é difícil determinar o motivo dominante — que, mais dolorosamente, com os efeitos mais imediatos e tangíveis, desafia a compreensão. Todos esses reptos à compreensão, a "saber como prosseguir", são produtos humanos; eles prestam testemunho não da insuficiência humana, mas da onipotência humana (até as extravagâncias do clima, os pressentimentos de uma nova era do gelo ou do superaquecimento do planeta, são atribuíveis ao que os seres humanos fazem ou negligenciam fazer); e a minha resposta pobre aos reptos feitos ao ser humano é por culpa das faculdades humanas, demasiado humanas, de um ser humano — eu mesmo. A incerteza de que sofro é o resultado da potência humana, e é da potência humana que eu preciso para me guiar na estrada da certeza.

Já em 1957, em *Die Seele im technischen Zeitalter*, Arnold Gehlen observou que

> Cada vez menos pessoas agem na base da orientação pessoal e de
> valores interiorizados... Mas por que há cada vez menos pessoas

Religião pós-moderna? 261

assim? Obviamente porque a atmosfera econômica, política e social se tornou difícil de entender intelectualmente, e de cumprir moralmente, e porque ela muda num passo acelerado...

Num mundo em que tais coisas prosseguem, qualquer crença em princípios de orientação constantes corre o perigo de recusar esse mínimo de confirmação externa sem o qual ela não pode sobreviver.

Pessoas cujas direções já interiorizadas continuam sendo desvalorizadas e mesmo ridicularizadas precisam de orientação autorizada e diária. Mas a orientação que elas procuram e podem razoavelmente esperar, uma orientação adequada à espécie de agonia que elas experimentam, é provável que lhes exija seu próprios recursos, tendo em vista reformar (corrigir, melhorar, desenvolver) sua própria prática, suas atitudes e predisposições psicológicas. "Logo que a *polis* parou de estabelecer a lei a respeito de tudo, ficou aberto o caminho para a emergência de atividades do psiquismo anteriormente impensáveis",[15] observa Gehlen (citando *Der Kultur der Antike*, de Ernst Howald). Mas as "atividades do psiquismo" a que Gehlen se refere são os sintomas preliminares do nascimento da *identidade,* a mais essencial de todas as criações ou invenções modernas. O nascimento da identidade significa que de agora em diante são as habilidades do indivíduo, sua capacidade de julgamento e sabedoria de escolha que decidirão (pelo menos precisam decidir; de qualquer modo, espera-se que decidam) qual das possíveis formas infinitamente numerosas pelas quais a vida pode ser vivida se torna carne, e em que extensão a escolha irregular e vacilante pode preencher o papel outrora desempenhado pelos "constantes princípios de orientação" ministrados e protegidos pela *polis.*

São as incertezas concentradas na *identidade individual,* em sua construção nunca completa e em seu sempre tentado desmantelamento com o fim de reconstruir-se, que assombram os homens e mulheres modernos, deixando pouco espaço e tempo para as inquietações que procedem da insegurança *ontológica.*

É nesta vida, neste lado do ser (se é que absolutamente há outro lado), que a insegurança existencial está entrincheirada, fere mais e precisa ser tratada. Ao contrário da insegurança ontológica, a incerteza concentrada na identidade não precisa nem das benesses do paraíso, nem da vara do inferno para causar insônia. Está tudo ao redor, saliente e tangível, tudo sobressaindo demais nas habilidades rapidamente envelhecedoras e abruptamente desvalorizadas, em laços humanos assumidos até segunda ordem, em empregos que podem ser subtraídos sem *qualquer* aviso, e nos sempre novos atrativos da festa do consumidor, cada um prometendo tipos de felicidade não experimentados, enquanto apagam o brilho dos já experimentados.

Os homens e mulheres pós-modernos realmente precisam do alquimista que possa, ou sustente que possa, transformar a incerteza de base em preciosa autossegurança, e a autoridade da aprovação (em nome do conhecimento superior ou do acesso à sabedoria fechado aos outros) é a pedra filosofal que os alquimistas se gabam de possuir. A pós-modernidade é a era dos especialistas em "identificar problemas", dos restauradores da personalidade, dos guias de casamento, dos autores dos livros de "autoafirmação": é a era do "surto de aconselhamento". Os homens e mulheres pós-modernos, quer por preferência, quer por necessidade, são *selecionadores*. E a arte de selecionar é principalmente em torno de evitar um perigo: o *de perder uma oportunidade* — por não vê-la bastante claramente, ou por não persegui-la bastante incisivamente, ou por ser um agente de demasiada inexperiência para capturá-la. Para evitar esse perigo, os homens e as mulheres pós-modernos precisam de aconselhamento. A incerteza de estilo pós-moderno não gera a procura da religião: ela concebe, em vez disso, a procura sempre crescente de especialistas na identidade. Homens e mulheres assombrados pela incerteza de estilo pós-moderno não carecem de pregadores para lhes dizer da fraqueza do homem e da insuficiência dos recursos humanos. Eles precisam da reafirmação de que *podem* fazê-lo — e de um resumo a respeito de *como* fazê-lo.

Mostrei, em outro lugar,[16] que na sociedade pós-moderna e orientada para o consumidor, os indivíduos são socialmente formados sob os auspícios dos papéis de quem procura o prazer e acumula sensações, em vez dos papéis de produtor e soldado que formaram a grande maioria dos integrantes da sociedade (pelo menos, os integrantes homens) da era moderna. Também mostrei que os critérios pelos quais o desempenho, num papel de quem acumula sensações, é avaliado são de notória resistência a toda quantificação — e, pela mesma razão, desafiam as comparações "objetivas", ou seja, interindividuais. Ao contrário do desempenho de um produtor ou soldado, a sensação de quem procura experiências não pode ser em qualquer grau de autoafirmação avaliada como "adequada" ou "normal", sem se levar em conta como a mais intensa ou mais satisfatória acessível, em princípio, ao próprio ego de alguém ou, particularmente, a outra pessoa. Há sempre uma ponta de dúvida sobre si mesmo e uma desconfiança de inadequação, "que não alcança o alvo do possível", em qualquer odre cheio do mel da sensualidade. Essa circunstância abre uma nova e larga área de incerteza — e gera procuras sempre crescentes dos "mestres da experiência", ou de seus produtos técnicos que possam ajudar a realçar, aprofundar ou intensificar as sensações.

Transcendência deste mundo

Abraham Maslow ressaltou que, com o benefício da percepção tardia, os casos de iluminação pessoal, de revelações ou êxtase registrados nas vidas dos santos, e depois repetidos mais amplamente, embora talvez numa forma algo mais atenuada, na vida dos fiéis comuns, podem ser reinterpretados como, "de fato, experiências humanas máximas e perfeitamente naturais". As instituições eclesiásticas, pode-se dizer olhando para trás, "podem ser vistas como uma espécie de cartão perfurado ou versão IBM de uma revelação original ou experiência mística, ou experiência máxima, para tornar isso apropriado à utilização grupal e à conveniência administrativa... A religião [...] organizada pode ser considerada um esforço de comunicar experiências máximas a quem não atinge o máximo".[17] Com grande habilidade perceptiva e analítica, Maslow usa conceitos que só podiam ser gerados e completamente formados na estufa da cultura moderna tardia ou pós-moderna, para reinterpretar a posteriori uma experiência que foi vivida sem o benefício das denominações apropriadas descobertas muito mais tarde... "Faz sentido", para nós, reconhecer no êxtase religioso do passado a experiência intensa e "total" a que os preceitos da "economia libidinal" (ou do "impulso para a satisfação" — Edith Wyschogrod),[18] tão proeminentes na cultura pós-moderna, impelem indivíduos como nós, construídos para acumular sensações, a procurar e encontrar. A questão, porém, é se o procedimento inverso igualmente "faz sentido". Se podemos legitimamente reconhecer a experiência orgástica de quem acumula sensações na pós-modernidade como essencialmente religiosa.

Sugiro que as pressões culturais pós-modernas, enquanto intensificam a busca de "experiências máximas", ao mesmo tempo as desligaram dos interesses e preocupações propensos à religião, privatizaram-nas e confiaram principalmente a instituições não religiosas o papel de aprovisionadoras dos serviços relevantes. A "experiência completa" da revelação, do êxtase, rompendo as fronteiras do ego e da transcendência total, outrora privilégio da seleta "aristocracia da cultura" — santos, eremitas, místicos, monges ascetas, *tzadikim* ou dervixes — e surgindo seja como um milagre não solicitado, de maneira nada óbvia relacionado com o que o receptor da graça fez para merecê-lo, seja como um ato de graça que recompensa a vida de autoimolação e abstinência, foi posta pela cultura pós-moderna ao alcance de todo indivíduo, refundida como um alvo realístico e uma perspectiva de autoaprendizado para cada indivíduo, e recolocada no produto da vida devotado à arte do comodismo do consumidor. O que distingue a estratégia pós-moderna da experiência máxima de uma promovida pelas religiões é que, longe de celebrar a insuficiência e fraqueza humana assumidas, ela invoca o completo desenvolvimento dos recursos internos, psicológicos e fisiológicos do ser humano, e pressupõe infinita a potência humana. Parafraseando Weber, pode-se chamar a versão leiga e pós-moderna da experiência máxima "o êxtase deste mundo".

Obviamente, já não são as "organizações religiosas", com a sua mensagem da perpétua insuficiência do homem, que são mais bem adaptadas à "comunicação da experiência máxima a quem não atinge o máximo". O que quer que lhes tome o lugar deve antes e acima de tudo abolir totalmente o conceito de "quem não atinge o máximo" e declarar a experiência máxima um dever e uma perspectiva realista para todo o mundo. "Você pode fazer isso." "Todo mundo pode fazê-lo." "Cabe somente a você decidir se vai fazê-lo." "Se você deixa de fazê-lo, só tem de botar a culpa em você mesmo." Em segundo lugar, desligado o sonho da experiência máxima das práticas inspiradas na religião, de abnegação e afastamento das atrações mundanas, é necessário atrelá-lo ao desejo dos bens terrenos e dispô-lo como a força condutora de intensa atividade como consumidor. Se a versão religiosa da experiência máxima costumava reconciliar o fiel com uma vida de miséria e privação, a versão pós-moderna reconcilia seus seguidores com uma vida organizada em torno do dever de um consumo ávido e permanente, embora nunca definidamente satisfatório. Os exemplos e profetas da versão pós-moderna da experiência máxima são recrutados na aristocracia do consumismo — aqueles que conseguiram transformar a vida numa obra de arte da acumulação e intensificação de sensações, graças a consumir mais do que os que procuram comumente a experiência máxima, consumir produtos mais refinados e consumi-los de um modo mais requintado.

A promessa de nova experiência, capaz de esmagar, de espantar o espírito ou gelar a espinha, mas sempre animadora, é o ponto a ser realçado na venda de alimentos, bebidas, carros, cosméticos, óculos, pacotes de feriado. Cada um acena com a perspectiva de "viver a fundo" sensações nunca experimentadas antes e mais intensas do que qualquer antes provada. Cada nova sensação deve ser "maior", mais irresistível do que a de antes, com a vertigem da experiência máxima "total" assomando sempre no horizonte. É esperado, e aberta ou tacitamente sugerido, que, andando pela estrada do acrescentamento quantitativo da intensidade sensual, chegar-se-ia finalmente a uma penetração qualitativa — a uma experiência não exatamente mais profunda e mais agradável, mas "totalmente diferente". E, nessa jornada, uma pessoa seria ajudada por bens e serviços "metaexperimentais" — os que têm em vista a intensificação dos poderes e habilidades psíquicos e físicos de "receber sensações". Não é exatamente que prazeres mais sublimes devam ser oferecidos — também se precisa aprender como espremer o potencial que eles contêm, o potencial que só se abre plenamente aos mestres consumados da arte de experimentar, os artistas que sabem como "se soltar" e que, por meio de exercício diligente, tornaram sua mente e seu corpo preparados para receber todo o impacto da sensação esmagadora. A finalidade de tal exercício é fornecida pela metáfora do orgasmo múltiplo: um corpo preparado, servido por um espírito igualmente bem exercitado, é um corpo capaz duma repetida e mesmo contínua intensidade de sensações, um corpo para sempre "nas alturas", constantemente aberto a novas oportunidades de experiência que o mundo ao redor pode proporcionar — uma espécie de *cravo bem-temperado* sempre pronto para emitir melodias de sublime beleza.

É essa função "metaexperimental" que é hoje executada por numerosos movimentos de "autoaperfeiçoamento", que extraem seus poderes de sedução da promessa de desenvolver o potencial de sensualidade do corpo mediante exercícios, contemplação ou autoconcentração, rompendo bloqueios psíquicos e constrangimentos produzidos pelas convenções, deixando livres os instintos reprimidos ou purgando males ocultos, desenvolvendo as habilidades de autoabandono e submissão passiva do "fluxo" de sensações, ou abraçando os mistérios esotéricos, sobretudo os exóticos, capazes de ensinar e guiar todos aqueles esforços. O axioma que escora todos esses movimentos é que experimentar, como todas as outras faculdades humanas, é acima de tudo um problema *técnico*, e que adquirir a capacidade para tal é uma questão de dominar as *técnicas* apropriadas. Não é preciso dizer que qualquer semelhança entre tais movimentos e as igrejas ou seitas religiosas é puramente superficial, reduzida, na melhor das hipóteses, a seus padrões organizacionais. Em vez de partilhar seu caráter com instituições religiosas, eles são produtos e partes integrais do "surto de aconselhamento", embora não sejam, como outros ramos de aconselhamento, destinados a servir diretamente às escolhas dos consumidores supostamente experientes, tendo em vista, antes, o treinamento dos "consumidores perfeitos", o desenvolvimento até o auge das aptidões exigidas pela vida do consumidor e selecionador que procura experiências e acumula sensações.

De volta para o futuro

Há, porém, uma forma especificamente moderna de religião, nascida das contradições internas da vida pós-moderna, da forma especificamente pós-moderna em que se revelam a insuficiência do homem e a futilidade dos sonhos de ter o destino humano sob controle do homem. Essa forma veio a ser conhecida sob o nome inglês de *fundamentalism* [fundamentalismo] ou sob o nome francês de *intégrisme*, exibindo sua presença cada vez mais influente em toda a parte do mundo outrora dominada pelas religiões cristã, islâmica e judaica.

Sugiro que a ascensão de uma forma religiosamente vestida de fundamentalismo não é um soluço de anseios místicos há muito ostensivamente afugentados mas não plenamente reprimidos, nem uma manifestação da eterna irracionalidade humana, imune a todos os esforços de cura e domesticação, nem uma forma de fuga de volta ao passado pré-moderno. O fundamentalismo é um fenômeno inteiramente contemporâneo e pós-moderno, que adota totalmente as "reformas racionalizadoras" e os desenvolvimentos tecnológicos da modernidade, tentando não tanto "fazer recuar" os desvios modernos quanto "os ter e devorar ao mesmo tempo" — tornar possível um pleno aproveitamento das atrações modernas, sem pagar o preço que elas exigem. O preço em questão é a agonia do indivíduo condenado à autossuficiência, à autoconfiança e à vida de uma escolha nunca plenamente fidedigna e satisfatória.

É difícil não concordar com o diagnóstico de Gilles Kepel, pelo qual os atuais movimentos fundamentalistas são

> verdadeiras crianças do nosso tempo: crianças não desejadas, talvez, bastardos da computação e do desemprego, ou da explosão demográfica e crescente alfabetização, e seus gritos ou queixas nesses anos de fechamento do século incitam-nos a buscar sua ascendência e a reconstituir sua desconhecida genealogia.
>
> Como os movimentos dos trabalhadores no passado recente, os movimentos religiosos de hoje têm uma capacidade singular de revelar os males da sociedade, sobre os quais eles têm seu próprio diagnóstico.[19]

Precisamos deixar claro, contudo, que os "males diagnosticados" são diferentes daqueles outrora expostos pelos movimentos dos trabalhadores e, desse modo, os movimentos que os diagnosticam (que são, consciente ou inconscientemente, o seu diagnóstico) atraem uma espécie diferente de convertidos e fiéis. Na verdade, não se deve menosprezar o papel da clientela — os despojados e empobrecidos, cujas fileiras crescem mais do que diminuem no mundo do livre-comércio global, onde todos os obstáculos foram suprimidos e todas as barreiras tornadas ilegais. Ao contrário do caso dos trabalhadores do passado, no entanto, a miséria dos despojados atuais (a forma atual das "escondidas injustiças de classe", para lembrar a oportuna expressão cunhada por Richard Sennett e Jonathan Cobb) parece-lhes (na maior parte dos casos, corretamente) não o resultado da exploração, mas um resultado de terem sido deixados para trás na escalada dos bilhetes de acesso ao partido dos consumidores. Os pobres de hoje são, antes e acima de tudo, *consumidores falhos*, incapazes de tirar vantagem dos tesouros tantalizantemente exibidos a seu alcance, frustrados antes do ato, inabilitados mesmo antes de experimentar; enquanto eles são irrealizados produtores, ou pessoas fraudadas na divisão da mais-valia, mas a um segundo de distância.[20] É essa característica que os torna, potencialmente, uma clientela de que os movimentos fundamentalistas — detonados e mantidos em marcha, acima de tudo, pelas agonias dos jogadores autônomos pós-modernos, autoconfiantes por nomeação — podem tirar suas reservas. Uma mensagem de insuficiência humana, ou de despeito da autossuficiência, que se incubou na amarga experiência dos consumidores pós-modernos amadurecidos, também pode estar fazendo-se sentir em seus ouvidos de afinação diferençada.

A amarga experiência em questão é a experiência da *liberdade*: da miséria da vida composta de escolhas arriscadas, que sempre significa aproveitar algumas oportunidades e perder outras, ou da incurável incerteza criada em toda escolha, da insuportável, porque não partilhada, responsabilidade pelas desconhecidas consequências de toda escolha, do constante medo de impedir as futuras e, no entanto, imprevistas possibilidades, do pavor da inadequação pessoal, de experimentar menos e não tão intensamente como os outros talvez o consigam, do pesadelo de não estar à altura das novas e aperfeiçoadas fórmulas da vida que o futuro notoriamente caprichoso pode trazer. E a mensagem que surge dessa experiência é: não, o indivíduo humano não é autossuficiente e não pode ser autoconfiante. Não se pode condenar a si mesmo: é preciso ser guiado, e dirigido, e informado do que fazer. Esta é uma mensagem de insuficiência, mas, ao contrário da mensagem contida pela revolução pré-moderna, não é a mensagem da fraqueza da *species* humana — mas da irreparável fraqueza do *indivíduo* humano, comparada com a onipotência da espécie.

270 O mal-estar da pós-modernidade

A esse respeito, o fundamentalismo traz a público a subterrânea ansiedade e premonição normais e quase universais sob a condição pós-moderna. Ele dá expressão pública ao que muitas pessoas pressentem o tempo todo, embora lhes seja peremptoriamente dito para não acreditarem nisso ou sejam levadas a não pensar no assunto. Por outro lado, a estrutura da vida que o fundamentalismo oferece leva meramente a sua conclusão radical o culto do aconselhamento e orientação profissional, bem como à preocupação com a autodisciplina assistida por especialista, duas coisas diariamente promovidas pela cultura do consumidor pós-moderno. Quanto a isso, o fundamentalismo é a suprema encarnação (embora radicalmente simplificada) de uma tendência de que é cúmplice toda a arremetida da cultura pós-moderna. Pode-se concluir que o fundamentalismo religioso é um filho legítimo da pós-modernidade, nascido de suas alegrias e tormentos, e herdeiro, do mesmo modo, de seus empreendimentos e inquietações.

O fascínio do fundamentalismo provém de sua promessa de emancipar os convertidos das agonias da escolha. Aí a pessoa encontra, finalmente, a autoridade indubitavelmente suprema, uma autoridade para acabar com todas as outras autoridades. A pessoa sabe para onde olhar quando as decisões da vida devem ser tomadas, nas questões grandes e pequenas, e sabe que, olhando para ali, ela faz a coisa certa, sendo evitado, desse modo, o pavor de correr risco. O fundamentalismo é um remédio radical contra esse veneno da sociedade de consumo conduzida pelo mercado e pós-moderna — a liberdade contaminada pelo risco (um remédio que cura a infecção amputando o órgão infeccionado —, abolindo a liberdade como tal, na medida em que não há nenhuma liberdade livre de riscos). O fundamentalismo promete desenvolver todos os infinitos poderes do grupo que — quando plenamente disposto — compensaria a incurável insuficiência de seus membros individuais e justificaria, dessa maneira, a indiscutível subordinação das escolhas individuais a normas proclamadas em nome do grupo.

O intégrisme islâmico dos aiatolás ou o estilo da Irmandade Muçulmana, a seita Lubávitch, do movimento chassidístico

Religião pós-moderna? 271

atual, como as igrejas evangelistas do Cinturão Bíblico, pertencem a uma família mais ampla de reações pós-modernas a esses medos pós-modernos que foram infligidos aos indivíduos como indivíduos pela progressiva desregulamentação e privatização de todas as redes de seguro e proteção "seculares", outrora proporcionadas pelo Estado por meio das habilitações da cidadania do Estado. Num mundo em que todos os meios de vida são permitidos, mas nenhum é seguro, elas mostram coragem suficiente para dizer, aos que estão ávidos de escutar, o que decidir de maneira que a decisão continue segura e se justifique em todos os julgamentos a que interesse. A esse respeito, o fundamentalismo religioso pertence a uma família mais ampla de soluções totalitárias ou prototototalitárias, oferecidas a todos os que deparam com a carga da liberdade individual excessiva e insuportável. Além do fundamentalismo religioso, a família inclui muitas formas de fundamentalismo étnico, de orientação racial ou tribal, todas constituindo oposição tanto ao Estado secular como à cidadania indiscriminada e não discriminadora (denegrida como "abstrata"), que vêm agora tomar o lugar dos geralmente desacreditados movimentos políticos totalitários (como o comunismo ou o fascismo) — completamente modernos (ou pré-pós-modernos) em seu recurso às soluções administradas pelo Estado e aos poderes de organização e legislação do Estado.

Longe de ser uma explosão de irracionalidade pré-moderna, o fundamentalismo religioso, muito parecido com os autoproclamados reavivamentos étnicos, é uma oferta de *racionalidade alternativa*, feita sob medida para os genuínos problemas que assediam os membros da sociedade pós-moderna. Como todas as racionalidades, ele seleciona e divide; e o que seleciona difere da seleção efetuada pelas forças desregulamentadas do mercado — o que não o torna menos racional (ou mais irracional) do que a lógica da ação orientada pelo mercado. Se a racionalidade típica do mercado se subordina à promoção da liberdade de escolha e prospera sobre a incerteza das situações de execução da escolha, a racionalidade fundamentalista coloca a segurança e a certeza em primeiro lugar e condena tudo o que solapa essa certeza — antes e acima de tudo, as extravagâncias da liberdade individual. Em sua interpretação fundamentalista, a religião não é uma "questão pessoal", privatizada como todas as outras escolhas individuais e praticada em particular, mas a coisa mais próxima de um *completo mappa vitae*: ela legisla em termos nada incertos sobre cada aspecto da vida, desembaraçando desse modo a carga de responsabilidade que se acha pesadamente sobre os ombros do indivíduo — esses ombros que a cultura pós-moderna proclama onipotentes, e o mercado promove como tais, mas que muitas pessoas acham frágeis demais para essa carga.

O fundamentalismo religioso, sugeriu Kepel, tem "uma singular capacidade de revelar os males da sociedade". Até que ponto? Com a agonia de solidão e abandono induzida pelo mercado como sua única alternativa, o fundamentalismo, religioso ou de outra maneira, pode contar com uma clientela sempre crescente. Seja qual for a qualidade das respostas que ele fornece, as perguntas a que responde são genuínas. O problema não é como desprezar a gravidade das perguntas, mas como encontrar respostas livres dos genes totalitários.

· 14 ·

Sobre o comunitarismo e a liberdade humana, ou como enquadrar o círculo

No número da primavera de 1994 da *Critical Review* (v. 8, n. 2), vários proeminentes filósofos políticos publicaram suas opiniões sobre as possibilidades de abarcar os princípios liberais e comunitários num sistema de pensamento coerente, não contraditório. Visto que, na ocasião, praticamente todos os argumentos mais apoiados por parte de cada um dos dois lados foram enumerados, reafirmados e resumidos, essa compilação de declarações oferece um excelente ponto de partida para a reflexão sobre questões discutíveis, implicações e perspectivas da *querelle* liberal e comunitária em curso.

A troca de ideias foi inspirada pela publicação de *Liberalism, Community and Culture*, de Will Kymlicka (Oxford, Clarendon Press, 1991) — "um livro penetrante, extremamente esclarecedor e excepcionalmente lúcido", como escreve Ronald Beiner (ele próprio autor de outro estudo influente, "What's the matter with liberalism?", University of California Press, 1992) e com o que outros escritores concordam. Na opinião deles, o que tornou o livro de Kymlicka tão interessante e merecedor de prolongado comentário é que confrontou sem rodeios os argumentos levantados contra a teoria liberal pelos mais influentes representantes do comunitarianismo (pensadores como Alasdair MacIntyre, Michael Sandel,

Charles Taylor ou Michael Walzer), com a intenção de desmontar esses argumentos, quer mostrando que sua oposição aos princípios liberais é inteiramente ilusória, quer acomodando-os numa "nova e aperfeiçoada" versão do liberalismo; assim como o tom apaziguador do livro, sua convicção subjacente — revigorante e bem-vinda, após anos de acrimônia — de que, excetuando-se fusão e unidade, pelo menos uma trégua duradoura e amistosa convivência entre os adversários são viáveis.

Dentre as propostas de Kymlicka, a que seus comentadores mais apreciam (embora alguns, no partido comunitário da discussão, achem que não seja suficiente para curar o liberalismo de seus males — para, no mínimo, dar-lhe um espírito mais comunitário) é que, de fato, a pluralidade de culturas e fidelidades culturais é algo que o liberalismo, longe de desaprovar, considera uma vantagem: quando as culturas se multiplicam, o mesmo ocorre com as escolhas acessíveis ao indivíduo, e o liberalismo é inteiramente a favor da liberdade de escolha. Os liberais, por conseguinte — assim dá a entender Kymlicka —, deviam estar interessados em fomentar ativamente a variedade e resistir a todas as pressões homogeneizantes.

Parece, à primeira vista, um tanto misterioso por que essa opinião é considerada, pelos críticos, "extremamente esclarecedora", visto que pelo mesmo motivo o pluralismo cultural (mesmo moral) tem sido defendido e louvado por eminentes pensadores liberais já há bastante tempo.[1] Talvez, porém, o alvoroço seja menos misterioso do que parece. Os argumentos, apresentados em espírito liberal de uma forma generalizada e, portanto, relativamente incontroversa e inofensiva, Kymlicka estendeu como um ramo de oliveira aos críticos comunitários do liberalismo. Pela mesma razão, ele deu a entender que o repetidamente declarado devotamento liberal à diferença pode ser alargado o suficiente para abarcar o tipo de diferença que os comunitários apoiam e, desse modo, torna sem validade as suas acusações contra o pensamento liberal. Para fazê-lo, Kymlicka confere à reivindicação liberal de variedade um fraseado destinado a aplacar as queixas

Sobre o comunitarismo e a liberdade humana, ou como enquadrar o círculo **275**

comunitárias sem desagradar a consciência liberal: "Os liberais deviam preocupar-se com o destino das estruturas culturais, não porque elas possuam algum status moral próprio, mas porque é somente ao ter uma estrutura cultural rica e segura que as pessoas podem dar-se conta, de forma nítida, das opções que lhes estão disponíveis". Assim, os liberais podem ficar satisfeitos, já que a "estrutura cultural" agora, como antes, não foi reconhecida como um valor finito por si mesma; mas os comunitários podem sentir-se pacificados, já que, sejam quais forem os seus motivos, os liberais prometem respeitar e até favorecer o tipo de diferença tão caro ao coração comunitário. (Eles conseguem fazê-lo atribuindo à "estrutura cultural" um valor instrumental no fomento de objetivos liberais.) A alegria comunitária bem pode tornar-se ainda mais completa pela aceitação, por um autor liberal, do que eles costumavam asseverar continuamente como um argumento *contra* o liberalismo — a saber, que "ter uma estrutura cultural rica e segura" é algo benéfico e humanitário. (Eles podem ficar preocupados, porém, assim como desconcertados, por uma surpreendente sugestão de que uma "estrutura segura" seja algo benéfico porque ela estimula a consciência das opções — mas, afinal, o que ela apoia ou não é uma declaração empírica, não uma questão de política, e, assim, pode ser tranquilamente deixada para futuras discussões entre arquivistas de ciência social. E, se é assim que os liberais preferem, a bem da conveniência, enunciar a sua capitulação, por que as pessoas cuja tese foi, desse modo, admitida deveriam fazer-lhes objeção?)

Parece que o estratagema de Kymlicka é levar ambas as partes a concordar com uma declaração de política conjunta, fazendo com que cada uma acredite que não só a busca de seus objetivos não foi comprometida, como a assinatura do acordo atesta a intenção de continuar a buscá-los até ainda melhor resultado.

Isso, no entanto, é atenuar o genuíno pomo da discórdia, não resolver a controvérsia. A diferença amada (ou dita amada) pelos liberais não é a diferença amada (ou dita amada) pelos comunitários. Todas as semelhanças, é-se tentado a dizer, são puramente coincidentes... A diferença que os liberais estimam e prezam é externa ao indivíduo humano; "diferença" representa aí a profusão de escolhas entre diversas maneiras de ser humano e de viver a vida. A diferença por que clamam os comunitários é do tipo internalizado; "diferença" representa aí a recusa, ou incapacidade, de considerar outras formas de vida como opções — estar *determinado* ou *fadado* a permanecer o que se é, a se manter dessa maneira aconteça o que acontecer, e resistir a toda tentação para o contrário. Para exprimi-lo em poucas palavras, a "diferença" liberal representa a liberdade individual, ao passo que a "diferença" comunitária representa o poder do grupo para *limitar* a liberdade individual. O que o postulado dos comunitários significa é uma licença para que grupos exerçam tal poder sem interferência.

Os teóricos comunitários, notavelmente MacIntyre, queixam-se da natureza ilusória, volátil e insegura das identidades obteníveis sob o regime liberal, e do "desentrincheiramento" de estruturas formativas. Anseiam por identidades que não sejam falsificadas nem superficiais (ou seja — para utilizar a metáfora de Weber —, identidades mais semelhantes a túnicas de ferro do que a mantos que pendem levemente dos ombros do indivíduo), que eles, por motivos de forma alguma óbvios, contudo jamais debatidos explicitamente, consideram equivalentes à identidade *significativa*. Mais uma vez por motivos de forma alguma claros e menos ainda convincentes, os comunitários querem que o resultado da escolha seja estabelecido antes que o ato de escolher comece: para uma mentalidade comunitária, uma boa escolha é uma escolha do que já está dado (exatamente o que Barrès ou Fichte afirmavam sobre o nacionalismo) — a descoberta e concessão de expressão consciente à "identidade histórica" transmitida pelo nascimento. (Dessa vez, pode-se recordar a interpretação de Mao da outrora famosa política de "deixar cem flores desabrocharem": o desabrochamento era inócuo para Mao, na medida em que havia certeza de que uma flor, a única que merecia desabrochar eternamente, esmagaria e asfixiaria todas as outras.) O tributo rendido à escolha individual não passa aí de adulação. Teoricamente, a liberdade deveria ser empregada exclusivamente para escolher a falta de liberdade; a voluntariedade, aí, significa utilizar a volição individual para se abster de exercer o livre-arbítrio. A verdadeira escolha foi feita e assinalada antes do nascimento do indivíduo. A vida que se segue ao nascimento é (ou deveria ser) dedicada a descobrir qual foi essa escolha e a comportar-se de acordo com isso.

A teoria comunitária (exatamente como o liberalismo, no que diz respeito a isso) é uma ideologia *moderna*, elaborada e preconizada segundo condições modernas — ou seja, sob as circunstâncias em que a escolha é não só uma possibilidade, como uma realidade a que é difícil escapar. Os indivíduos modernos estão "sentenciados" a uma existência de escolha. E, assim, as alusões comunitárias acerca da natureza irrecuperavelmente "embaraçada" da identidade individual não chegam a desenvolver uma teoria madura do determinismo imputado. O determinismo em estilo comunitário não é automático. Paradoxalmente, sua ação não pode completar-se sem o papel ativo desempenhado pela vontade e escolha humanas. O destino só completa a sua trajetória quando espontaneamente (e alegremente!) aceito pelo indivíduo fadado. Mas, ao admitir isso, a filosofia comunitária coloca, por bem ou por mal, as comunidades de tradição e história que ela estimula em pé de igualdade com todos os outros "grupos de membros" (inclusive aqueles em competição direta ou oblíqua com grupos de referência "enraizados"). Todos esses grupos "mantêm" os membros somente na medida em que os membros lhes "são fiéis". A perpetuação desses grupos depende da intensidade e elasticidade da lealdade ativa de seus membros. É, por conseguinte, arriscado deixar o destino dos favorecidos grupos de referência "enraizados" ("comunidades de tradição") sob os caprichos da competição aberta. Preferir-se-ia ter o resultado favorável da competição garantido de antemão — mas isso significa *privilegiar* uma escolha acima de todas as outras, tornar esmagadora a vantagem sobre as outras escolhas e aumentar as apostas exigidas para tornar a escolha "correta". Nesse ponto, porém, o comunitarismo abandona a discussão ostensivamente filosófica do transe existencial humano para entrar no âmbito da política prática.

O paradoxo não é novo, evidentemente, e não é criado pelos comunitários. Desde o princípio, ele tem rondado o nacionalismo moderno, de que o atual comunitarismo é, por assim dizer, uma continuação descontínua (o racismo era então, como é atualmente, um atalho de fuga constantemente tentador do paradoxo que o nacionalismo e o comunitarismo partilham). Maurice Barrès, um dos mais perspicazes e influentes filósofos do nacionalismo, debateu-se com o mesmo problema: as opiniões nacionalistas são despropositadas sem uma pressuposição, a de que existe um ponto "de que todas as coisas podem ser vistas em dimensões verdadeiras" — mas também sem a premissa de que esse ponto não pode ser planejado, mas somente achado, recuperado ou perdido. Esse deve ser um ponto fixado *de antemão* — mas (e aqui surge a parte crucial) deve ser ainda descoberto e fortificado por todo indivíduo, usando suas habilidades, razão e vontade. Em outras palavras, a sorte humana é *inevitável*, mas essa inevitabilidade do destino age mediante esforços *voluntários...*

> Eu devo colocar-me no ponto demarcado por meus olhos, tal como eles foram formados no decorrer de séculos, no ponto em que todas as coisas se fazem segundo o padrão do francês. A reunião de relações justas e verdadeiras entre os objetos e o homem concreto, o francês, são a verdade e a justiça francesas; descobrir essas relações é a razão francesa. O nacionalismo puro nada mais é do que estar ciente da existência de tal ponto, procurá-lo e — havendo-o alcançado — apegar-se a ele em nossos atos, nossa política e todas as nossas atividades.[2]

Sabemos para onde esse lírico encômio das raízes apontou, com um irresistível ímpeto próprio: para um engolfante impulso de *assegurar* que o "eu devo" signifique o que enuncia, que a "descoberta" seja feita por todos e que cada um "se apegue" ao que foi descoberto em "todas as atividades". E havia somente um modo de assegurá-lo: usar a prerrogativa estatal da coerção legislada para tornar "não acertar o ponto" o mais improvável possível e "achar o ponto" praticamente inescapável. A nação sem um Estado seria, afinal, apenas um "grupo de referência" dentre muitos — como eles, eternamente incerta de sua sobrevivência, como eles, fustigada por ondas contrárias de estilos mutáveis, como eles, tendo de recorrer diariamente a lealdades vacilantes, e, como eles, tendo de ir ao extremo para distribuir provas da vantagem de seus benefícios sobre os oferecimentos dos competidores. O Estado-nação (a ideia de uma nação convertida na matéria do Estado) poderia, de outro lado, *legislar* a favor da lealdade e determinar antecipadamente os resultados da livre escolha. As raízes postuladas poderiam ganhar existência pela legislação e seriam cuidadas pelos órgãos estatais da lei e da ordem, o princípio definido pelo estado de herança cultural e o currículo autorizado pelo estado de ensino de história.

Permitam-nos recordar que a finalidade de tudo isso foi extinguir o controle que as "comunidades" (tradições, costumes, dialetos, fidelidades *locais*) mantinham sobre os pretensos patriotas da nação una e indivisível. A ideia que guiava todos esses esforços do Estado-nação era sobrepor um tipo de adesão ao mosaico de "particularismos" comunitários, em nome do interesse da nação, que atropela e deixa em suspenso todos os outros interesses, inclusive o que este ou aquele indivíduo possa julgar ser o seu "próprio" interesse individual. Sob o aspecto da política prática, isso significava o desmantelamento ou desabilitação legal de todos os *pouvoirs intermédiaires,* da autonomia de qualquer unidade menor que o Estado-nação, que reivindicasse ser mais do que a executora da vontade do Estado-nação e reivindicasse mais do que o poder delegado.

Pela contribuição de Charles Taylor à *Critical Review,* ficamos sabendo que, após todos esses esforços de unificação nacional (como transpirou posteriormente, inconclusivos), as "comunidades minoritárias" estão "lutando para manter-se". Elas lutam para manter-se, isto é, como *comunidades*. E isso significa, por sua vez, que "essas pessoas estão empenhando-se por obter mais do que os seus direitos como indivíduos". Taylor não se intimida com o fato de que é somente graças ao velho estratagema de *petitio principii* que sua afirmação tem sentido: o que devia ser provado foi apresentado como premissa axiomática. Se existe algo mais do que os "direitos como indivíduos" (ou seja, se existe algo tão importante que justifique a suspensão dos direitos dos indivíduos como indivíduos), então, evidentemente, a luta é inevitável e toda pessoa benévola deve aos combatentes solidariedade e assistência. Mas o que é esse "algo mais"?

"Algo mais" (permitam-nos repetir: esse "algo" que torna determinadas restrições ao direito individual de escolher aceitáveis e até bem-vindas) é o "objetivo da *sobrevivência*" e isso significa, por sua vez, "a continuação da comunidade por futuras gerações". Expressa em termos mais simples e, acima de tudo, *práticos*, a busca do "objetivo da sobrevivência" exige o direito de a comunidade limitar ou apropriar-se antecipadamente das escolhas das gerações mais jovens e ainda não nascidas, para decidir por elas quais deveriam ser as suas escolhas. Em outras palavras, o que se requer aí é o poder de imposição, o poder de assegurar que as pessoas ajam de determinada maneira em vez de outras maneiras, estreitar-lhes a amplitude de opções, manipular as probabilidades; obrigá-las a fazer o que elas, de outro modo, provavelmente não fariam (se o fizessem, por que todo esse estardalhaço?), torná-las menos livres do que de outro modo o seriam.

Por que é importante fazer isso? Taylor salienta que isso deve ser feito no próprio interesse bem compreendido das pessoas, visto que "os seres humanos só podem fazer escolhas significativas do seu modo de viver em contraste com um plano de fundo de alternativas que só pode chegar até elas por intermédio da língua e tradição cultural de sua sociedade". Uma ideia semelhante foi expressa repetidas vezes pelas gerações de profetas e poetas cor-

Sobre o comunitarismo e a liberdade humana, ou como enquadrar o círculo   281

tesãos dos Estados, agindo em nome das nações majoritárias, e não é imediatamente óbvio por que, sob a pena de Taylor, deveria ser um argumento a favor da causa das "minorias em luta". Para que se justifique a mudança de tom, é necessário primeiramente revelar um corolário oculto: a saber, a compreensão de que o Estado-nação não cumpriu o prometido; que por uma ou outra razão ele está agora falido como fonte de "escolha significativa do modo de viver"; que o nacionalismo, privado de seu alicerce estatal, perdeu a autoridade sem a qual o espezinhamento dos direitos individuais de escolha não é exequível nem considerado aceitável; e que, no vácuo resultante, são as "minorias em luta" que passaram atualmente a ser consideradas a segunda linha de trincheiras onde a "escolha significativa" pode ser protegida do massacre. Espera-se, agora, que elas sejam bem-sucedidas na tarefa que o Estado-nação indiscutivelmente não conseguiu cumprir.

A impressionante semelhança entre as esperanças e os paradoxos nacionalistas e os comunitários não é de forma alguma fortuita. Ambas as visões de "futuro perfeito" são, afinal, as reações dos filósofos à experiência muito difundida de agudo e abrupto "desencaixe", provocada pelo acelerado colapso das estruturas em que as identidades eram habitualmente inscritas. O nacionalismo foi a resposta à destruição indiscriminada da "manufatura doméstica de identidades" e a decorrente desvalorização dos padrões de vida produzidos e sancionados localmente (e prosaicamente). A visão nacionalista originou-se da desesperada esperança de que a clareza e segurança da existência possam ser reconstruídas num nível mais elevado e supralocal da organização social, em torno da associação nacional e da cidadania estatal fundidas numa só. Devido a razões demasiado amplas e numerosas para ser aqui relacionadas, essa esperança não conseguiu realizar-se. O Estado-nação revelou-se a incubadora de uma sociedade moderna regida não tanto pela unidade de sentimentos como pela diversidade de frios interesses de mercado. Seu meticuloso trabalho de desarraigar fidelidades locais parece, em retrospecto, não tanto uma produção de identidades de nível mais elevado, mas uma operação de limpeza de terreno para a vigarice, conduzida pelo mercado, dos modos de autodescrição rapidamente montados e ainda mais depressa desmantelados.

E assim, mais uma vez, é difícil obter identidades "significativas" ("significativas" no sentido outrora postulado pelos nacionalistas, agora pelos comunitários), ao passo que mantê-las no lugar e intatas, mesmo que por um breve momento, sobrecarrega as aprendidas e ensinadas artes de malabarismo dos indivíduos muito além da sua capacidade. Visto que a ideia de que a "sociedade" institucionalizada no Estado prestará ajuda já não é hoje convincente, não é de admirar que os olhos se desloquem para uma direção diferente. Por uma ironia da história, no entanto, eles se deixam levar para entidades cuja destruição radical era encarada, desde o início da modernidade, como a condição sine qua non da "escolha significativa". São agora as muito caluniadas "comunidades naturais por sua origem", *necessariamente menores do que o Estado-nação*, outrora descritas pela propaganda modernizante (não sem razão) como tacanhas, atrasadas, dominadas pelo preconceito, opressivas e embrutecedoras, em que se confia esperançosamente como as fidedignas executoras dessa atualização, desaleatorização, impregnação de significado das escolhas humanas que o Estado-nação abominavelmente não conseguiu produzir.

Não há como negar que a vida de quem age independentemente não é cor-de-rosa. Os tormentos, que os críticos da vida não mais baseada seguramente na atribuição tentam captar na imagem da "identidade superficial e inexpressiva", são genuínos. Os tormentos são muitos, mas todos eles se reduzem ao sentimento pernicioso, penoso e nauseante de perpétua incerteza em tudo o que diz respeito ao *futuro*. O ritmo da mudança rápido, e em contínua aceleração, torna uma coisa indiscutível: que o futuro não será como o presente. Mas a veloz sucessão de futuros que se dissolvem numa sucessão de presentes ensina igualmente — além da dúvida razoável — que o presente de hoje (ou pelo menos sua parte subjetivamente dominada, "domesticada" e "domada") não compromete o futuro, esse presente do ama-

Sobre o comunitarismo e a liberdade humana, ou como enquadrar o círculo **283**

nhã — e, assim, existe pouca coisa que o indivíduo possa fazer hoje para assegurar o atingimento dos resultados que ele ou ela deseja manter amanhã. Viver em um *Risikogesellschaft* (o termo, extremamente apropriado, cunhado por Ulrich Beck), podemos dizer, repercute na experiência pessoal como *Risikoleben*. Como o exprimem Ulrich Beck e Elisabeth Beck-Gernsheim, "as certezas fragmentaram-se em perguntas que estão agora rodopiando na cabeça das pessoas. Porém, é mais do que isso. A ação social necessita de rotinas em que seja sancionada". Mas é

> precisamente esse nível de "habitualizações coletivas", pré-conscientes, de questões tidas por certas que está se subdividindo num grande número de possibilidades a serem ponderadas e negociadas. A camada profunda de decisões excluídas está sendo forçada para cima até o nível de tomada de decisões. Daí a irritação, o incessante atrito da ferida aberta — e a reação defensiva, e agressiva [...]. A vida perde o seu caráter evidente por si mesmo.[3]

Ao tentar apreender a identidade enfurecidamente evasiva, exigida com o mesmo poder sobre-humano com que é negada, os indivíduos travam uma batalha perdida. Daí a irritação que interrompe e envenena as alegrias de seus sucessivos avatares. O que torna ainda mais vaga a perspectiva de uma cura completa é o fato de que os indivíduos, dilacerados entre a liberdade inebriante e a incerteza aterrorizadora, almejam o impossível. Eles querem nada menos do que desfrutar de duas vantagens — saborear e exercer sua liberdade de escolha ao mesmo tempo que têm o "final feliz" garantido e os resultados assegurados. Seja qual for o nome que selecionem para dar à sua preocupação, o que os indivíduos verdadeiramente ressentem é o risco inato à liberdade. Seja como for que descrevam seus sonhos, o que eles almejam é uma *liberdade livre de riscos*. A dificuldade, porém, é que a liberdade e o risco aumentam e diminuem somente em conjunto. Assim, a solução definitiva para o transe do indivíduo moderno não tem probabilidades de ocorrer.

De outro lado, sobejam pseudossoluções, graças a uma inesgotável necessidade de endireitar o laço retorcido de dores e desejos contraditórios. Às vezes, quando a contínua incerteza é, dramaticamente, empurrada um ou dois furos adiante, o sonho da segurança caseira predomina sobre o fascínio da aventura. Isso aconteceu no começo da moderna reestruturação de estruturas e da reavaliação de valores, preparando o caminho para o êxito inicial da promessa nacionalista de tranquilidade caseira. Isso está acontecendo novamente hoje, com o começo da etapa pós-moderna da revolução moderna — com a mudança radical nas regras segundo as quais o jogo da sobrevivência é disputado, com a completa redefinição de todas as habilidades especiais adquiridas e do significado da habilidade como tal, com o repúdio dos padrões habituais de parceria e a desvalorização do conhecimento social que esse padrão requeria — e está preparando o caminho para a súbita popularidade do comunitarismo, esse "nacionalismo de segunda".

Reconhecidamente, o nacionalismo à moda antiga está longe de haver completado a sua trajetória, particularmente no mundo pós-colonial, na África ou na Europa oriental, entre os escombros deixados pelos desmoronantes impérios capitalista ou comunista de igual modo. Ali, a noção de uma nação que fornece um lar para os perdidos e confusos ainda é recente e, acima de tudo, não experimentada. Tudo está no futuro (ainda que o nacionalismo, exatamente como o comunitarismo, empregue com gosto a linguagem da herança, raízes e passado compartilhado) e o futuro é o lugar natural para se investirem as esperanças e anseios. Para a Europa (com exceção de sua parte atualmente pós-colonial), de outro lado, o nacionalismo, junto com sua realização máxima, o Estado-nação, situa-se positivamente no passado. Ele não conseguiu resolver no passado o que mais uma vez deve ser resolvido agora, e seria tolice esperar que, na segunda vez, atue melhor. A Europa sabe também o que o mundo pós-colonial não sabe ou com que não se importa muito: que, quanto mais as obras do Estado-nação se aproximam do ideal de alicerces sólidos e um lar

Sobre o comunitarismo e a liberdade humana, ou como enquadrar o círculo   **285**

seguro, menos liberdade existe para se mover em torno ou para fora da casa, e o ar no interior da casa fica espesso e viciado. Por essas e outras razões, que tenho tentado explicar alhures,[4] nada que os Estados-nação da atualidade estão acostumados, capacitados ou dispostos a fazer parece adequado à angústia da incerteza que devora as reservas psíquicas do indivíduo pós-moderno.

Em tais circunstâncias, o que torna tão atraentes as visões de "comunidade natural" evocadas em obras comunitárias é, acima de tudo, o fato de que ela foi imaginada independentemente do Estado e mesmo em oposição a ele. Dá a impressão de que o Estado, refletindo os sentimentos populares, foi abandonado pelos filósofos comunitários ao lado "gerador de riscos" da existência humana: ele cuida da liberdade, mas, ao fazê-lo, deixa os indivíduos entregues a seus recursos manifestamente inadequados, na luta para navegar entre os riscos da liberdade, a fim de chegar ao porto da "escolha significativa". Como outrora a nação, do mesmo modo agora a "comunidade natural" simboliza esse sonho de um porto seguro. Esse porto está situado longe dos itinerários explorados, havendo sido removido para locais que os marinheiros solitários foram dissuadidos de visitar. Por mais sôfregos que estejam os comunitários de "enraizar" tais locais num genuíno ou inventado passado pré-moderno, é o moderno espírito de aventura, de explorar o inexplorado, de experimentar o não experimentado, que os torna atraentes tanto para os filósofos como para seus leitores. Talvez desta vez...

Espera-se que a "comunidade" dos filósofos comunitários encante e atraia pela mesma razão que as nações dos filósofos nacionalistas outrora o fizeram: por seu aconchego caseiro, pela promessa de apoio e compreensão mútuos, harmonia de interesses, unidade de aspirações. Mais uma vez, o dilema tão antigo quanto a própria modernidade é negligenciado ou atenuado:

- ou a "comunidade" é um *resultado* de escolhas individuais, uma entidade constituída e livremente escolhida (nas palavras de Roberto Unger — "fortuita, forjada, colada" como o resultado

de coalizões imprevisíveis, consequências imprevistas e oportunidades perdidas)[5] e, portanto, a sua própria existência e as escolhas que sustentam essa existência são irremediavelmente sobrecarregadas com as mesmas ansiedades de correr riscos que todos os outros aspectos da vida das pessoas completamente individualizadas, que agem sob a condição de incerteza permanente;
• ou essa "comunidade" precede toda escolha, no sentido de predispor a priori os indivíduos a permanecer fiéis a seus valores e preceitos comportamentais (mediante doutrinação, treinamento, controle) — e, assim, a associação à comunidade entra em conflito direto com a liberdade individual de autoconstituição, autoafirmação e autodefinição.

Esse dilema assinala uma situação. O valor adquirido e acalentado necessita ser sacrificado, a fim de obter o valor perdido. Mas o aconchego caseiro da não escolha deve seu fascínio exclusivamente aos contratempos da liberdade cotidiana. Sem essa liberdade, a difícil situação da não escolha tem toda a atração da vida na prisão.

Esse dilema permanece hoje tão genuíno e não resolvido quanto sempre o foi e nenhuma argumentação, seja em que quantidade for, tem probabilidades de fazer a quadratura desse específico círculo. Ele preocupa os filósofos, mas também satura a experiência do indivíduo pós-moderno reiterada, cotidianamente, num mundo que é fragmentado, episódico e hostil à ação constante e consequente; o indivíduo sobrecarregado com a tarefa de escolhas cotidianas e a tarefa cotidiana de "confirmar" e validar as escolhas entre a cacofonia de ideais e preceitos contraditórios e efêmeros. Tal experiência gera uma necessidade aguda de restabelecer a confiança, o que na sociedade contemporânea é procurado em dois tipos de autoridade — a autoridade dos especialistas ou a autoridade dos números.

Existe hoje uma proliferação de analistas, conselheiros e consultores que se refestelam na glória da "última palavra" da ciência, assim como dos manuais de autodidatismo que escre-

Sobre o comunitarismo e a liberdade humana, ou como enquadrar o círculo **287**

vem. Sua mensagem global é: "Escolha, mas escolha inteligentemente". E há o restabelecimento da confiança extraído do conhecimento de que muitos "outros como eu" compartilham a minha difícil situação e escolhem "soluções" semelhantes para "problemas" semelhantes. Aí, a mensagem é: "Escolha o que outros escolheram e você não pode errar". Entre si, as duas autoridades traçam uma linha que separa os tormentos da individualidade da agonia da loucura.

É a procura do segundo tipo de autoridade, a dos números, que sedimenta as "neotribos" (ou, mais precisamente, tribos *postuladas*) — conjuntos que, no cômputo final (e ao contrário de sua promessa), raramente revelam ser mais do que a soma de suas partes, e cuja imputada autoridade é medida pela determinação de cada parte para compor os totais. Tais "neotribos" são resultados de escolhas múltiplas e não são mais duradouras do que as escolhas que as compuseram — isto é, contanto que os que escolhem conservem a sua liberdade de escolher, de modo que estejam livres para anular sua decisão, quando surgir essa necessidade. As neotribos, evocadas com a intenção de conferir àquelas escolhas essa firmeza de que os que escolhem sentem intensa falta, participam da inconsequência das escolhas e mudam pouco no episodismo da vida de quem escolhe.

Esses são os problemas que assediam aqueles que estão em condição de escolher. A liberdade de escolha é, no entanto, um atributo graduado. Realmente, ela se tornou uma variável estratificadora importante (controvertivelmente, *a* principal) em nossa sociedade multidimensionalmente estratificada. Na sociedade pós-moderna e de consumo, escolher é o *destino* de todos, mas os limites de *escolhas realistas* diferem e também diferem os estoques de *recursos* necessários para fazê-las. É a *responsabilidade* individual pela escolha que é igualmente distribuída, não os *meios* individualmente possuídos para agir de acordo com essa responsabilidade. Sabidamente, lançar a todos igualmente na situação de "quem escolhe por necessidade" não estimula a igualdade da capacidade prática de escolher. Ao que nos é dado supor, o efeito é exatamente o oposto. Como salientou Jerzy Jedlicki, o que a visão liberal do universal e igualmente concedido direito de escolha não conseguiu levar em conta é que "acrescentar liberdade de ação à desigualdade fundamental da condição social resultará em desigualdade ainda mais profunda do que antes".[6] O que a sociedade liberal oferece com uma das mãos ela tende a retirar com a outra. O dever da liberdade sem os recursos que permitem uma escolha verdadeiramente livre é, para muitos, uma receita para a vida sem dignidade, preenchida, em vez disso, com humilhação e autodepreciação.

Esse é um problema demasiado real numa sociedade organizada em torno de princípios liberais, e um problema que os comunitários pretendem atacar e resolver. No entanto, o problema consiste em contrapor a capacidade prática de escolher aos requisitos impostos aos indivíduos pela necessidade de escolher, ao passo que os comunitários propõem, em vez disso, sanar as penosas consequências da desproporção, não elevando os direitos ao nível das possibilidades que a condição de liberdade acarreta *in potentia*, mas convertendo em virtude as restrições impostas ao exercício do direito de escolher e, assim, dificultar ainda mais a efetivação desse potencial de liberdade. Como tantas vezes na prática da engenharia social, o remédio proposto tem toda possibilidade de tornar a enfermidade mais grave.

"Os valores são mais importantes do que os direitos dos indivíduos", ou a tarefa da "sobrevivência" que deve ter primazia sobre habilitações individuais, são lemas que agradam a consciência humanitária e têm todo direito a importunar a complacência liberal, uma vez que procedem das camadas excluídas, que se afligem com a falta da possibilidade de escolher numa sociedade em que ser um indivíduo é equivalente a ser um livre selecionador, mas em que a liberdade de escolha prática é um privilégio, e uma vez que esses lemas são empregados como advertências de que a obra de promoção da liberdade está longe de completa e que a sua conclusão exigirá fazer algo para retificar a atual distribuição de recursos, que priva grandes setores de pretensos indivíduos do exercício da sua individualidade. É, porém, demasiado fácil o fato de que, além de serem eficazes "pontos de negociação" na luta legítima pela redistribuição de recursos a serviço da liberdade individual, esses lemas trazem consigo uma proposta que, se aceita acriticamente, terá exatamente o efeito oposto: a saber, a redução dessa liberdade. Ronald Beiner chama corretamente a atenção para que, em seu empenho para acomodar os postulados comunitários na promoção liberal da liberdade, Kymlicka "não enfrenta plenamente e com decisão o fato de que aquilo que está defendendo como uma herança inalienável do liberalismo é a assistência a uma comunidade para rechaçar a liberalização do seu modo de vida". Recordamo-nos, de bom ou mau grado, da proposta dos governantes soviéticos de que o objetivo comunista máximo da abolição do Estado devia ser atingido mediante o aumento radical do poder coercitivo do Estado. E recordamo-nos também das consequências desse caso particular de acreditar simultaneamente em duas ideias contraditórias.

Com excessiva frequência, os simpatizantes filosóficos em ambos os lados da linha divisória liberal e comunitária são chantageados ou intimidados a cortesmente fechar os olhos às realidades dessas "minorias", cuja causa são impelidos a defender por sua louvável solidariedade aos abandonados e excluídos. Mas, com excessiva frequência, a realidade, quando contemplada de muito perto e sobretudo de dentro, parece muito pouco sedutora. Na maioria das vezes, o postulado da "sobrevivência" converte-se em uma aterradora arma de sujeição e tirania, empregada pelos guardiães às vezes aclamados, e mais frequentemente autoproclamados, dos valores tradicionais (étnicos, raciais, religiosos) da "comunidade", a fim de exigir reverência de seus infelizes tutelados e reprimir toda insinuação de uma escolha autônoma. Os valores dos direitos e da liberdade, caros ao coração liberal, são invocados para promover o rebaixamento dos direitos individuais e a negação da liberdade. As "minorias" são produtos das práticas iliberais do Estado, mas estas são demasiado convenientes para ser utilizadas a serviço das práticas iliberais dos "líderes da comunidade".

O comunitarismo não é um remédio para as falhas inerentes do liberalismo. A contradição entre eles é genuína, e não há ginástica filosófica que possa saná-la. Tanto o comunitarismo quanto o liberalismo são projeções de sonhos nascidos da contradição real inerente à difícil situação dos indivíduos autônomos. Cada um é apenas uma projeção unilateral que, a bem da própria coerência, tende a atenuar o fato de que nenhuma das virtudes da difícil situação do indivíduo pode sobreviver à eliminação de seus infortúnios. Em todas as circunstâncias, a vida do indivíduo autônomo não pode deixar de ser atravessada entre os dois extremos igualmente sem atrativos, e essa travessia requer que a liberdade seja aceita junto com os riscos que acarreta. Passar ao largo da tentação de sacrificar a liberdade em nome da condição livre de riscos é toda a possibilidade de vida significativa e dignificada que os indivíduos humanos podem sensatamente esperar, por mais que os filósofos façam para impedi-los de encarar essa verdade.

· Posfácio ·

A última palavra — e ela pertence à liberdade

Em todo jogo há vencedores e perdedores. No jogo chamado liberdade, todavia, a diferença tende a ser toldada ou completamente obliterada. Os perdedores são consolados pela esperança de uma próxima etapa vitoriosa, enquanto a alegria dos vencedores é nublada pela premonição da perda. A ambos a liberdade indica que nada foi estabelecido para sempre e que a roda da fortuna ainda pode virar ao contrário. As excentricidades do destino fazem tanto os vencedores como os perdedores se sentirem incertos; mas a incerteza transmite diferentes mensagens às diferentes pessoas: ela diz aos perdedores que nem tudo ainda foi perdido, enquanto murmura aos vencedores que todos os triunfos tendem a ser precários. No jogo chamado liberdade, os perdedores param logo de se desesperar e os vencedores param logo com a autoconfiança. Ambos os lados têm uma baliza na liberdade — e ambos têm motivos de queixa. Nenhum dos dois aceitaria levianamente o cerceamento da liberdade — mas nenhum dos dois é totalmente surdo aos atrativos da certeza, que promete curar as dores da liberdade matando o paciente.

A experiência dos que se empenham no jogo chamado liberdade é tão incerta, contingente e inconclusiva como seu destino. Traz alegria e tristeza, alimenta a solidariedade e o egoísmo, promove o amor à mudança e seu ódio. É essa ambivalência do destino, e as atitudes contraditórias que ela nutre, que leva muitos observadores (ver, por exemplo, "Un monde sans cap", de Ignacio Ramonet, em *Le Monde Diplomatigue,* de outubro de 1995) a falarem da "crise de inteligibilidade". As raízes da ambiguidade de experiência são seguidas até o colapso da ordem em todos os seus níveis teóricos — global, nacional, institucional, ambiental — e até a ausência da visão de uma boa sociedade capaz de dispor de um consenso. Faltam-nos os meios conceituais — é o que se está dizendo — para endireitar o quadro disperso e retorcido, para invocar um modelo coeso da experiência confusa e incoerente, para enfiar consecutivamente as espalhadas contas dos acontecimentos. Na verdade, se o que estamos procurando é a lógica das coisas (leia-se: a determinação das coisas, sua destinação a priori, certeza do fim obtida antes do começo), então "as leis do mercado" são um pobre sucedâneo para "as leis da natureza" ou "as leis da história", sem se falar na "lei do progresso". Não admira que a ambiguidade da experiência e a resultante incoerência dos desejos e atitudes sejam projetadas como a derrocada da ordem mundial, a falência da energia e compreensão intelectual.

Admiramo-nos, porém. Admiramo-nos de que sejam necessários meios conceituais (e o que os meios conceituais satisfariam) para voltarem os exilados e saudosos pensadores ao Paraíso Perdido da certeza. Não eram "as leis da história" tão intimamente óbvias, tão fáceis de assinalar e compreender, graças à presença de poderes decididos a *fazer* respeitar a lei da história e determinados a formular as leis pelas quais ela teria de se respeitar? Não estava "a lei do progresso" em tanta evidência graças a poderes suficientemente hábeis, engenhosos e inescrupulosos, ou insensíveis, para fazer o "progressista" viver e expandir-se, e o "retrógrado" encolher-se e morrer? Não era verdade que as leis da história e do progresso chegaram a governar o pensamento quando tais poderes chegaram a governar o mundo? E não é verdade que, necessitada do retorno de tais poderes, a certeza moderna do progresso, e, mais generalizadamente, da direção histórica, é de improvável ressurreição a partir das cinzas pós-modernas?

Por numerosos motivos, a restauração da certeza moderna não aparece nas cartas. É melhor ou pior? É possível que a discussão seja interminável e, com toda a probabilidade, inconclusiva, não obstante todos os indubitáveis atrativos da certeza; e não porque não esteja claro se as vantagens do ato de desaparecimento da certeza contrabalançam ou não as perdas, mas porque gente demais aprendeu os custos da guerra contra a ambivalência e o preço a ser pago pelos confortos da certeza, e porque gente demais saiu chamuscada (pelo menos!) do processo e toma cuidado para não assumir de novo esses custos. Se a história prova alguma coisa, provou — e abundantemente — uma coisa que qualquer futuro balanço de contas deve ter em mente: como Odo Marquard, autor de *Apologie des Zuffälligen* (1987) e de *Abschied vom Prinzipiellen* (1991), o exprimiu na sua própria maneira inimitável: "Se — relativamente a um texto sagrado — dois intérpretes, contradizendo-se um ao outro, afirmam: eu estou certo, minha compreensão do texto é a verdade, e a verdade imperativa para a salvação, isso pode custar um pugilato". Mas se eles concordam, em vez disso, que "o texto pode ser compreendido de um modo diferente e, se isso não é bastante, de outro modo, e ainda outro", pode-se dizer que eles podem principiar a negociar, "e quem negocia não mata". A "hermenêutica pluralizadora", ao contrário da "hermenêutica singularizadora", prenuncia um "ser voltado para o texto", no lugar do "ser voltado para o assassínio".

A história está cheia de assassínios de massa cometidos em nome de uma e única verdade. (A última expressão é um pleonasmo, sem dúvida: a verdade só pode ser "uma e única" ou inverídica; a ideia da verdade precisa ser empregada quando a falsidade de todas as outras crenças está implícita; "verdade" no plural é uma contradição em termos.) É difícil ressaltar, porém, um único caso de um ato cruel em nome da pluralidade e da tolerância. Os intrépidos conquistadores dos infiéis, os cardeais da Santa Inquisição, os comandantes de guerras religiosas não foram mais notórios por seu relativismo e amor à pluralidade do que Hitler ou Stálin. E no entanto se ouve repetidamente que "Se não há nenhum Deus, tudo é permitido", embora se aprenda com a história que acontece o oposto: se há Deus, então não há nenhuma crueldade, ainda que atroz, que não se permita ser cometida em Seu nome. E, mais decisivamente, não são então os humanos perpetradores de crueldade que assumem a responsabilidade, temendo assim ser censurados por sua consciência pela crueldade cometida.

Não estamos empenhados, aqui, numa disputa teológica sobre a existência ou não existência de Deus. No que foi dito acima (e, mais significativamente, no uso e abuso tanto político quanto filosófico de seu nome), "Deus" representa a ideia do "um e único", a ideia do "não terás outros deuses diante de mim" em todas as suas inumeráveis versões e indumentárias: do *Ein Volk, ein Reich, ein Führer*, do partido único, de um veredicto da história, uma linha de progresso, um modo de ser humano, uma ideologia (científica), um significado verdadeiro, uma filosofia própria. Em todos esses casos, o "um e único" transmite a una e única mensagem: o direito ao monopólio do poder para alguns, o dever da total obediência para os outros.

É apenas na luta contra tal unounicidade que o indivíduo humano, e o indivíduo humano como sujeito moral, um sujeito responsável e um sujeito que assume a responsabilidade por sua responsabilidade, pode nascer. A "variedade", diz Marquard, "exatamente a variedade é a possibilidade da liberdade humana". Marquard usa a semelhança do alemão *Zweifel* (dúvida) com *zwei* (dois): a presença de *duas* (ou mais) crenças — que através de sua controvérsia perdem muito de sua força — permite ao ser humano, "como um Terceiro que ri ou chora, se emancipar do poder de cada um". É benéfico para o indivíduo como indivíduo "ter muitas convicções", "ter muitas tradições e histórias, e muitas almas — oh! — num peito", "ter muitos deuses e muitos pontos de orientação".

Se o monoteísmo significa falta de liberdade, a liberdade nascida da realidade politeísta não implica, em oposição a seus detratores, niilismo. Ser livre não significa não acreditar em nada: significa é acreditar em muitas coisas — demasiadas para a comodidade espiritual de obediência cega; significa estar consciente de que há demasiadas crenças igualmente importantes e convincentes para a adoção de uma atitude descuidada ou niilista ante a tarefa da escolha responsável entre elas; e saber que nenhuma escolha deixaria o escolhedor livre da responsabilidade pelas suas consequências — e que, assim, ter escolhido não significa ter determinado a matéria de escolha de uma vez por todas, nem o direito de botar sua consciência para descansar.

A voz da consciência — a voz da responsabilidade — é audível, por assim dizer, só no tumulto de melodias não coordenadas. O consenso e a unanimidade prenunciam a tranquilidade do cemitério (a "perfeita comunicação", de Habermas, que mede a sua própria perfeição pelo consenso e exclusão do desacordo, é outro sonho de morte que cura radicalmente os males da vida de liberdade); é no cemitério do consenso universal que a responsabilidade, a liberdade e o indivíduo exalam seu último suspiro.

A voz da responsabilidade é o grito de recém-nascido do indivíduo humano. Não necessariamente, porém, é sinal de uma vida feliz — se a felicidade significa ausência de inquietações (por certo, uma definição altamente discutível, embora largamente difundida, de felicidade). A aceitação da responsabilidade não aparece facilmente — não exatamente porque ela leva aos suplícios da escolha (que sempre impõe a privação de alguma coisa, assim como o ganho de outra), mas também porque ela anuncia a permanente ansiedade de estar — quem sabe? — errando.

E, desse modo, a liberdade do livre, a individualidade do indivíduo são ameaçadas não apenas pelos detentores do poder. Estes últimos sustentam a liberdade individual como o laço sustenta o homem enforcado — o homem ou mulher que assume a responsabilidade com suas próprias mãos vive o pesadelo de todo poder. Os detentores do poder, contemporâneos e em perspectiva, não reconhecem senão uma forma da responsabilidade dos seus súditos: ser responsável, na linguagem do poder, é seguir o comando, enquanto "ter poder" significa, essencialmente, tirar o direito de alguém mais a qualquer outra responsabilidade, que é a sua liberdade. A dificuldade, contudo, não acaba aqui. As forças ávidas de tirar liberdade nem sempre precisam da coerção para alcançar seu fim. Como demonstrou a experiência do nosso tempo de totalitarismo para além da dúvida razoável, com uma demasiada frequência o desejo de tirar a liberdade se encontra com o desejo de concedê-la. Com uma demasiada frequência, a liberdade é usada para fugir da liberdade: para fugir de *ter* consciência na consciência do *ser*, e da necessidade de defender a posição de alguém, na crença de que todas as posições dignas de consideração já foram consideradas.

Mas a tarefa supliciante de resistir aos atrativos da fuga também não é o fim da história. Há ainda outra armadilha, outra tentação, e uma tentação a que é mais difícil resistir, a que todos nos rendemos repetidamente: uma tentação de ter e devorar ao mesmo tempo, provar em cheio a alegria de escolher sem medo de pagar a multa por escolha errada, procurar e obter uma receita infalível, patenteada e garantida de escolha certa — para a liberdade sem ansiedade... Deve haver alguém, em algum lugar, que saiba como separar a decisão certa da errada — um grande mestre da arte de ser livre, um(a) praticante supremo(a), ou um(a) supremo(a) teórico(a)da escolha certa... O segredo é encontrar ele ou ela, arranjar ou comprar a fórmula mágica, aprendê-la e segui-la em cada detalhe...

O problema, porém, é que as receitas infalíveis são, para a liberdade, para a responsabilidade e a liberdade responsável, o que a água é para o fogo. Não há coisa alguma como uma prescrição para a liberdade, ainda que sua constante procura dê origem a uma oferta cada vez maior de pessoas que querem fornecê-la. E não há coisa alguma como uma liberdade sem ansiedade, embora, sendo este o sonho perene de tantos entre nós, surpreenda pouco que tantos entre nós desejem que se realize, enquanto tantos outros achem proveitoso conservar o desejo vivo.

Posfácio

No todo, não é certo de modo algum o que a maior parte de nós teria preferido (se lhe fosse a escolha concedida): a ansiedade da liberdade ou o conforto da tal certeza que só a falta de liberdade pode oferecer? A questão, porém, é que a escolha não nos foi concedida, e é improvável que no-lo seja. A liberdade é o nosso destino: uma sorte de que não se pode desejar o afastamento e que não se vai embora por mais intensamente que possamos desviar dela os nossos olhos. Vivemos num mundo diversificado e polifônico, onde toda tentativa de inserir o consenso se mostra somente uma continuação do desacordo por outros meios. Este mundo foi submetido, por muito tempo (e com toda probabilidade continuará a ser submetido por longo tempo adiante) a um processo de completa e inexorável "incertização"[1] (o amplamente descrito "desaparecimento do emprego" é apenas uma dimensão, altamente sintomática, do processo — e que exerce um enorme impacto psicológico, enquanto tende a ser projetada sobre a percepção de todos os outros aspectos da existência. Na França, por exemplo, 70% de todos os novos empregos em 1994 eram temporários ou de prazo fixado; nesse ano, a proporção de empregos com algum grau de estabilidade implícita caiu de 76% da população ativa em 1970 para 58%.[2] Nos Estados Unidos, 90% das vagas oferecidas em 1993 eram de tempo parcial, sem direitos de seguro e de pensão incorporados).[3] É com um mundo tão crescentemente incerto que seus habitantes se debatem para lutar corpo a corpo, e é para viver em tal mundo que eles concentram as energias e desejam preparar-se, quando procuram febrilmente as habilidades com que "tirem o melhor partido" de sua liberdade talvez não escolhida, mas real demais.

Alguns autores retratam o mundo de indivíduos livres, "desatados" e cada vez mais confiantes como uma utopia que se realiza; alguns outros preferem falar sobre a queda de uma distopia. Nenhuma das duas milícias padece de uma escassez de argumentos convincentes para apoiar seu veredicto. A disputa entre os elogiadores e os detratores não pode deixar de permanecer inconclusiva, mais ou menos como o processo de "incertização" não pode deixar de continuar. Mais do que tentar inutilmente resolver as diferenças da avaliação, é mais razoável fazer um balanço dos ganhos e perdas trazidos pela nova situação — e aceitar que, fosse o que fosse o que se pudesse pensar da cura ou da melhora parcial, ter-se-ia de partir do mundo já totalmente "individualizado"; ter-se-á de confiar, em outras palavras, nas estratégias que os indivíduos inseridos na condição da liberdade e autoconfiança têm probabilidade de escolher e meios de perseguir. Aonde quer que desejemos ir, todas as estradas partem desse ponto.

Um efeito colateral universalmente admitido do progressivo desligamento da liberdade individual da escolha[4] é a divisão cada vez mais profunda entre os que têm e os que não têm. Tanto na escala inter como na intersocietária, ela alcança agora proporções inauditas durante quase um século e até pouco tempo atrás "culturalmente esquecidas" (ver capítulos III e IV). A pobreza relativa dos excluídos da festa do consumidor está crescendo, como a esperança de seu alívio na próxima volta de uma "sequência" de prosperidade; daí o desespero dos excluídos, que se aprofunda, e os veementes esforços de todos os outros, preservados até agora de sua sorte, para "anular culturalmente" o significado moral do retorno dos pobres e desamparados — por meio da sub-repticiamente induzida brutalização do pobre e da subsequente "criminalização" e "medicalização" da pobreza de acordo com o modelo amplamente praticado no século XIX, porém mais tarde, durante o episódio do Estado de bem-estar, condenado e abandonado. O desmantelamento pós-moderno das instituições modernas remove as últimas barreiras à iniciativa daqueles que podem causar isso. Mas também revela uma vez mais a face inaceitável da desumanidade e falta de compaixão do início da modernidade.

Como são cortadas as despesas com o bem-estar coletivo e individual, e com as remunerações sociais, os custos da polícia, da prisão, dos serviços de segurança, dos guardas armados e de proteção da casa, do escritório, do carro crescem ininterruptamente. Os cortes do bem-estar, uma vez iniciados, logo se tornam

Posfácio

autopropulsões, enquanto a pobreza redefinida como problema médico ou da lei e da ordem desenvolve um inesgotável apetite de recursos. Os já excluídos ou à beira da exclusão são como uma consequência arremessada dentro das invisíveis, mas excessivamente tangíveis, paredes dos seus campos de exclusão, e firmemente trancados lá. Mas a liberdade individual dos já livres também não ganha nada mais do desvio dos recursos. A sensação de insegurança, universalmente partilhada e esmagadora, parece ser a única vencedora.

A redução nas liberdades dos excluídos nada acrescenta à *liberdade* dos livres; ela diminui uma boa parte da sua *sensação* de estar livre e da sua capacidade de *se deleitar* com as suas liberdades. A estrada dos cortes do bem-estar pode levar a toda parte, menos a uma sociedade de indivíduos livres. No que se refere às necessidades dos livres, esta é, em geral, um beco sem saída. Ela distorce o equilíbrio entre os dois lados da liberdade: em algum lugar ao longo dessa estrada, a alegria da escolha livre se estiola, enquanto o medo e a ansiedade ganham força. A liberdade do livre requer, por assim dizer, a liberdade de todos.

Na clássica formulação de Guido de Ruggiero,[5] "a liberdade é a aptidão de fazer aquilo de que se gosta, uma liberdade de escolha que implica o direito do indivíduo de não ser tolhido pelos outros no desenvolvimento da sua própria atividade"; a liberdade se expressa, pois, na resistência à opressão — na "energia crítica". Permitam-me observar que, aqui, o papel decisivo vem sendo concedido à *aptidão* de fazer e à *aptidão* de resistir, mas que a aptidão requer mais do que a outorga de direitos — a aptidão é uma qualidade *prática*, que não se apresenta em idênticas proporções em todos os indivíduos que participam dos direitos iguais do cidadão. Sustentei, em outro lugar,[6] que a liberdade é uma relação social; sustentei também, neste livro (ver capítulo II), que a opressiva, paralisante, incapacitante força dos "outros" não é tanto o aspecto das condições externas, da característica abominável dos "outros" quanto o resultado ou uma projeção da falta de recursos dos submissos à incapacitação. É no reconhecimento desse elo da liberdade com a engenhosidade que Sir William Beveridge[7] proclamou seus grandes projetos de bem-estar garantido pelo Estado como sendo "coisas essencialmente liberais — um transporte para o novo mundo das grandes tradições vivas do liberalismo". Ele acrescentou que é em nome da liberdade de cada um, *e não exatamente dos incapazes, por uma razão ou outra, de exercer sua liberdade,* que se precisa garantir que todo cidadão "tenha uma renda suficiente para a subsistência honrada de si próprio e de todos os que dependam dele, uma renda suficiente embora ele não tenha nada mais de si próprio, e não reduzida por qualquer investigação financeira se ele tiver algo de seu". Tal garantia — estendida a *cada um*, inclusive àqueles que em tal momento estejam andando firmemente com suas próprias pernas e aos quais a necessidade de segurança coletiva pareça irrelevante ou mesmo remota — era, na opinião de Beveridge, o único remédio preventivo contra o *medo* da privação e da falta de emprego, o medo que começa a consumir as almas muito antes de a própria privação e a falta de emprego principiarem a morder, e que devora antes e acima de tudo aquela confiança, ousadia e determinação que fornecem a "energia crítica" de Ruggiero e são necessárias para manter a privação e a falta de emprego a uma distância segura.

Era óbvio para Beveridge, o "liberal radical", que a liberdade individual precisa de proteção coletiva. Os atuais e autoproclamados *porta-vozes* do liberalismo tentam fazer igualmente óbvio o oposto: que a liberdade individual precisa do despedaçamento de todas as redes protetoras coletivamente tecidas — parcialmente, porque as redes dificultam os atos autoprotetores, mas, principalmente, porque elas são dispendiosas (isto é, seus custos de manutenção reduzem o montante de dinheiro à mão disponível para os indivíduos voltados para a autoproteção). Como se para provar o assunto, os autoproclamados *políticos* liberais tornam as redes cada vez mais rotas, reles e sórdidas, de sorte que cada vez mais as pessoas se admiram com a espécie de alegria ou benefício que se podia conseguir ao cair dentro delas. Se "o dinheiro no seu bolso" cresce enquanto as redes protetoras se desintegram, é uma questão discutível; o que é indubitável é que a privação e a falta de emprego voltam em grandes proporções, deixando os desafortunados sem teto e assombrando as casas dos afortunados.

Estou tão longe quanto se pode estar de sugerir que os defeitos de uma estratégia são provas suficientes das límpidas virtudes da outra. Acredito que a arduamente adquirida, triste, mas libertadora sabedoria pós-moderna nos diz que nenhuma estratégia é infalível — e muito menos tais estratégias enquanto pretendem ser tais e são em consequência desatentas para com os perigos que acarretam e os danos em que podem incorrer. Nosso zelo no legislar foi atenuado ao aprender, de maneira árdua, a verdade contida na advertência de Thomas Mann, em 1939, de que a conciliação da liberdade com a igualdade "jamais se completa e se consuma definitivamente. Continua uma tarefa humanitária a ser solucionada repetidas vezes", ou, na conclusão de Michael Walzer, de que a moralidade é e continuará sempre "algo a respeito do qual temos de argumentar", e isso podemos — e devemos — fazer, encarregando-nos de que haja uma contínua possibilidade de argumentar.[8]

O ponto que precisa ser sublinhado repetidas vezes, visto que é deturpado ou esquecido com excessiva facilidade, é que o presente debate não é uma versão atualizada do antigo, estéril e, afinal, duvidoso raciocínio sobre o alegado conflito entre o indivíduo e a sociedade e sobre a linha ao longo da qual uma conciliação, compromisso ou armistício entre eles podia ou devia ser estabelecido. Poucos participantes do debate, se tanto, exigiriam hoje o sacrifício das liberdades individuais "em benefício da sociedade"; é a sociedade que precisa legitimar-se em função do serviço prestado à liberdade individual — não a liberdade individual em função de sua utilidade social. Na política pós-moderna, a liberdade individual é o valor supremo e o padrão pelo qual todos os méritos e vícios da sociedade como um todo são medidos. Mas, graças a muitas e intensas experiências e mesmo a erros mais onerosos, nós agora temos bastante probabilidade de compreender, aceitar e admitir que a liberdade individual não pode efetivamente ser atingida por esforços apenas individuais; que, para alguns poderem assegurar e desfrutar disso, algo deve ser feito para assegurar a todos a possibilidade de seu desfrute, e que fazer isso é a tarefa em que os indivíduos livres só devem empenhar-se conjuntamente e mediante sua realização comum: mediante a *comunidade política.*

> A comunidade política devia ser concebida como uma superfície discursiva, e não como um referencial empírico. A política refere--se à constituição da comunidade política, não a algo que ocorre dentro dela. A comunidade política [...] requer uma ideia correlata do bem comum, mas um bem comum concebido como um "ponto de fuga", alguma coisa a que devemos constantemente referir-nos, mas que pode não ser alcançada nunca. [...]
>
> [...] uma comunidade política inclusiva pode não ser nunca realizada. [...] a condição de possibilidade da comunidade política é, ao mesmo tempo, a condição de impossibilidade da sua plena realização.[9]

É nesse sentido que Chantal Mouffe interpreta o que pode ser tentado e como se pode fazê-lo, se tem de ser empreendido o esforço interminável, para sempre inconclusivo, mas indispensável e salutar, de criar e manter viva a comunidade política dos indivíduos livres. Agora, a ideia do "bem comum", que tem bastante probabilidade de servir como aquele "ponto de fuga" que constitui tal comunidade (talvez a única ideia que tem tal e tanta probabilidade), é, indubitavelmente, não a ideia do sacrifício da liberdade individual, em benefício dos genuínos ou supostos "interesses do todo", mas a ideia de que a liberdade de todo indivíduo, e o livre desfrute dessa liberdade, requer a liberdade de todos; e que a liberdade de cada um precisa estar assegurada e garantida pelos esforços conjuntos de todos. Para cada indivíduo livre estar livre do *medo* da privação e da falta de emprego, é necessário que todos estejam livres da *genuína* privação e da falta de emprego.

Temos razões mais do que suficientes para tomar cuidado com os apelos ao sacrifício do indivíduo no altar do "todo social" — invariavelmente um codinome para dominação e opressão. E acumulamos, ao longo dos anos, argumentos mais do que suficientes com que resistir e rechaçar as exigências de tal sacrifício. Sabemos que as tentativas de construir uma "comunidade política" sobre essas bases resumem-se, em geral, em imposição de poderes indesejados sobre alguns, mas também na prática retirada dos poderes de todos. Evacuar a cena política das nossas lembranças compartilhadas, com o fim de encenar uma vez mais o drama da felicidade por projeto legislativamente reforçada, parece ser, em tais circunstâncias, uma perspectiva irrealista e improvável; se empreendida, pode mostrar-se uma ordem exagerada. Mas não é tal comunidade, poeticamente descrita pelo pensamento moderno como "algo maior do que a soma das suas partes" e, por esse motivo, autorizado a exigir brandura e submissão de cada uma e de todas as suas partes, que se acha em jogo na política pós-moderna. Uma política inspirada pela sabedoria pós-moderna só pode ser orientada para a *reafirmação do direito de os indivíduos livres se assegurarem e perpetuarem as condições da sua liberdade*.

A política pós-moderna, voltada para a criação de uma comunidade política viável, precisa ser guiada (como sugeri nas conclusões de *Modernidade e ambivalência*) pelo tríplice princípio de Liberdade, Diferença e Solidariedade, sendo a solidariedade a condição necessária e a contribuição coletiva essencial para o bem-estar da liberdade e da diferença. No mundo pós-moderno, os primeiros dois elementos da fórmula tríplice têm muitos aliados abertos ou encobertos, quando nada nas pressões de "desregulamentação" e "privatização" dos crescentes mercados globalizados. Uma coisa que é improvável a condição pós-moderna produzir sob sua responsabilidade — isto é, não sem uma intervenção política — é a solidariedade. Mas sem solidariedade, como mostramos anteriormente, nenhuma liberdade é segura, enquanto as diferenças, e o tipo de "política de identidade" que elas tendem a estimular, como David Harvey ressaltou,[10] de um modo geral terminam na internacionalização da opressão.

É fácil demais abusar do princípio da solidariedade. Não é fácil, e é talvez impossível, declarar confiantemente onde a exigência da solidariedade com a diferença acaba e onde a conivência com a opressão começa. Como em toda política de princípios, também a política pós-moderna arrisca-se bastante a desafiar os seus próprios princípios. A esse respeito, sua única vantagem sobre outras modalidades de política é que ela é toda consciente de tal perigo e, desse modo, inclinada a acompanhar cuidadosamente suas realizações. Acima de tudo, harmoniza-se com a ausência de soluções perfeitas e estratégias garantidas, com o infinito das suas próprias tarefas e com a provável inconclusividade dos seus esforços: é talvez essa a proteção mais acessível contra a armadilha em que as tentativas da política moderna na construção da comunidade se acostumaram a cair tão frequentemente — a de promover a opressão sob o disfarce da emancipação.

"Há a beleza e há os humilhados", observou Albert Camus em 1953, no *Retour à Tipasa*. "Ainda que isso possa ser difícil, eu não gostaria de ser desleal quer à primeira, quer aos outros." Só se podia acrescentar, a essa profissão de fé, que tentar a deslealdade seletiva seria uma condenação, como dificilmente pode haver qualquer beleza sem a solidariedade com os humilhados.

· Notas ·

1. O sonho da pureza *(pp. 13-29)*

1. Cynthia Ozick, *Art and Ardour* (Nova York, Dutton, 1984, p. 165).

2. [verem os nazistas também como cidadãos, os quais, assim como os outros cidadãos, procuravam sua resposta para a questão social.] Klaus Dörner, *Tödliches Mitleid: zur Frage der Unerträlichkeit des Lebens* (Gütesloh: Verlag Jakob van Hoddis, 1993, p. 13).

3. Michel Foucault, *Histoire de la folie* (Paris Plon, 1961). Aqui citado conforme a tradução inglesa de Richard Howard, *Madness and Civilization: A History of Insanity in the Age of Reason* (Londres: Tavistock, 1967, pp. 13, 11).

4. Mary Douglas, *Purity and Danger* (Harmondswotth: Penguin, 1970, pp. 1 2, 53).

5. Ver particularmente Alfred Schütz, "Common-sense and Scientific Interpretation of Human Action", in *Collected Papers* (Haia: Martinus Nijhoff, 1967, v. 1).

6. Alfred Schütz, "The Social World and the Theory of Social Action", in *Studies in Social Theory* (Haia: Martinus Nijhoff, 1967, v. 2, p. 13).

7. Ver Alfred Schütz, "The Stranger: An Essay in Social Psychology", in *Studies in Social Theory*, v. 2, pp. 95 s.

8. Ver Zygmunt Bauman, *Life in Fragments* (Oxford: Blackwell, 1995).

9. Georges Balandier, *Le Dédale: pour en finir avec XXᵉ siècle* (Paris: Fayard, 1994, p. 20).

10. Em francês no original: "O Outro se revela *múltiplo*, localizável em toda parte, mudando conforme as circunstâncias". (N. T.)

11. Nils Christie, *Crime Control as Industry: Toward Gulags, Western Style?* (Londres: Routledge, 1993, pp. 166-7, 171, 172).

2. A criação e anulação dos estranhos *(pp. 30-55)*

1. Ver o capítulo "A Catalogue of Postmodern Fears", no meu *Life in Fragments* (Oxford: Blackwell, 1995).

2. Ver *Street Wars: Space, Politics and the City,* org. G. Crysler e C. Hamilton (Manchester University Press, 1955).

3. David Bennett, "Hollywood's Indeterminacy Machine", in *Arena,* 3/1994, p. 30.

4. Harmondsworth: Penguin, 1970, p. 53.

5. Ver Jean-Paul Sartre, *Being and Nothingness: An Essay on Phenomenological Ontology,* trad. Hazel E. Barnes (Londres: Methuen, 1969, pp. 608-10).

6. Alain de Benoist. *Dix ans de combat culturel pour une Rénaissance* (Paris: Grece, 1977, p. 19).

7. Julius Evola, *Éléments pour éducation raciale* (Paris: Puiseaux, 1985, p. 29).

8. Richard Stevers, *The Culture of Cynicism: American Morality in Decline* (Oxford: Blackwell, 1994, p. 119).

9. Ver capítulos 10 e 11 do meu *Legislators and Interpreters* (Cambridge: Polity, 1987).

5. Arrivistas e párias: os heróis e as vítimas da modernidade *(pp. 107-24)*

1. Albert Camus, *Carnets, janvier 1942 — mars 1951* (Paris: Gallimard, 1964, p. 111).

2. Edmond Jabès, *Un étranger avec, sous le bras, un livre du petit format* (Paris: Gallimard, 1989, p. 34).

3. Robert Musil, *The Man without Qualities,* trad. Eithne Wilkins e Ernst Kaiser (Nova York: Capricorn Books, 1965, v. 2, p. 174).

4. Wylie Sypher, *Rococo to Cubism in Art and Literature* (Nova York: Vintage Books, 1960, p. 104).

5. Hannah Arendt, *Rahel Varnhagen: La Vie d'une Juive allemande à l'époque du Romantisme,* trad. Henri Plard (Paris: Tierce, 1986, p. 247).

6. Arendt, *Rahel Varnhagen,* p. 31.

7. Agnes Heller e Ferenc Fehér. *The Grandeur and Twilight of Radical Universalism* (New Brunswick: Transactions, 1991, p. 303).

8. Pierre V. Zima, "L'Ambivalence dialectique: entre Benjamin e Bakhtine", in *Revue d'Esthétique,* 1/1981, p. 137.

9. Theodore W. Adorno, "Introduction to Benjamin's *Schriften* (1955)", in *On Walter Benjamin, Critical Essays and Recollections,* org. Gary Smith (MIT Press, 1988, p. 14).

10. Gershom Scholem. *Walter Benjamin: The Story of Friendship* (Nova York: Faber & Faber, 1982, pp. 229, 234).

11. Richard Rorty, *Objectivity, Relativity and Truth: Philosophical Papers* (Cambridge University Press, 1991, v. 1, pp. 14, 13).

Notas

307

8. O significado da arte e a arte do significado *(pp. 154-66)*

1. Tradução inglesa de John Rahn, sob o título "Contemporary Music and the Public", que apareceu em *Perspectives of New Music*, v. 24 (1985); reimpresso em *Politics, Philosophy, Culture: Interviews and Other Writings*, 1977-84, ed. Lawrence D. Kritzman (Londres: Routledge, 1988, pp. 314-22).

2. François Lyotard, *Le Postmoderne expliqué aux enfants: Correspondance 1982-85* (Paris: Galilée, 1988, pp. 30-1).

3. Jean Baudrillard, "The Work of Art in the Electronic Age", entrevista para *La Sept*, e "Fractal Theory", entrevista com Nicholas Zurbrugg. Citado dos textos reimpressos em *Baudrillard Live: Selected Interviews*, ed. Mike Gane (Londres: Routledge, 1993, pp. 147, 165). Da simulação, Baudrillard escreve o seguinte: "A simulação já não é a de um território, um ser de referência ou uma substância. É a geração, por parte de modelos; de um real sem origem na realidade: um hiper-real. O território já não precede o mapa, nem lhe sobrevive. Doravante, é o mapa que precede o território — *procissão de simulacros* —, é o mapa que engendra o território". Ver Jean Baudrillard, *Selected Writings*, org. Mark Poster (Cambridge: Polity, 1988, p. 166).

4. Anna Jamroziac, *Obraz i Metanarracja: Szkice o postmodernistycznym obrazowaniu* (Varsóvia: Instytut Kultury, 1994, pp. 49-50).

5. Piotr Kawiecki e Romuald Piekarski, *Zagadnienia Estetyki Wspótczesnej Sztuka — Wartosci — Poznanie* (Gdansk: Gdansk University Publishers, 1994, p. 33).

6. Suzi Gablik, *Magritte* (Nova York: Thames & Hudson, 1985, pp. 75, 72).

7. Anna Zeidler-Janiszewska, "Oblicza eksperymentowania: O awangardowych impulsach w kulturze wspótczesnej", in *Czy Jeszcze Estetyka? Sztuka uspótezesna a tradycja estetyczna*, org. Michat Ostrowicki (Cracóvia: Instytut Kulturi, 1994, p. 144).

8. Michel Foucault, "The Art of Telling the Truth", citado conforme a tradução de Alan Sheridan in *Politcs, Philosophy, Culture*, p. 95.

9. Michel Foucault, "Practicing Criticism", citado conforme a tradução acima, de Alan Sheridan, pp. 154-5. A nova compreensão da atividade crítica lança uma nova luz sobre o papel do "intelectual crítico" (um pleonasmo, por certo). Esse papel, na opinião de Foucault, é o de "ver até onde a liberação do pensamento pode fazer [...] transformações suficientemente urgentes para as pessoas quererem colocá-las em execução e suficientemente difíceis de executar por estarem profundamente enraizadas na realidade".

9. Sobre a verdade, a ficção e a incerteza *(pp. 167-87)*

1. Ver *Pragmatism*, de William James (Indianapolis: Hachett, 1981, p. 100).

2. Richard Rorty, "Pragmatism, Davidson and Truth", in *Objectivity, Relativity and Truth* (Cambridge University Press, 1991, pp. 127-8).

3. Richard Rorty, "Heidegger, Kundera, and Dickens", in *Essays on Heidegger and Others* (Cambridge University Press, 1991, pp. 70-1).

4. Immanuel Kant, *Critique of Pure Reason*, trad. J. M. D. Meiklejohn (Londres: Dent, 1969, pp. 3-4, 17, 481).

308   O mal-estar da pós-modernidade

5. Kant, *Critique of Pure Reason*, p. 6.

6. Martin Heidegger, "On the Essence of Truth", *Basic Writings*, org. David Farrell Krell (Londres: Routledge, 1978, pp. 117-8).

7. Heidegger, "On the Essence of Truth Essence of Truth", pp. 135-6.

8. Kant, *Critique of Pure Reason*, pp. 19-21.

9. Ver Hilary Putnan, *Realism and Reason* (Cambridge University Press, 1983).

10. Donald Davidson, "A Coherence Theory of Truth and Knowledge", como citado em Rorty, *Objectivity, Relativity and Truth*, p. 136.

11. Rorty, "Heidegger, Kundera, and Dickens", pp. 68, 77, 81, 75.

12. Milan Kundera, *The Art of the Novel*, trad. Linda Asher (Nova York: Grove Press, 1986, p. 160); citado in Rorty, "Heidegger, Kundera, and Dickens", p. 73.

13. Ver conferência 5, "Possible Woods", in Umberto Eco, *Six Walks in the Fictional Woods* (Harvard University Press, 1994).

14. Ortega y Gasset, *En torno a Galileo* (*1550-1650*). *Ideas sobre las generaciones decisivas en la evolución del pensamiento europeo* (uma série de conferências proferidas em 1933); aqui citado conforme a tradução polonesa (Varsóvia: Spacja, 1993, pp. 150-1).

15. Ver seu *La fin des certitudes: Temps, chaos et les lois de la nature* (Paris: Odile Jacob, 1995). É apenas agora, diz Prigogine — depois de séculos de determinismo, dos esforços para rejeitar a diferença entre o passado e o futuro —, que chegamos à realidade do panorama, também a realidade natural, como invenção contínua, governada não por leis imutáveis, mas pela contingência e probabilidade.

16. Ver Martin Heidegger, "The Origin of the Work of Art", *Basic Writings*, pp. 164-81.

17. Jean Baudrillard, "Simulacra and Simulation", trad. Paul Foss, Paul Patton e Philip Beitchman, in *Sémiotext(e)*, *1983*. Aqui citado conforme *Jean Baudrillard, Selected Writings*, org. Mark Poster (Cambridge: Polity Press, 1988, p. 168).

11. Sobre a redistribuição pós-moderna do sexo: a *História da sexualidade*, de Foucault, revisitada *(pp. 208-23)*

1. Ver Philippe Ariès, *Centuries of Childwood* (Londres: Jonathan Cape, 1962, esp. pp. 10-50).

2. Ver as obras de Edward Shorter, David Hunt, Jack Goody, ou a *Critical Theory of the Family*, de Mark Poster (Londres: Pluto Press, 1978).

3. Joseph F. Kett, *Rites of Passage* (Nova York: Basic Books, 1977, p. 111).

4. Michel Foucault, *The History of Sexuality* (Harmondsworth: Penguin, 1990, v. l, pp. 40-4, 103-7).

5. Ver Anthony Giddens, *The Transformation of Intimacy: Sexuality, Love and Eroticism in Modern Societies* (Cambridge: Polity Press, 1992).

6. Ver Henk Kleijer e Ger Tilekens, "Passion, Pop and Self-Control; the Body Politic and Pop Music", in *ZSE*, 1994/1, pp. 58-75.

7. Suzanne Moore, "For the Good of the Kids — and Us", in *The Guardian*, 15 jun. 1995.

Notas   309

8. Rosie Waterhouse, "So What Is Child Abuse?", in *Independent on Sunday,* 23 jul. 1995.

12. Imortalidade, na versão pós-moderna *(pp. 224-41)*

1. Jorge Luis Borges, *Labyrinths: Selected Siories and Other Writings,* org. Donald A. Yates e James E. Irby (Harmondsworth: Penguin, 1974, pp. 140-1, 138, 144, 146).

2. "Phaedo", in *Great Dialogues of Pluto,* trad. w.h.d. Rouse (Nova York:, Mentor Books, 1956, pp. 484, 487); I.V. Vishev, em *Ploblema lichnogo bessmertia* (Novosibirs: Nauka, 1990, p. 126), cita um papiro que remonta a 1500 a.C. e que já expressa ideias a serem mais tarde sancionadas por Platão: "Seus [dos escritores] criados foram embora, suas pedras tumulares estão cobertas de lama, suas moradias estão esquecidas. Mas fala-se sobre seus nomes, graças aos livros que eles criaram; sua lembrança viverá para sempre". Pode-se presumir que o elo entre o trabalho intelectual e a imortalidade individual através da memória pública é tão antigo quanto a invenção da escrita.

3. Ver Michel Foucault, *Politics, Philosophy, Culture: Interviews and Other Writings, 1977-84,* org. Lawrence D. Kritzman (Londres: Routledge, 1988, p. 60).

4. John Carroll, *Humanism: The Wreck of Western Culture* (Londres: Fontana, 1994, pp. 2-6).

5. Klaus Dörner, *Tödliches Mitleid: zur Frage der Unerträglichkeit des Lebens* (Gütlesloh: Verlag Jakob van Hoddis, 1993, p. 129).

6. Georges Balandier, *Le Dédale: pour en finir avec XXe siècle* (Paris: Fayard, 1994, pp. 110-1).

7. Mark Poster, "A Second Media Age?", in *Arena,* 3/1994, pp. 76, 81.

8. Jean Baudrillard, *The Illusion of the End,* trad. Chris Turner (Londres: Polity Press, 1994, p. 84).

13. Religião pós-moderna? *(pp. 242-72)*

1. Citado conforme Susan Gablik, *Magritte* (Nova York: Thames & Hudson, 1985, p. 66).

2. O fundamental *The Idea of the Holy,* de Rudolf Otto (publicado primeiro em 1917 e aqui citado da tradução de John W. Harvey, de 1923), é efetivamente uma exposição rigorosamente fundamentada sobre a *impossibilidade* de "uma definição racional" da experiência religiosa. Podemos apenas tentar aproximar-nos dela em nossas descrições, apesar da necessidade de lembrar o tempo todo que de sua complexidade realmente não nos podemos apossar: "como todo dado absolutamente primitivo e elementar, enquanto se admite que seja discutido, não se pode estritamente definir" (p. 21). As imagens dessa experiência não podem ser "ensinadas", só "evocadas". Ao que aparece na experiência religiosa Otto dá o nome *mysterium tremendum:* "pode irromper em súbita erupção das profundezas da alma, com espasmos e convulsões, ou levar às mais fortes excitações, ao frenesi inebriado, ao arrebatamento e ao êxtase. Tem suas

310 O mal-estar da pós-modernidade

formas selvagens e demoníacas, e pode cair num quase medonho terror e estremecimento" (p. 27). A ausência de coerência lógica estrutural equipara-se à ausência de lógica do comportamento que provoca. O *mysterium tremendum* é, ao mesmo tempo, "atemorizante" e "fascinante" — combinando-se essas duas qualidades "na estranha harmonia dos contrastes e no resultante caráter duplo da consciência espiritual" que reúne o que não se pode racionalmente ligar um ao outro: "o terror e pavor", de um lado, e o "poderoso fascínio", do outro (p. 45). Segundo Mircea Eliade (ver seu *Traité d'histoire des religions*, Paris, 1956), a única coisa que se pode dizer sobre a natureza da hierofântria (e tudo pode adquirir valor hierofântrico, isto é, tornar-se a "expressão" do *sacrum*) é que ela sempre indica uma seleção; ela divide o mundo no "sagrado" e no restante. A pessoa é tentada a dizer que, por essa descrição, toda tentativa de definição também contém uma medida conveniente de valor hierofântrico...

3. Ver *Religio: Ruolo dei sacro, coesione sociale e nuove forme di solidarietà nella società contemporanea*, orgs. Carlo Mongardini e Marieli Ruini (Roma: Bulzoni Editore, 1994, pp. 15, 31). No mesmo volume, Johan Goudsblom ressalta, corretamente, que a maior parte da nossa discussão dos fenômenos religiosos permanece, mesmo sem o saber, sob a influência da teologia — misturando desesperançadamente elementos "étnicos" e "éticos" em suas descrições (p. 89). Podemos acrescentar que o mesmo se aplica à "ideologia racionalizante", que também pesa duramente, mesmo se como premissa tácita, em todas as tentativas de definir os fenômenos religiosos. Como resultado, o discurso encontra-se num "dilema", forçado ou engabelado para absorver elementos de dois universos cognitivos mutuamente exclusivos. No discurso da "ciência religiosa", os elementos "étnicos" tirados da teologia coexistem incomodamente com elementos "étnicos" inseridos pelo discurso da "racionalização" que, nos últimos dois séculos, se esforçou por indispor e reificar a experiência religiosa como a *inteiramente outra* da razão. Os esforços atuais de "definir a religião" trazem todos os sinais da influência da guerra do Iluminismo contra a superstição — *à rebours...*

4. Thomas Luckmann, *The Invisible Religion* (Londres: Macmillan, 1967, p. 82).

5. Michel Foucault, *Politics, Philosophy, Culture: Interviews and Other Writings, 1977-84*, org. Lawrence D. Kritzman (Londres: Routledge, 1988, p. 50, 154).

6. Leszek Kolakowski, *Religion: If There Is no God... On God, the Devil, Sin and other Worries of the So-Called Philosophy of Religion* (Londres: Fontana, 1982, pp. 194, 199, 202). São estas, evidentemente, afirmações que descrevem os atributos comuns e distintivos da *religião*, não necessariamente os das numerosas *instituições* religiosas. As últimas seriam mais bem descritas por uma referência a suas funções, mais do que a seus credos constitutivos ou divisas de recrutamento — e as funções são mais variadas do que a reação essencialmente intelectual da "explicação" ou do "estabelecimento de sentido" para a confusão genuína ou induzida, indagações ou medos do fiel. Assim, por exemplo, as igrejas e as seitas podem desempenhar funções políticas integradoras, afirmativas, capacitantes para minorias política e economicamente oprimidas; as paróquias, capelas e congregações são conhecidas por seu importante papel associativo,

Notas   311

representado ao aglutinarem comunidades firmemente unidas e ao assegurarem sua contínua autorreprodução.

7. Anthony Giddens, *The Consequences of Modernity* (Cambridge: Polity Press, 1990, p. 82). Como Giddens ressalta, "os filósofos propõem questões sobre a natureza do ser, porém eles não são, pelo que podemos supor, ontologicamente inseguros em seus atos comuns" (p. 93). De fato, Arthur Schopenhauer, enquanto subjugado por perguntas como "Por que não há absolutamente nada mais do que este mundo?", e torturando-se em torno do fato de que "nenhum fundamento, nenhuma causa final pode ser achada" (*The World as Will and Representation,* Nova York: Dover, 1966, p. 637), levou uma vida ordeira e segura, *bürgerliche* [burguesa], e ficou verdadeiramente aterrado quando seu ritmo vagaroso foi abruptamente quebrado pelos acontecimentos da revolução de 1848. Schopenhauer foi muito além do apelo do dever para restaurar o mundo da "fundamentação", sem uma causa final para a busca da rotina de suas causas cotidianas — inclusive o convite aos soldados do governo para ir a sua casa, da qual os insurretos eram claramente visíveis e podiam, assim, ser mortos a tiro com facilidade (ver seu *Gesammelte Briefe,* org. A. Hürbscher, Bonn, 1978). Ele voltou à insegurança escatológica e ontológica quando a revolução fora seguramente esmagada.

8. *Politics, Philosophy, Culture,* p. 70.

9. *Politics, Philosophy, Culture,* pp. 70, 62.

10. Ver Edmund Husserl, *The Paris Lectures* (Haia: Martinus Nijhoff, 1967, p. 14); Edmund Husserl, *The Idea of Phenomenology* (Haia: Martinus Nijhoff, 1968, p. 13).

11. Afirmações nesse sentido são tão abundantes que, com uma constância demasiada, nos iludimos ao tomar a frequência da repetição como um sinal de autoevidência. Elas são todas moldadas segundo um padrão semelhante: na verdade, a religião mudou sua forma para além de seu reconhecimento, e as pessoas vivem a vida delas dando significação religiosa ao que elas fazem, mas isso apenas porque não veem, através dos seus motivos, como nós, os cientistas sociais, o fazemos... E, desse modo, lemos, na dissertação de Jeffrey C. Alexander, que "a sacralidade e a busca da experiência do transcendente continuam aspectos fundamentais da vida. [...] Os referenciais já não estão no céu, mas o processo de significados e significantes continua religioso: sua finalidade [cuja finalidade? *Z. B.*] é colocar um ator, grupo ou sociedade, em contato com as forças puras e impuras de que o mundo parece, na imaginação mítica e existencial [cuja imaginação? *Z. B.*], finalmente provir" (*Religio,* p. 19). Thomas Luckmann, por sua vez, sugere que são os "temas religiosos" que têm sido "adotados" por virtualmente todas as instituições que servem, hoje, ao funcionamento da vida diária: "colunas publicadas de informação, literatura de 'inspiração' que vai dos folhetos sobre pensamento positivo até a revista *Playboy,* versões de psicologia popular do *Reader's Digest,* ou as letras de sucessos populares, e assim por diante, especificado o que são, de fato, os elementos dos modelos de significação 'última'" (*The Invisible Religion,* p. 104).

12. John Carroll, *Humanism: The Wreck of Western Culture* (Londres: Fontana, 1993, pp. 2-3). Carroll considera a sublevação humanista anunciadora de um pe-

312 O mal-estar da pós-modernidade

ríodo relativamente breve, e de precisa limitação no tempo, que agora chega ao fim. Também acha suas consequências uniformemente desastrosas para o caráter da civilização ocidental. Proponho separar-se o lúcido diagnóstico que Carroll faz da estratégia humanística dessas duas opiniões, altamente controversas.

13. Ver Alain Touraine, *The Post-Industrial Society: Tomorrow's Social History: Classes, Conflicts and Culture in the Programmed Society,* trad. Leonard F. H. Mayhew (Londres: Wildwood House, 1974, pp. 213-4).

14. Jean Delumeau, *Sin and Fear: The Emergence of a Western Guilt Culture, 13th-18th Centuries* (Nova York: St. Martin's Press, 1990, pp. 112-3).

15. Citado conforme a tradução inglesa de Patricia Lipscomb, *Man in the Age of Technology* (Nova York: Columbia University Press, 1980, pp. 52-3, 75).

16. Ver Zygmunt Bauman, "A Catalogue of Postmodern Fears", in *Life in Fragments* (Oxford: Blackwell, 1995, cap. 4).

17. Abraham H. Maslow, *Religions, Values and Peak-Experiences* (Columbus: Ohio State University Press, 1964, pp. 19-24). Maslow deixou amplos relatos das narrativas que obteve de pessoas que lhe expuseram "experiências máximas". Entre elementos que se repetem nessas exposições, encontramos muitos aspectos que caracterizam o tipo ideal de experiência tal como foi promovido pela cultura pós-moderna: por exemplo, sensações de inabitual concentração da atenção e reunião de todos os poderes espirituais, o apagamento da diferença entre a figura e o fundo (impressão de "totalidade"), a egotranscendência, natureza autojustificadora do momento que se sentiu como "experiência final" mais do que "experiência dos meios", perda de consciência do tempo e espaço, percepção do mundo como sendo belo, bom e desejável — e, acima de tudo, a experiência de "uma perda, ainda que transitória, do medo, da ansiedade, da inibição, da defesa e do controle, da perplexidade, confusão, conflito, demora e restrição" (p. 66) — ou seja, todos os mais sinistros pesadelos que assombram os indivíduos pós-modernos atormentados com a ansiedade da identidade.

18. Ver Edith Wyschogrod, *Saints and Postmodernism: Revisioning Moral Philosophy* (University of Chicago Press, 1990, pp. 252 s.).

19. Gilles Kepel. *The Revenge of God: The Resurgence of Islam, Christianity and Judaism in the Modern World,* trad. Alan Braley (Cambridge: Polity Press, 1994, p. 11). Também endosso completamente a hipótese de trabalho de Kepel, de que "o que esses movimentos dizem e fazem é significativo e não resulta de um destronamento da razão ou da manipulação por forças ocultas: em vez disso, é a evidência inegável de um profundo mal-estar na sociedade, que já não pode ser interpretado em função das nossas tradicionais categorias de pensamento" (p. 11).

20. Para um argumento mais satisfatório, ver o capítulo "Two Nations, Mark Two: the Oppressed", no meu *Legislators and Interpreters* (Cambridge: Polity Press, 1987).

14. Sobre o comunitarismo e a liberdade humana, ou como enquadrar o círculo *(pp. 273-90)*

1. Por exemplo, tanto a necessidade como a conveniência do pluralismo foram enfaticamente demonstradas por John Rawls — para quem a multipli-

Notas 313

cidade das crenças religiosas, filosóficas e morais, que são todas racionais mas mutuamente incompatíveis, é a marca registrada da sociedade liberal-democrática. Rawls ressalta que a variedade de opiniões é, em si mesma, uma coisa boa — numa sociedade bem construída, os integrantes são justos, desejando que seus planos sejam diversificados (ver seu "A Theory of Justice", *Liberalism and its Critics*, org. Michael Sandel, New York University Press, 1984). O que se não precisa dizer é que os pensadores liberais nunca condenaram a vontade de defender livremente as crenças escolhidas, enquanto o Estado autoritário tenta impor escolhas à força. Como Jerzy Szacki o resume tão sucinta como convincentemente, ressaltando essas duas questões, se o governo pode ser um lado do conflito moral, e se tais conflitos podem ser sempre superados: o "liberalismo responde com a negativa" (Jerzy Szacki, *Liberalizm po Komunizmie*, Cracóvia: Znak, 1994, p. 245).

2. Ver Maurice Barrès, *Scènes et doctrines du nationalisme* (Paris: Émile Paul, 1902, pp. 8-13). Há apenas uma coisa que eu posso, segundo Barrès, desejar em qualquer sentido: estar em tudo o que penso e faço determinado por *la terre et les morts*, dizer-me: "quero viver com esses mestres e, fazendo-os conscientemente objeto do meu culto, participar plenamente de sua força" (p. 1). A alternativa é o *déracinement* — um pavoroso estado de depauperamento, um corpo mole sem coluna vertebral.

3. Ver Ulrich Beck e Elisabeth Beck-Gernsheim, "Individualization in Modern Societies — Perspectives and Controversies of a Subject-Orientated Sociology", *Detraditionalization* (Oxford: Blackwell, 1995). O processo de "individualização", compreendido primordialmente como um nível ininterruptamente ascendente da incerteza e "subjetivização" dos riscos, foi mais extensa e persuasivamente analisado em outras obras dos autores acima, sobretudo em *Das ganz normale Chaos der Liebe* (Suhrkamp, 1990), que eles escreveram conjuntamente, e *Riskante Freiheiten: Individualisierung in modernen Gesellschaften* (Suhrkamp, 1994), que eles editaram conjuntamente. Nesse último livro, eles sintetizam incisivamente suas descobertas: "Seja do que for que você queira tratar — Deus, natureza, verdade, ciência, tecnologia, moralidade, amor, casamento — , a modernidade transformou tudo em 'liberdades arriscadas'...". Por exemplo, "o casamento — como dirigir com velocidade excessiva numa estrada cheia de curvas — um empreendimento pessoal e arriscado, não aceitável para o seguro" (pp. 11, 25). Consultar também o essencial *The Minimal Self: Psychic Survival in Troubled Times*, de Christopher Lasch (Londres: Pan Books, 1984).

4. Ver o meu *Life in Fragments* (Oxford: Blackwell, 1995), capítulo "Europe of nations, Europe of tribes".

5. Roberto Unger, *Politics: A Work in Constructive Social Theory* (Cambridge University Press, 1987, v. 1, p. 167). Unger ressalta que "se o triunfo decertas instituições e ideias foi relativamente acidental, também mais facilmente se pode imaginar sua substituição como realística". Compare o estudo de Will Kymlicka por Unger no número revisto da *Critical Review*.

6. Jerzy Jedlicki, "Antynomie liberalnej koncepcji wolnosci", in *Zle urodzeni, czyli o doswiadczeniu historvcznym* (Londres: Aneks, 1993, p. 35).

314 O mal-estar da pós-modernidade

Posfácio: A última palavra — e ela pertence à liberdade *(pp. 291-304)*

1. O termo *"l'insécurisation"* foi cunhado por Jean-Luc Mathieu (ver seu *L'insécurité*, Paris: Presses Universitaires de France, 1995).

2. Ver André Gorz, "Vers une societé post-marchande", *Transversales science culture*, set.-out. 1995; Bernard Cassen, "Chômage, des illusions au bricolage", *Le Monde Diplomatique*, out. 1995.

3. Ver Jeremy Rifkin, *The End of Work: The Decline of the Global Force and the Dawn of the Post-Market Era* (Nova York: Tarcher-Putnam, 1995).

4. Esse processo é habitualmente apelidado "desregulamentação". É de admirar, porém, em que extensão esse nome acriticamente aceito concebe, mais do que revela, a verdadeira natureza do processo. Certamente, algumas espécies de atividade são "desregulamentadas", enquanto outras espécies — ou grupos inteiros de atividades da vida — são submetidas simultaneamente a regulamentação cada vez mais estrita e às vezes opressiva; e a coincidência dos dois processos opostos não parece de todo contingente. Acima de tudo, os Estados, na atualidade, não aprovam menos leis do que costumavam fazê-lo no passado: eles não "regulamentam" menos; e a parte da renda nacional utilizada para sustentar os esforços regulamentadores não mostra nenhum sinal de corte. Só que os objetivos e as estratégias de regulamentação são redefinidos, e a despesa administrada pelo Estado destinada a itens diferentes. Mais notoriamente, os novos pobres são o motivo de mais severa e meticulosa legislação, tendo em vista mais a obstrução do que o desatamento da sua liberdade de escolha e seu direito à iniciativa. Como Martin Woollacott exprimiu apropriadamente (ver seu "Dismembering Values", in *The Guardian*, 9 dez. 1995), os custos "migram do cuidado para a guarda, do Estado de bem-estar para o Estado do aprisionamento".

5. Guido de Ruggiero, *The History of European Liberalism*, trad. R. G. Collingwood (Boston: Beacon Press, 1959, pp. 350-1).

6. Ver o meu *Freedom* (Milton Keynes: Open University Press, 1989).

7. Ver Sir William Beveridge, "Liberal Radicalism and Liberty", *Western Liberalism: A History in Documents from Locke to Croce*, orgs. E. K. Bransted e K. J. Melhuish (Londres: Longman, 1978, pp. 712-7).

8. Michael Walzer, *Interpretation and Social Criticism* (Cambridge, Mass.: Harvard University Press, 1987, p. 32).

9. Chantal Mouffe, "Liberal Socialism and Pluralism: which Citizenship?", *Principled Positions: Postmodernism and the Rediscovery of Value*, org. Judith Squires (Londres: Lawrence & Wishart, 1993, p. 81).

10. David Harvey, "Class Relations, Social Justice and the Politic of Difference", *Principled Positions*, p. 118.

· Índice remissivo ·

A

Adorno, Theodor, 114-5, 175
Alexander, Jeffrey C., 244, 311 n. 11
ambivalência, 60, 63, 106, 115, 117, 122-3, 182, 193, 221, 292-3
ansiedade, 179-81
Arendt, Hannah, 110-1
Ariès, Philippe, 208-9
Aristóteles, 126
arrivista, 107-24
autogoverno, 153, 199-200
autor/agente, 200, 202, 236

B

Badie, Bertrand, 98-9
Bakhtin, Mikhail, 103
Balandier, Georges, 25, 34, 230, 234
Barber, Bernard, 245
Barrès, Maurice, 276, 278, 313 n. 2
Barthes, Roland, 236
Baudelaire, Charles, 150
Baudrillard, Jean, 42, 152-3, 158, 186, 236, 238, 307 n. 3, 308 n. 17, 309 n. 8
Beck, Ulrich, 34, 230, 283, 313 n. 3
Becker, Howard, 151, 201
Beck-Gernsheim, Elisabeth, 283, 313 n. 3

Beiner, Ronald, 273, 289
Benjamin, Walter, 23, 114-5, 117, 148, 306 ns. 8-10
Bennett, David, 40, 306 n. 3
Benoist, Alain de, 50, 306 n. 6
Bentham, Jeremy, 121
Berlin, Isaiah, 119
Beveridge, William, 300, 314 n. 7
Bloch, Ernst, 127
Bonger, Willem Adriaan, 70-1
Borges, Jorge Luis, 224, 226, 241, 309 n. 1
Boulez, Pierre, 154-5, 196
Bourdieu, Pierre, 147
Breton, André, 242
brutalização dos pobres, 91, 93, 95, 298
Bürger, Peter, 148

C

Camus, Albert, 107, 304, 306 n. 1
Canetti, Elias, 31
Carey, John, 147
Carroll, John, 228, 251-2, 309 n. 4, 311 n. 12
Cassen, Bernard, 314 n. 2
Christie, Nils, 27-8, 66, 305 n. 11

Cícero, 190
Clarke, David, 37
Clinton, Bill, 67, 69
Cobb, Jonathan, 268
colecionadores de experiências, 49, 216, 222
comunidade política, 302-3
comunitarismo, 52, 273-90
consenso, 49, 50, 123, 160-1, 163, 166, 187, 235, 292, 295, 297
consumidores falhos, 26-7, 66, 90, 269
consumismo, 26, 40, 66, 94, 265
Cragg, Tony, 164
criança, imagem de, 208-22
cultura, 188-207

D

Davidson, Donald, 174, 308 n. 10
Delumeau, Jean, 254, 312 n. 14
democracia, 97
demônios interiores, 60-2, 66-7, 140
Derrida, Jacques, 54, 116, 200, 236
desigualdade, 39, 90, 93, 95, 168, 231, 288
desencaixe, 34, 36, 53, 55, 183, 281
desregulamentação, 9, 24, 27, 38, 66, 69-70, 93, 216, 271, 303, 314 n. 4
destemporalização do espaço, 130
Dickens, Charles, 127
Diderot, 190
Doel, Marcus, 37
Dörner, Klaus, 13, 70, 233, 309 n. 5
Douglas, Mary, 16-7, 44, 305 n. 4
Drucker, Peter, 62
Durkheim, Émile, 36, 205

E

Eaton, Marcia, 151
Eco, Umberto, 149, 178-9, 184
Eliade, Mircea, 310 n. 2
emancipação, 52-5
episódio, 137
Enzensberger, Hans Magnus, 37
Espinosa, Baruch, 224
Estado do aprisionamento, 314 n. 4
Estado de bem-estar, 38, 56-71, 91, 97, 298, 314 n. 4

Estado-nação, 124, 279, 281-2, 284
estranho, 17, 20-3, 25-6, 30-55, 56-71
estrutura social, 214, 253
eu moral, 73, 95
exclusão, 27, 32, 55, 62, 85, 95, 160, 231, 295, 299
experimentação, 162-3, 187

F

família, 210-22
Fehér, Ferenc, 114
Foucault, Michel, 13, 61, 116, 154-5, 163, 166, 191, 208, 212-4, 228, 236, 246, 248, 305 n. 3, 307 ns. 8, 9
Freeman, Richard, 69
Freud, Sigmund, 7-11, 23, 116, 184, 226
Frisch, Max, 46, 114
fundamentalismo, 267, 270-2

G

Gablik, Susan, 161, 166
Gadamer, Hans, 161
Galbraith, John Kenneth, 95
Gautier, Theophile, 152-3
Geertz, Clifford, 202
Gehlen, Arnold, 260-1
Giddens, Anthony, 12, 34, 36, 40, 133, 197, 216, 220, 230, 247, 308 n. 5, 311 n. 7
globalização, 99
Goethe, Wolfgang, 111, 175, 177
Goffman, Erving, 48
Gorer, Geoffrey, 257
Gorz, André, 314 n. 2
Goudsblom, Johan, 310 n. 3
Gudmundsson, Kristjan, 164

H

Habermas, Jürgen, 127, 160, 295
Harvey, David, 304
Hebdige, Dick, 47
Hegel, Georg, 126, 226
Heidegger, Martin, 73, 126-8, 171, 175, 185-6, 259
heterofílica, 49
heterofobia, 121
Horkheimer, Max, 175

Índice remissivo

Hunter, James Davison, 125
Husserl, Edmund, 73-5, 115, 169, 249, 311 n. 10
Huxley, Aldous, 258

I
identidade, 34-5, 41-4, 46, 49-50, 53, 55, 60, 96, 98, 107-8, 110-1, 114, 118, 124, 133-4, 147, 149, 151, 158, 173, 179, 181, 183, 215, 228, 261-2, 276-7, 281-3, 303, 312 n. 17
incerteza, 22, 25, 30, 32, 36-7, 40, 42-3, 67, 83, 106, 110, 137, 141, 167-87, 259-63, 269, 271, 282-6, 291
individualidade, 55, 227-8, 236, 287, 289, 295

J
Jabès, Edmond, 108
James, William, 167
Jamroziak, Anna, 159
Jaukkuri, Maaretta, 157, 164
Jedlicki, Jerzy, 288, 313 n. 6
Jonas, Hans, 82-7
jogador, 65, 132, 184, 269
justiça, 67, 72, 74-81, 87-8, 95-7, 99-100, 103-6, 163, 278

K
Kafka, Franz, 112-3
Kant, 84, 170-3
Kawiecki, Piotr, 161
Kepel, Gilles, 268, 272, 312 n. 19
Kett, Joseph, 210
Kierkegaard, Soren, 113
King, Martin Luther, 53
Kleijer, Henk, 217
Kolakowski, Leszek, 246, 249, 310 n. 6
Koselleck, Reinhart, 189
Kuhn, Thomas, 194
Kundera, Milan, 137, 175-7, 179, 184, 308 n. 12
Kymlicka, Will, 273-5, 289, 313 n. 5

L
Lasch, Christopher, 133, 313 n. 3

Le Pen, Jean Marie, 113, 119, 121
Levinas, Emmanuel, 72-82, 87, 95, 100, 103-4, 106
Levine, Sherrie, 236
Lévi-Strauss, Claude, 32, 116, 196, 205
liberalismo, 122, 274-5, 277, 289-90, 300
liberdade, 8-11, 26-7, 38-9, 41, 43-7, 54, 69-70, 74, 81, 90, 95, 97, 99, 103, 112, 117, 130, 135, 139-40, 152-3, 157, 161, 176, 179, 184, 198, 204, 206-7, 229, 251, 269-90, 291-304
Linebaugh, Peter, 67-8
Lotman, Iuri, 143
Luckmann, Thomas, 245, 311 n. 11
Lukács, Georg, 114-5
Lyotard, Jean-François, 156, 205

M
MacIntyre, Alasdair, 34, 273, 276
macroética, 87, 95, 100, 103, 106
Maggiori, Robert, 54
Magritte, René, 161, 166
Mann, Thomas, 301
Mannheim, Karl, 115
Marquard, Odo, 293-4
Marx, Karl, 115, 118, 251
Maslow, Abraham, 263-4, 312 n. 17
massa, 228
Mathieu, Jean-Luc, 314 n. 1
mercado, 25-7, 38-40, 59-66, 70, 86, 90, 98, 123, 148, 150, 202-3, 218, 270-2, 281-2, 292, 303
metáfora, 195
Meyer, Leonard B., 143
Minc, Alain, 37
miscifilia/miscifobia, 122
Mitchell, Margaret, 178
modernidade, 7-12, 21, 23, 28-9, 33, 52-3, 107-8, 113, 116-21, 123, 127, 144-5, 148-9, 156, 176-7, 185, 189, 228-9, 232, 236, 240, 250-3, 256-7, 267, 282, 285, 298
modernismo, 144, 163
Moore, Suzanne, 221
Moore Jr., Barrington, 88

318   O mal-estar da pós-modernidade

Morawski, Stefan, 144
morte, 224-241
Mouffe, Chantal, 302, 314 n. 9
Musil, Robert, 110

N
nacionalismo, 49, 119, 123, 276, 278, 281, 284
Nietzsche, Friedrich, 169
novos pobres, 39, 314 n. 4

O
Offe, Claus, 38
ordem social, 35, 60, 75
Ortega y Gasset, José, 180
Orwell, George, 31
Otto, Rudolf, 243, 309 n. 2
Ozick, Cynthia, 13

P
pária, 107-24
Parsons, Talcott, 121
Perec, Georges, 184
peregrino, 135-6, 139
Platão, 169, 227-8
pluralismo cultural, 274
Poirié, François, 77
polarização social, 89
política de campanha, 101, 104-5
política de movimento, 101, 104
Poster, Mark, 237
Prejean, Helen, 68
Prigogine, Ilya, 181, 200, 308 n. 15
princípio de realidade, 9
princípio de prazer, 8-9
privatização, 24, 27, 69-70, 93, 216-7, 233, 271, 303
progresso, 292
pureza, 13-29
Putnam, Hilary, 174

Q
Quine, Willard van Orman, 178

R
racismo, 48, 51-3

Ramonet, Ignacio, 292
Rawls, John, 312 n. 1
responsabilidade moral, 77, 79, 81, 87, 105
risco, 270, 283, 285-6, 290
Riviere, Joan, 7
Roberts, David, 12
Rorty, Richard, 100-5, 119-20, 126-7, 167-8, 175-7, 306 n. 11
Ruggiero, Guido de, 299
Russell, Bertrand, 121

S
sacerdotes ascéticos, 169, 176
Saint-Just, Louis Antoine, 190
Sallenave, Danièle, 85
Sandel, Michael, 273
Sartre, Jean-Paul, 34, 44, 85, 131
Scheler, Max, 20
Scholem, Gershom, 117
Schoenberg, Arnold, 152
Schopenhauer, Arthur, 311 n. 7
Schütz, Alfred, 18-9
Segal, Alan, 245
segurança, 9-11
Sennett, Richard, 268
sexo, 208-23
Shorter, Edward, 215
significado/sentido, 154-66, 225-7, 229-30, 233, 236, 240, 259, 282, 298
Simmel, Georg, 10, 116
simulacro, 152, 186, 307 n. 3
sociologia, 122-4
Sócrates, 227
solidariedade, 96, 122, 280, 291
Sorokin, Pitirim, 243
Steiner, George, 150
Stevers, Richard, 53
Stone, Norman, 37
Strachey, James, 7
sublime, 156
surto de aconselhamento, 262, 267
Sypher, Wylie, 110
Szacki, Jerzy, 312 n. 1

T

Taguieff, Pierre-André, 51
Taylor, Charles, 274, 279-81
tecnociência, 83
tendência totalitária, 24
Thual, François, 98
Tillekens, Ger, 217
Tokarska-Bakir, Joanna, 205
tolerância, 26, 96, 99, 122, 154, 177,
181, 254, 293
Touraine, Alain, 253-4
tradição, 145
tribalização, 99
turista, 125-41

U

Unger, Roberto, 285, 313 n. 5
Urbonas, Gediminas, 165

V

vagabundo, 125-41
vanguarda, 142-53
verdade, 150, 158, 163-87
viscoso, 44, 46-8
Vishev, I.V., 309 n. 2

W

Walzer, Michael, 274, 301
Warde, Ibrahim, 70
Warhol, Andy, 153, 205, 236
Waterhouse, Rosie, 222
Weber, Max, 113, 139, 217, 265, 276
Wittgenstein, Ludwig, 16, 156, 180
Woollacott, Martin, 314 n. 4
Wyschogrod, Edith, 264

Z

Zeidler-Janiszewska, Anna, 162
Zima, Pierre V., 115

1ª EDIÇÃO [2022] 1 reimpressão

ESTA OBRA FOI COMPOSTA POR MARI TABOADA EM MINION PRO
E IMPRESSA EM OFSETE PELA GRÁFICA PAYM SOBRE PAPEL PÓLEN DA
SUZANO S.A. PARA A EDITORA SCHWARCZ EM FEVEREIRO DE 2025

A marca FSC® é a garantia de que a madeira utilizada na fabricação do papel deste livro provém de florestas que foram gerenciadas de maneira ambientalmente correta, socialmente justa e economicamente viável, além de outras fontes de origem controlada.